L'AUDACE THÉOSOPHIQUE DE BAADER

Ouverture philosophique
Collection dirigée par Dominique Chateau, Agnès Lontrade et Bruno Péquignot

Une collection d'ouvrages qui se propose d'accueillir des travaux originaux sans exclusive d'écoles ou de thématiques.

Il s'agit de favoriser la confrontation de recherches et des réflexions qu'elles soient le fait de philosophes "professionnels" ou non. On n'y confondra donc pas la philosophie avec une discipline académique ; elle est réputée être le fait de tous ceux qu'habite la passion de penser, qu'ils soient professeurs de philosophie, spécialistes des sciences humaines, sociales ou naturelles, ou... polisseurs de verres de lunettes astronomiques.

Dernières parutions

Paul DUBOUCHET, *Droit et philosophie. Une critique des sciences humaines*, 2009.
Vangélis ATHANASSOPOULOS, *La publicité dans l'art contemporain I : Esthétique et postmodernisme*, 2009.
Vangélis ATHANASSOPOULOS, *La publicité dans l'art contemporain II : Spécularité et économie politique du regard,* 2009.
Philippe MENGUE, *Utopies et devenirs deleuziens*, 2009 .
Claver BOUNDJA, *Penser la paix avec Emmanuel Lévinas. Histoire et eschatologie*, 2009.
Claver BOUNDJA, *Philosophie de l'événement. Recherches sur Emmanuel Lévinas et la phénoménologie*, 2009.
Denis GRISON, *Vers une philosophie de la précaution*, 2009.
Cécile VOISSET-VEYSSEYRE, *Les amazones font la guerre*, 2009.
Patrick Gérard DEBONNE, *Max Stirner, pédagogue*, 2009.
Liliane LAZAR, *L'empreinte Beauvoir,* 2009.
David-Le-Duc TIAHA, *Paul Ricœur et le paradoxe de la chair*, 2009.
Michel FATTAL, *Le langage chez Platon*, 2009.
Odette BARBERO, *Descartes, le pari de l'expérience. Cogito, liberté, union de l'âme et du corps*, 2009.
Caterina REA, *Dénaturaliser le corps. De l'opacité charnelle à l'énigme de la pulsion*, 2009.
Nicole-Nikol ABECASSIS, *Qu'est-ce que comprendre ?, 2009.*

Emmanuel Tourpe

L'AUDACE THÉOSOPHIQUE DE BAADER

Premiers pas dans la philosophie religieuse de Franz von Baader (1765-1841)

Préface de Miklos Vetö

L'Harmattan

Ouvrages et travaux du même auteur

Siewerth "après" Siewerth. Le lien idéal de l'amour dans le thomisme spéculatif de Gustav Siewerth et la visée d'un réalisme transcendantal, Louvain (Paris), Peeters (Vrin), 1998.

Donation et consentement. Une introduction méthodologique à la métaphysique, Bruxelles (Paris), Lessius (Ed. du Cerf), 2000.

Introduction, traduction (en collaboration avec A. Chereau), et édition de M. Cabada Castro, *L'être et Dieu chez Gustav Siewerth*, Louvain (Paris), Peeters (Vrin), 1997.

Introduction (en collaboration avec M. Sales), établissement du texte et annotation de M. Blondel, *Mémoire à Monsieur Bieil. Discernement d'une vocation philosophique*, Saint-Maur (Paris), Parole et Silence (Ed. du Cerf), 1999.

(sous la direction de), *Penser l'être de l'action. La métaphysique du « dernier » Blondel*, Louvain (Paris), Peeters (Vrin), 2000.

5-7, rue de l'Ecole polytechnique, 75005 Paris

http://www.librairieharmattan.com
diffusion.harmattan@wanadoo.fr
harmattan1@wanadoo.fr

ISBN : 978-2-296-10581-2
EAN : 9782296105812

A mon fils Romain, tendrement.

« En quel sens penser l'éternel qui n'est pas, au regard de notre histoire, l'impuissance et le vide de l'identité abstraite, mais l'infini vivant, une absolue métahistoire ? Que signifie 'la plénitude des temps' ? »

Cl. Bruaire[1]

« 'Ce qui est créé n'est pas étranger à ce qui est engendré. Et parce que génération et création deviendront dans le Fils incarné une unité, le monde créé est pour ainsi dire inscrit dans la génération'. Le don du langage à l'homme manifeste que Dieu met en lui un 'reflet de l'être-parole' de son Fils »

Adrienne von Speyr[2]

---

[1] Cl. BRUAIRE, *l'être et l'esprit*, Paris, PUF, 1983, p. 154.
[2] Cit. in H.U. VON BALTHASAR, *La Dramatique divine*, IV-Le dénouement, Bruxelles, Culture et vérité, 1993, p. 68.

SIGLES UTILISES

BW : Les citations de Baader sont données à partir de la réédition (anastatique) : F. von Baader, *Sämmtliche Werke*, éd. F. Hoffmann, Aalen, Scientia Verlag, ^{3}1987. Nous citons cette édition sous la forme BW X y.

X = volume y = page(s)

TB : Le « journal » de Baader sera néanmoins cité à partir de l'édition distincte du « Tagebuch » : F. von Baader, *Seele und Welt. Franz von Baaders Jugendtagebücher*, éd. M. Jarislowski-D. Baumgardt, Berlin, Wegweiser, 1929

Pour les traductions françaises, les sigles utilisés sont les suivants :

FC : *Fermenta cognitionis*, trad. E. Susini, Paris, A. Michel, 1985

MP : *Les enseignements secrets de Martinès de Pasqually*, suivie de R. Philippon, *Nouvelle notice historique sur le Martinésisme et le Martinisme*, Paris, Télétès, 1989

REMERCIEMENTS

L'une ou l'autre étude qui composent le présent ouvrage ont été préparées en 2001, grâce à un crédit de l'Université Catholique de Louvain et du Fonds National belge de la Recherche scientifique, au *Centre de recherches sur Hegel et l'idéalisme allemand* (Université de Poitiers). Que le Professeur J.-L. Vieillard-Baron qui m'y a accueilli trouve ici l'expression de ma reconnaissance pour l'accueil manifesté. Mes remerciements vont également au Professeur M. Vetö, pour ses avis éclairés et l'assistance de sa bibliothèque personnelle, ainsi que pour sa préface. Même si c'est là déroger par un trait autobiographique à la discrétion académique, je souhaite également témoigner qu'il n'a pas été sans intérêt de mener une recherche d'ontologie trinitaire dans la ville de saint Hilaire, tout en logeant (à l'amicale invitation de son directeur le P. Armel de Sagazan) au séminaire diocésain placé sous le même patronage – rue de la Trinité.

PREFACE

Contrairement aux sciences qui ont toute leur vérité au moment présent et qui n'ont que peu d'intérêt, peu d'attention pour les immenses précurseurs, un Newton, un Pasteur, la philosophie, elle, vit pour ainsi dire dans et par son histoire. Les penseurs du présent sont, certes, d'une actualité qui peut porter ombrage aux œuvres de leurs prédécesseurs, ceux-ci demeurent néanmoins vivants, agissants, influents. Platon et Aristote, Descartes, Kant et Hegel inspirent et ressourcent les discussions du jour, le philosophe contemporain ne cesse de rencontrer les figures et les idées des philosophes du passé. Sans doute, on ne doit pas croire qu'il n'y a rien du neuf sous le soleil, que tout a été déjà dit, que les discussions du présent ne sont que de simples variantes sur le discours du passé. Toutefois même si elle en délaisse un certain nombre de thèmes et surtout si elle en réinterprète constamment et complètement l'acquis, la pensée d'aujourd'hui ne cesse de se ressourcer auprès de la pensée du passé, de l'histoire de la philosophie. Cette histoire est la succession de grandes figures qui toutefois, pour la très grande majorité d'elles, font partie *d'écoles de pensée*. Nous croyons pouvoir dénombrer six Ecoles dans l'histoire de la philosophie occidentale. La première qui se trouve à l'origine même de toute réflexion conceptuelle est celle de la pensée antique qui va de Parménide à Plotin, en passant par les immenses figures de Platon et d'Aristote. Par la suite, on voit le développement de la scolastique d'Anselme à Thomas d'Aquin et à Scot jusqu'à Suarez.

L'Ecole philosophique scolastique cèdera le pas aux systèmes des grands rationalistes : Descartes, Spinoza, Malebranche, Leibniz. A ce rationalisme qu'accompagne comme son pendant dans le domaine anglophone l'Empirisme qui s'étend de Bacon à Hobbes et de Locke à Hume. La métaphysique de la cinquième des Ecoles est celle de l'Idéalisme Allemand, nourrie aussi bien que provoquée par les rationalistes et empiristes. Son fondateur est Kant, ses grands praticiens Fichte, Hegel et Schelling. Quant à la Phénoménologie, partant de Husserl et marquée par Heidegger, elle touchera avec Lévinas les rives du présent.

L'Idéalisme Allemand prend son point de départ de la critique kantienne, d'une limitation de la portée du connaître que compense l'emphase sur le sujet entraînant la réhabilitation du Temps et la relecture de la Liberté. La primauté du sujet fêtera son accomplissement dans l'idéalisme éthique de Fichte. Finalement dans le système hégélien un extraordinaire élargissement et approfondissement de la logique se donnera la tache d'intégrer le droit, la religion, dans l'histoire au monde du concept. Or cette victoire trop complète de la rationalité suscite le surgissement d'un rappel vigoureux des droits inaliénables du positif indissoluble dans le concept, de la portée ultime de la Liberté, de la réalité irréductible du Mal. L'idéalisme obtient ainsi pour ainsi dire son correctif dans le Romantisme et la spéculation du second Schelling. Cependant les romantiques et Schelling qui ont toujours voulu dépasser les platitudes de l'*Aufklärung* trouvent un extraordinaire ressourcement auprès des écrits de Jacob Boehme. « Le premier philosophe allemand » au dire de Hegel, ce savant cordonnier du XVIIè siècle, est le plus grand représentant de la théosophie chrétienne. A savoir d'une pensée qui, inspirée par les dogmes chrétiens, entend élargir le savoir métaphysique, l'ouvrir devant l'intuition de la vie, lui faire méditer les mystères du mal. Et le plus grand connaisseur et l'interprète le plus profond de Boehme dans l'époque de l'Idéalisme Allemand est Franz von Baader.

Baader qui est contemporain des idéalistes postkantiens et qui aura des relations étroites avec Schelling, qui sera lu avec respect et admiration par Hegel, est une figure complexe et compliquée. Ecrivain prolifique mais obscur, auteur d'opuscules vigoureux, profonds mais d'une lecture extrêmement difficile, Baader aura laissé des écrits fulgurants mais aucun véritable exposé du tout de sa pensée. Pourvu de solides connaissances scientifiques - il est ingénieur des mines de formation - Baader est aussi passionné par des questions politiques et sociales. Avant bien d'autres, il parlera du problème du « prolétaire » et, catholique fervent, il est imbu d'aspirations œcuméniques, notamment en direction de l'Orthodoxie. En sus des opuscules épars et des Leçons sur la Dogmatique Spéculative, il demeure pour la postérité l'auteur d'admirables commentaires sur Boehme. Des commentaires, où à travers le développement et l'explication de l'œuvre foisonnante du théosophe et de son disciple français, Saint-Martin, il ouvre devant ses contemporains des perspectives inédites. Baader est lecteur passionné et grand connaisseur des Idéalistes, mais il repense leur problématique à l'aune d'une spéculation originelle. A savoir d'une spéculation issue du creuset d'une relecture de la métaphysique post-kantienne faite à partir des catégories de l'ontologie théosophique boehmienne. Cette évaluation de l'œuvre baaderienne a été *grosso modo* adoptée par l'historiographie, une historiographie d'ailleurs ni abondante ni particulièrement vigoureuse. Or l'exégèse d'Emmanuel Tourpe s'embarque sur une voie à peine effleurée par la littérature secondaire, à savoir les perspectives d'une réinterprétation avec comme horizon la pensée de saint Thomas.

Baader était, contrairement à l'immense majorité des figures intellectuelles allemandes de son temps, catholique. Catholique, il était aussi lecteur de l'Aquinate, pratiquement inconnu de Kant et des post-kantiens. Or après le grand théologien Hans Urs von Balthasar qui dans ses œuvres de jeunesse a formulé la thèse d'une influence thomiste sur le théosophe de Munich, Emmanuel Tourpe se met à en devoir de montrer que Baader avait lu Thomas, que Thomas avait laissé une trace certaine sur sa spéculation et surtout qu'à travers Baader, le boehmisme pourrait jouer un rôle très important dans l'élaboration d'une nouvelle ontologie. D'une « ontologie de la fécondité » qui serait une manifestation inédite des potentialités de renouvellement propre à l'onto-théologie thomasienne. D'une ontologie qui saurait revendiquer son originalité et sa légitimité dans une époque dominée par les grandes et les moins grandes figures de la Phénoménologie.

En attendant l'élaboration de cette ontologie, l'étude sur *L'audace théosophique de Baader* constitue un moment important de l'historiographie baaderienne. Inaugurée par des écrits plutôt hagiographiques que percutants et pertinents des quelques disciples survivants du Maître, cette littérature secondaire reste toujours modeste et rarement de bonne qualité philosophique ou littéraire. Les amples travaux d'Eugène Susini, les deux volumes de *Franz von Baader et le Romantisme Mystique* et les six volumes des *Lettres inédites*, sont à ce jour probablement les seuls livres importants et signifiants sur le philosophe de Munich. L'ouvrage d'Emmanuel Tourpe qui en a beaucoup profité, est le premier livre en français depuis les travaux de Susini. Il illustre la vigueur et l'audace de l'historiographie francophone en matière de pensée allemande.

Miklos Vetö
Académie des Sciences
de Hongrie

AVANT-PROPOS

C'est pour ainsi dire « à reculons », à force de stupeur, et sous le coup d'un sentiment croissant d'impiété envers le siècle, qu'ont été écrits nos travaux passés et le petit recueil que voici : terreur d'être à ce point, et de plus en plus, engagé malgré soi loin des patientes solutions qui assurent la paix entre le monde qui croit et l'univers sans foi ; angoisse d'être conduit, contre son goût propre pour la sérénité et les accords de principe, à troubler la claire et consensuelle distinction des domaines de la transcendance et de la raison immanente.

Et qui ne tremblerait pas, quand il faut signer de sa main, en philosophe, que la question de fond, celle-là qui nous embarque dans l'acte de penser, n'est pas savoir comment le dieu vient en philosophie – mais bien plutôt comment la philosophie peut s'exonder du divin ?

En un sens, et malgré l'allure qu'elle en a, cette contre-proposition n'est rien d'autre en définitive qu'une prise au sérieux radicale du cheminement d'Heidegger ; l'orée du bois, peut-être, vers laquelle convergent forcément des *Holzwege*. Car enfin, à prendre le penseur de la Forêt Noire au mot, la philosophie est ontothéologie dans son acte de naissance. Et vouloir, sur les traces de Hölderlin ou Trackl, rédimer la pensée du Dieu de l'être, c'est un acte qui déjà n'est plus philosophique – mais, de l'aveu même d'Heidegger, poématique.

La raison philosophique est, de part en part, traversée par l'option pour Dieu, et, quand cette option s'excipe de la Révélation, elle est une optative chrétienne.

Il n'y a de philosophie que religieuse – telle est, de fond en comble, l'onde suprême que nos travaux charrient[3] et que le présent ouvrage fait encore défluer. Il n'y a de philosophie que religieuse, parce qu'une phénoménologie est toujours transie par une métaphysique, et que celle-ci est motivée par la positivité de Dieu.

Tout le problème est donc, et nous verrons comment s'en formule la solution par exemple chez Baader, de vérifier qu'à rebours une théosophie conséquente, point fixe et origine d'un acte de pensée fondateur, a bien pour elle les armes de la raison intégrale et le sol d'une expérience obstinée : « Je suis pensé, donc je pense », *cogitor, ergo cogito*[4].

Il n'y a de philosophie que religieuse, mais c'est de philosophie radicale qu'il s'agit. Voilà ce que la philosophie religieuse de Franz von Baader est capable de montrer.

Emmanuel Tourpe
Septembre 2009

---

[3] Cf. E. TOURPE, « En réponse à Gilbert Gérard », in *Revue philosophique de Louvain*, 3 (2001), pp. 476-478.
[4] BW XIII 238.

INTRODUCTION

ANALOGIA TRINITATIS

Les quelques mots de la présente introduction ne sont pas destinés aux germanistes, spécialistes de l'idéalisme allemand, et autres collègues de pure *Forschung* qui seront plus à l'aise avec les chapitres proprement dits de cet ouvrage. Nous les convions à s'y appliquer de suite, sans plus attendre, car il sera ici question de matières autrement métaphysiques et théologiques que de la pure recherche érudite, à laquelle on donnera d'avantage libre cours par la suite.

On ne saurait en effet séparer la série d'études spécialisées qui composent notre livre, du projet philosophique général dans lequel elles s'inscrivent et qui a été précisé dans notre ouvrage *Donation et consentement.* C'est pourquoi il nous paraît indispensable, en ouverture d'une étude historique, de bien rappeler dans quel cadre métaphysique et de philosophie religieuse générale nous abordons un auteur tel que Baader.

Pourquoi, au fond, Franz von Baader n'est-il pas un grand philosophe ?

C'est que la grande philosophie dont son œuvre est en puissance n'a pu, chez cet écrivain désordonné, être configurée autrement que par des brouillons pathétiques et des fragments d'intention. Embarrassée dans l'épaisseur grossière d'une intuition trop imaginale, la pensée spéculative n'a pu trouver sa voie ni le concept venir au jour ; ce n'est pas le moindre paradoxe de Franz von Baader, que d'avoir clamé partout, avec une insistance si obstinée, le caractère scientifique de la religion – et d'avoir tellement mal servi la raison.

Voilà pourquoi il faut prendre souffle, accuser l'effort, plonger des mains tremblantes dans le ventre chaud de cette pensée en travail, gravide de bien des merveilles, pour en extirper, nue, la « philosophie religieuse ». Il y a chez Franz von Baader plus que ce que Franz von Baader a pu en consigner dans des pages abstruses ; s'il est vrai que la pensée de von Baader ne dépasse pas l'âge embryonnaire des « ferments de la connaissance », de tels germes sont bel et bien un levain puissant qui peut permettre à la pâte philosophique tout entière de lever.

Ce n'est pas pour rire que l'on a nommé Baader le « philosophe du futur » ; ses aphorismes comme ses saillies improbables ont la raison sauvage d'une œuvre inchoative qui doit naître encore. Le livre que l'on va parcourir serait une manière de livrer à la sagesse maïeutique ce grouillement affolé, oblivieux de tout ordre rationnel apparemment, qui est engagé et pousse désormais vers l'avenir.

L'audace théosophique n'a certes d'autre prétention que d'offrir une collection organisée d'études convergentes sur Baader, dont plusieurs sont une reprise améliorée d'articles publiés dans différents organes[5]. On ne trouvera rien donc là qui vienne se substituer aux ouvrages de référence, à commencer par ceux d'E. Susini. A peine d'ailleurs évoquerons-nous certaines notions, pourtant cruciales telle celle du mal, dont le grand germaniste français a détaillé la

---

[5] Nous n'avons pas intégré quatre autres contributions que nous avons fournies sur Baader et qui prolongent le présent volume : « 'Hegel est incapable de comprendre la religion chrétienne'. Franz von Baader (1765-1841) critique de la philosophie hégélienne de la religion », in E. Gaziaux (éd.), *Philosophie et théologie. Festschrift E. Brito*, Peeters-Vrin, Louvain-Paris, 2007, pp. 149-170 ; « Une conspiration métaphysique : Thomas, Hegel et Boehme. A propos de trois ouvrages récents », in *Revue philosophique de Louvain*, 3 (2002), pp. 585-607 ; « The Hermeneutics of the Evil. From P. Ricoeur to F. von Baader », in A. Wiercinsky (éd.), Between the Human and the Divine. Philosophical and Theological Hermeneutics. Proceedings of the First International Congress on Hermeneutics, May 5-10, 2002, Toronto, The Hermeneutics Press, 2002, pp. 316-325; - « 'Was, ob es schon Gottes ist, doc unter Gott ist'. L'atelier de la nature selon Franz von Baader », in J.L. Vieillard-Baron, Hegel et la philosophie de la nature, Paris, Vrin, 2009, pp. 137-164.

liste dans son grand œuvre. Pour modeste qu'il soit, ce volume a néanmoins la vocation de révéler être au centre du dispositif baadérien ce qu'une accumulation exhaustive de thèmes « aux éclats » peut dissimuler : savoir, la théologie philosophique à laquelle se suspend sa philosophie religieuse. Ce n'est pas, bien sûr, que les préoccupations anthropologiques, éthiques, ou même sociétales et esthétique manquent chez Baader. Au contraire, il est évident que la question de l'agir moral domine foncièrement toute la pensée de Baader, et que tout reste subordonné au problème de l'agir humain. Le seul plan des fameux *Fermenta cognitionis* suffirait à le montrer, qui révèle la structure fondamentale de la doctrine baadérienne [6].Nous nous concentrerons néanmoins sur ce seul aspect « théologique », à la presque exclusivité de toute autre dimension, parce qu'il constitue le fondement métaphysique des autres thèmes – et en particulier se révèle le radical de l'action humaine. E. Susini l'a trop brièvement considéré, qui commence son exposé de la doctrine baadérienne avec le philosophème de la création, sans montrer assez comment celui-ci s'enracine dans sa théologie de la « génération intradivine ». Or (y compris dans les *Fermenta*), cette dimension est bien au principe de toute la recherche baadérienne, quand bien même sa préoccupation initiale et constante restera morale et anthropologique.

[6] Les 6 cahiers des *Fermenta cognitionis*, rédigés comme on le dira entre 1822 et 1824, se présentent comme une suite de réflexions générales qui récapitulent la pensée de leur auteur jusque là dispersée dans plusieurs petits écrits. A défaut d'un plan rigoureux, on peut donc relever les accentuations suivantes :
Cahier 1 : L'acte moral et ses conditions d'achèvement
Cahier 2 : L'unification de l'être par la mort
Cahier 3 : L'acte expressif originaire de Dieu et la magie créationnelle
Cahier 4 : Le milieu comme médiation orientée
Cahier 5 : Foi et savoir dans leur origine
Cahier 6 : Boehme et les modernes – le feu boehméen.

1. LA THÉOSOPHIE CHEZ BAADER

S'il peut éventuellement accéder à notre préoccupation pour la *théologie* baadérienne, plus d'un lecteur sera cependant déconcerté d'emblée par le titre de notre recueil, évoquant une « audace *théosophique* ». Des relents gnostiques ne manquent pas de se dégager d'un tel intitulé, et de faire craindre en réalité une « témérité » théosophique.

L'on a vu en effet ce qu'il est advenu, par exemple, de l'entreprise, cousine de celle de Baader, du Schelling intermédiaire – lequel a comme on sait toujours davantage renforcé l'orientation la plus hasardeuse du boehmisme[7] en extrapolant d'une manière néo-sabellienne les « visages » du Dieu expérimenté par le cordonnier de Görlitz[8]. On a également raison de se dresser aujourd'hui avec force contre l'irruption d'une mystique pseudo-boehméenne à l'intérieur même du christianisme, lequel ne peut admettre que la Trinité immanente soit transformée en déité sans nom[9].

---

[7] Le jugement d'A. KOYRE prévient définitivement toute lecture trop fébrile de Boehme : « La structure de Dieu chez Jacob Boehme n'est point conforme à la doctrine trinitaire ; [...] il en a bouleversé l'économie » (*La philosophie de Jacob Boehme*, Paris, Vrin, ^{3}1979, p. 410).

[8] Voir E. BRITO, *Philosophie et théologie dans l'œuvre de Schelling*, Paris, Ed. du Cerf, 2000, p. 209 s.

[9] J.M. VERLINDE, *La déité sans nom et sans visage. Le défi de l'ésotérisme au christianisme*, t. II, Versailles, Saint-Paul, 2001. Les vues du présent volume ne s'opposent donc nullement à la ligne défendue par Verlinde, mais tendent seulement à montrer que « l'ésotérisme » dispose de ressources strictement métaphysiques qui peuvent, à l'école de Baader, être exprimées sous la forme d'une ontologie trinitaire. NB : Baader n'était nullement un « pasteur » mystique (p. 129), mais un laïc catholique.

L'appropriation du terme « théosophie » par l'orientalisme antichrétien de « Madame Blavatsky[10] » n'aide pas non plus à désarmer les préventions éventuelles devant le titre que nous avons choisi.

Il importe donc de noter immédiatement que le terme de « théosophie » connotera ici en première intention cette tradition bien plus noble et antique qui se caractérise comme une forme d'herméneutique portant sur des textes prophétiques ou révélés, sur des mythes fondateurs (par exemple la Genèse) ou sur des visions.

> La théosophie scrute les mystères de la divinité (ainsi fait par exemple la kabbale, qui est théosophie juive) et ceux de l'univers (l'on parle alors parfois de *pansophie*). La théosophie n'est pas recherche abstraite ; par l'imagination active et l'expérience du symbole qui assurent une ressaisie de l'expérience mythique, elle est supposée transformer celui qui la pratique. Une phrase de Saint Paul a souvent servi à la légitimer ('l'Esprit scrute tout, jusqu'aux profondeurs divines', I Cor., 2,10)[11].

Cette « théosophie » a donc le sens précis de la théologie philosophique religieuse dont nous parlions, c'est-à-dire, ainsi que l'a compris H.U. von Balthasar, d'une science qui est l'intégration de la philosophie et de la théologie ; mais ce n'est pas exactement au sens de l'idéalisme allemand, qui avec son savoir absolu les met simplement au même rang.

> C'est sur la base du présupposé chrétien, selon lequel les libres actions du Dieu libre sont la révélation de la raison suprême, absolue, insurpassable, et constituent donc des *necessitates* au sens anselmien. Une fois proclamé que Dieu

---

[10] On parle depuis Guénon de « théosophisme » pour caractériser les idées de la Société Théosophique distinctement de la théosophie traditionnelle à base judéo-chrétienne (R. GUENON, *Le Théosophisme, histoire d'une pseudo-religion*, Paris, Valois, [2]1921).

[11] A. FAIVRE, *L'ésotérisme*, Paris, PUF, 1992, p. 29. Pour une histoire détaillée, voir du même, « Théosophie », in J.-Y. LACOSTE (éd.), *Dictionnaire critique de théologie*, Paris, PUF, 1998, p. 1135b-1137b.

> a racheté et divinisé le monde *in Christo*, il en résulte immédiatement pour l'entendement humain qu'il ne peut absolument pas en être autrement, que tout, dans l'histoire, dans la nature, et même rétrospectivement dans l'acte créateur, devient intelligible sous cet angle de vision, qui exclut tous les autres[12].

La « théosophie » au sens baadérien ne signifie dès lors rien d'autre qu'une *métaphysique* chrétienne dont l'assiette est symbolique, narrative et expérientielle. Métaphysique particulière, certes, dans la mesure où elle ne détermine pas seulement les fondements supra-expérimentaux du fini, mais – motivée par la Révélation trinitaire et l'expérience mystique intra-trinitaire – également les fondements du fini à partir de l'infini. Cette métaphysique se distingue de la théologie dogmatique dans la mesure où il ne s'agit pas d'intelliger les données révélées pour elles-mêmes : dans la dogmatique spéculative de Baader, il est plutôt question de renouveler la recherche philosophique – qui porte sur le créé, et en particulier ici sur la question du mal dans le monde – à partir des possibilités nouvelles qu'offre le Dogme.

Si donc l'on a pu dire de la doctrine de Soloviev qu'elle représentait le « bassin de décantation » théologique de l'ésotérisme occidental[13], nous tiendrons ici que la doctrine de Baader l'est autant et plus en ce qui concerne la philosophie. Il porte la Tradition du secret ou de la connaissance à une température de fusion à laquelle les impuretés introduites par le pélagianisme latent de la Gnose antique, le prométhéisme de l'Alchimie médiévale ou les contradictions du Dieu de Boehme ne résistent pas.

---

[12] H.U. VON BALTHASAR, *La Gloire et la Croix*, t. II.2. Styles De Jean de la Croix à Péguy, trad. R. Givord et H. Bourboulon, Paris, Aubier, 1972, p. 178-179. C'est le même Balthasar qui n'a pas hésité à présenter l'anonyme *Méditation sur les 22 arcanes majeurs du Tarot,* Paris, Aubier-Montaigne, 1986…

[13] *Ibid.*, p. 178.

2. DE VON BALTHASAR À VON BAADER

Dans la mesure où, mieux que Boehme, Baader développe sa pensée religieuse à partir d'appropriations trinitaires, l'on voit déjà par avance se dégager l'idée d'une *analogia trinitatis*, dont on a bien dit qu'elle récapitule toute sa philosophie religieuse[14].

Une telle proposition est évidemment une pierre d'achoppement, dans un contexte où la philosophie revendique toujours plus son caractère de réflexion autonome à partir du donné mondain, et où la théologie dogmatique semble souvent avoir succombé aux charmes de la théologie dialectique indemne de penser philosophique. Baader est pourtant loin de faire une œuvre si originale qu'elle en constitue un bloc erratique dans la culture contemporaine, une sorte de caillou indigeste pour la pensée.

La « théologie philosophique religieuse » qu'il nous propose est identiquement celle qu'indique de manière lancinante K. Hemmerle, vigoureux lecteur de Baader comme de Schelling[15], dans sa *Lettre sur l'ontologie trinitaire*[16]. Comment ne pas citer aussi l'œuvre profusément inspirée par la sophiologie de Boulgakov, elle-même héritière indirecte de Baader à travers Soloviev, qu'a offerte L. Bouyer dans ses diverses trilogies, mais en particulier dans ses ouvrages sur le *Trône de la Sagesse*, sur le *Cosmos* et dans son livre testamentaire sur la *Sophia*[17] ?

---

[14] H. GRASSL, *Über Liebe, Ehe und Kunst*, München, Kösel, 1953, p. 23.

[15] K. HEMMERLE, *Franz von Baaders philosophischer Gedanke der Schöpfung*, München, K. Alber, 1963 ; *Gott und das Denken nach Schellings Spätphilosophie*, Freibourg i. Br., Herder, 1968.

[16] K. HEMMERLE, *Thesen zu einer trinitarischen Ontologie*, Einsiedeln, Johannes Verlag, ²1992.

[17] L. BOUYER, *Le Trône de la Sagesse*, Paris, Ed. du Cerf, 1957 ; *Cosmos. Le monde et la gloire de Dieu*, Paris, Ed. du Cerf, 1982, srt. p. 295ss ; *Sophia*, Paris, Ed. du Cerf, 1994.

Le lecteur se souviendra ici encore de la tentative, certes marquée au coin de la psychologie augustinienne, de C. Kaliba qui chercha, en disciple talentueux de G. Siewerth, à déployer une telle dimension trinitaire de l'être[18]. Il se rappellera surtout les indications profondes données par E. Brito dans son fort ouvrage sur Dieu chez Hegel et s. Thomas[19], susceptible de renouveler l'intérêt pour la lecture thomiste que Baader a donnée de la théologie boehméenne. Mais le chiffre de l'*analogia trinitatis* est également, et peut-être surtout, celui qu'a ardemment cherché C. Bruaire dans sa reprise haletante des *Weltalter* de Schelling – las, sans qu'il ait eu connaissance de l'histoire éternelle au sens de Baader.

On concèdera que cette compagnie n'a rien d'indigne, et qu'elle légitime au moins possiblement l'entreprise d'une relecture contemporaine de Baader[20].

Mais la voie ouverte par Baader converge surtout avec celle qu'a désobstruée Hans Urs von Balthasar au cœur de sa *Dramatique divine*. Ce point est important pour situer notre propre perspective.

« Les dialogiciens », regretta Balthasar vers la fin de sa vie, « ont complètement ignoré l'importance de Franz von Baader, qui oppose à l'idéalisme son idée de la constitution du 'Je' par un 'Tu' qui lui ouvre son espace[21] » : « le besoin-d'unité (c'est-à-dire la consistance) de la conscience lui fait une loi de se tenir toujours face à une unité semblable, par

---

[18] C. KALIBA, *Das Welt als Gleichnis des dreieinigen Gottes. Entwurf zu einer trinitarischen Ontologie*, Berne-Paris-New York, Lang, ^{2}1991.

[19] E. BRITO, *Dieu et l'être d'après Thomas d'Aquin et Hegel*, Paris, PUF, 1991.

[20] L'on aimerait, dans cette litanie d'analogies trinitaires contemporaines, citer l'œuvre finale de S. Weil si bien restituée récemment par E. GABELLIERI (*Etre et don. Simone Weil et la philosophie*, Louvain (Paris), Peeters (Vrin), 2003, p. 307 s.). Il est à craindre cependant que le modèle baadérien de la vie trinitaire comme « échange sponsal d'humilité et de noblesse », foncièrement manifestatif, soit trop distinct du modèle récessif et dépotentialisé du Dieu weilien pour en être rapproché.

[21] Voir BW IV 227.

rapport à un 'Tu', et en interaction avec lui[22] [23].»

Venant d'un théologien « dialogique » tel que H.U. von Balthasar, un tel hommage ne manque pas d'intérêt. Il peut d'ailleurs apparaître aussi comme une semi-palinodie, ou tout au moins comme une évolution de son jugement : le même penseur suisse n'est-il pas celui qui, dans un volume précédent de sa Trilogie, assimilait encore Baader à Schelling et aux « russes » dans la foulée de Boehme pour évoquer « les nombreuses formes de titanisme post-chrétien, qui vont jusqu'à faire surgir l'humanité d'une scission dans le divin [...] et qui font finalement de l'homme le rédempteur de ce Dieu tragique », conduisant le christianisme « à sa perversion totale[24] » ?

C'est qu'entre ces deux citations, la seconde précédant la première de dix ans dans le temps, Balthasar a rédigé l'un des volumes les plus novateurs de son chef d'œuvre : le livre consacré au « Dénouement » de la « Dramatique divine[25] » dans lequel les anciennes intuitions de *Mysterium salutis* ont été reprises sur un plan organique et spéculatif supérieur : si la mort de Jésus n'est compréhensible qu'à partir de l'événement intratrinitaire[26] (« Un de la Trinité a souffert »), il suit une forme d'immanence du monde créé à Dieu. Restaurant donc, à partir d'Adrienne von Speyr, une longue tradition scolastique, von Balthasar développe l'idée que « le monde créé est pour ainsi dire inscrit dans la génération[27] » –

---

22 BW III 227.

23 H.U. VON BALTHASAR, *La Théologique*, III-Vérité de Dieu, trad. B. Déchelotte et C. Dumont, Bruxelles, Culture et Vérité, 1995, p. 49 n. 49.

24 H.U. VON BALTHASAR, *La Dramatique divine*, II-Les personnes du drame, 1. L'homme en Dieu, trad. Y.C. Gélébart et C. Dumont, Paris-Namur, Lethielleux-Culture et Vérité, 1986, p. 367.

25 H.U. VON BALTHASAR, *La Dramatique divine*, trad. ?, Bruxelles, Culture et vérité, Namur, 1993.

26 Voir *ibid.*, p. 222.

27 *Ibid.* p. 68.

position qui culminera dans la formule, héritée de G. Siewerth et F. Ulrich, que la *Théologique* adopte pour parler d'une ouverture de la différence ontologique créée à l'intérieur de la différence trinitaire[28].

C'est en poussant à son maximum cette logique de « dénouement » intratrinitaire de la dramatique divine que Balthasar a mieux perçu la spécificité de la position baadérienne par rapport au « titanisme » qui fait le tourment du théologien suisse depuis son *Apocalypse der deutschen Seele* : « Baader a écrit », reconnaît-il par exemple, « la philosophie » qui correspondrait le mieux à la « poésie » par laquelle E. Przywara avait exprimé l'ordonnancement de la « dramatique abyssale » « à une eucharistie et à des épousailles où l'hiatus effrayant qui sépare le temps et l'éternité sera, non pas comblé, mais irradié par la vie trinitaire[29] ».

---

[28] Nous renvoyons le lecteur à nos études : E. TOURPE, « La logique de l'amour. A propos de quelques volumes récemment traduits de H.U. von Balthasar », in *Revue théologique de Louvain*, 2 (1998), p. 202-228 « Esprit, nature et médiation. Un questionnement philosophique de *La Théologique III* de H.U. von Balthasar », in *Communio. Revue catholique internationale*, 1 (1998), p. 182-198 ; « Le thomisme ontologique de Gustav Siewerth, Ferdinand Ulrich et Hans André à l'arrière-plan de la pensée balthasarienne », in *Revista espanola de Teologia*, 65 (2005), pp. 467-491 ; « La puissance comme acte suprême. A propos de la 'sainte indifférence' au principe et fondement de la connaissance chez Hans Urs von Balthasar », in A.M. Jerumanis et A. Tombollini (éd.), *La missione teologica di Hans Urs von Balthasar*, Eupress FTL, Lugano, 2005, pp. 151-162 ; « Dialectic & Dialogic. The Identity of Being as Fruitfulness in Hans Urs von Balthasar", in D. Schindler, *Alove alone is credible*, Eerdmans Pub., Grand Rapids, 2008, pp. 318-327; ; « Sur un mot de Hans Urs von Balthasar. La positivité de l'être comme amour chez Ferdinand Ulrich à l'arrière-plan de *Theologik* III », in *Gregorianum*, 89 (2008), pp. 86-117.

[29] H.U. VON BALTHASAR, *La Dramatique divine*, IV-Le dénouement, *op. cit.*, p. 437.

C'est à travers notamment le livre de F. Kümmel sur le temps chez Schelling et Baader[30] que le théologien suisse a, semble-t-il, pris conscience[31] de ce que la philosophie baadérienne de l'amour, coextensive à l'intention przywarienne, aborde la plupart des thèmes exposés par Balthasar lui-même:

> L'interprétation du temps céleste, en opposition à l'idée d'un pur '*nunc stans*', comme ouverture d'une réalité illimitée ; l'unité dialectique du repos et du mouvement telle que la représentaient Irénée et Grégoire de Nysse ; la fonction médiatrice de l'humanité du Fils entre la Trinité et nous, mais seulement en réciprocité immédiate de l'échange et du don ; finalement, le caractère d'éternité inscrit dans la relation nuptiale entre l'homme et la femme, entre le Christ et l'Eglise [...], mais dans le dépassement de la sexualité, puisque les deux images d'un 'seul corps' mystique et de 'l'unité de l'époux et de l'épouse' se sont indissolublement conjointes[32].

Plus la Trilogie de Balthasar progresse, plus la position baadérienne semble prise au sérieux – au point, dans un passage tout à fait capital où s'ajointent la « vérité du monde » et la « vérité de Dieu » par l'évocation du « dialogisme » de Buber à Ebner ou Rosenzweig, de donner lieu à la proposition, évoquée plus haut, où le vieux théologien donne soudainement caution au génie dialogique

---

30 F. KÜMMEL, *Über den Begriff der Zeit*, Tübingen, M. Niemeyer, 1962, cité in H.U. VON BALTHASAR, *La Dramatique divine*, III-L'action, trad. R. Givord et C. Dumont, Bruxelles, Culture et vérité, 1990, p. 85 n. 6.

31 Voir par ex. la citation de la lettre à Hoffmann dans H.U. VON BALTHASAR, *La Dramatique divine*, IV-Le dénouement, p. 280 n. 270 : « La *duratio finita* (c'est-à-dire le temps objectivement délimité), la *duration indefinita* et la *duration infinita* doivent être soigneusement distinguées » etc.

32 *Ibid.*, p. 438. En réalité, Balthasar avait déjà, dans l'*Apokalypse*, traité brièvement des thèmes de la philosophie érotique chez Franz von Baader (H.U. von BALTHASAR, *Apokalyspse der deutschen Seele*, t. 1, Johannes Verlag, [2]1989, pp. 623-635) qu'il avait alors rapidement rapatrié du côté de Kierkegaard et Soloviev.

de Baader. Au sommet de l'œuvre de Balthasar, commence donc à être honorée pour elle-même la doctrine de Baader, non plus seulement par ses vues originales sur le temps, mais clairement à partir du radical de sa philosophie « érotique » : loin d'être déduit, de manière titanesque, des mœurs divines, l'homme baadérien naît dans le sein d'un Dieu qui est lui-même échange amoureux entre sa puissance librement abaissée et son image sponsalement élevée.

Entre la philosophie religieuse de von Baader et la théologie dogmatique de von Balthasar, existent en réalité plus que des points de contact contingents. D'un point de vue formel tout d'abord : la philosophie de Baader a pour caractéristique de se suspendre librement à l'acte théologique, tandis que la théologie de Balthasar se sépare du protestantisme dialectique par l'inclusion qu'elle suppose de l'*analogia entis* dans l'*analogia fidei.* Peu à peu, se forme d'ailleurs dans la *Forschung* balthasarienne la conscience de cette philosophie « théologiquement inspirée » qui germine dans la doctrine du théologien[33]. Cette métaphysique (en fait une méta-anthropologie dialogique) que dispense Balthasar a exactement le même statut épistémologique que la philosophie religieuse baadérienne, savoir : celui d'une pensée qui répond à partir de son autonomie et de ses règles propres au don (*Gabe*) « qui est une tâche (*Aufgabung*) », de sa nature.

Mais il y a plus, et bien plus essentiel : c'est que ces philosophies religieuses baadérienne et balthasarienne forment en réalité deux théologies philosophiques dont personne, jusqu'à présent, n'a encore vu la haute, très haute convergence. Or, ce que l'œuvre de Balthasar commence dans ses marges à développer philosophiquement à partir de

---

33 Voir récemment D. SCHINDLER, *The Dramatic Structure of Truth by H.U. von Balthasar*, New York, Ignatius Press, 2004; A.M. PONNOU-DELAFFON, *Le chiffre trinitaire de la vérité chez Hans Urs von Balthasar*, Paris, Ed. de L'Ecole Cathédrale, 2006.

la vie trinitaire, nous semble profondément avoir les traits de la doctrine théosophique mature de Baader.

Ce serait un travail en soi que de le montrer. Qu'il suffise de pointer l'effort déployé par Balthasar, et suggéré ci-dessus, pour réfléchir la différence intramondaine à partir de la différence intratrinitaire pensée comme surprise, événement éternel dialogal que scelle la fécondité de l'amour. La pensée de Baader, plus encore que celle de Siewerth restée inachevée, apparaît au lecteur de Balthasar, à certaines conditions certes, comme l'espace dans lequel peut au mieux lever le grain philosophique laissé par le théologien suisse.

C'est assez suggérer le point d'insertion, à notre sens, d'une philosophie religieuse telle que celle de Franz von Baader : cette œuvre est à relire par des philosophes qui prennent au sérieux la tâche que leur indique le progrès de la pensée théologique, et plus particulièrement que leur désigne la théologie balthasarienne. La lecture de Baader, et la précision de ses contours, est *une œuvre de profonde collaboration entre le théologien et le philosophe* : c'est une réponse, sur le plan de la pensée réflexive, à une invitation théologique. Retourner au fonds baadérien, voilà bien une manière philosophique de faire écho à l'appel exigeant de cette pensée de H.U. von Balthasar pour laquelle « nous devons approcher le mystère de l'"essence divine" », « depuis toujours "donnée" dans l'autodonation du Père, "rendue" dans l'action de grâce du Fils » et « "représentée" dans son caractère d'amour absolu par l'Esprit Saint[34] ».

---

[34] H.U. VON BALTHASAR, *Pâques, le mystère*, trad. R. Givord, Paris, Ed. du Cerf, 1996, p. 10. Voir p. 11 : « Tout ce qui est pensable et imaginable pour Dieu est d'avance inclus et dépassé dans cette destitution de soi qui constitue la personne du Père et à la fois celle du Fils et de l'Esprit. Dieu comme "gouffre" (Eckhart : *Un-Grund*) de l'Amour contient d'avance, éternellement, toutes les modalités d'amour, de compassion, même de "séparation" motivée par l'amour et fondée dans la distinction infinie des hypostases ».

La réponse offerte anticipativement par Baader à cette assignation ne laisse pas d'étonner tant elle tranche sur les options contemporaines polies à la stricte distinction des domaines et à la rationalité kantienne si dédaigneuse des « rêves de visionnaire ». Parions cependant, à de strictes conditions, que cette doctrine difficile et point tout à fait assez disciplinée, sera susceptible de donner chair à ces préoccupations essentielles que Balthasar, ou Bruaire, ont puissamment appelées de leurs vœux – ce souci, dans notre vocabulaire, d'une « Générative », parfaitement embrayée sur la Normative de Blondel.

3. BAADER LE « PHILOSOPHE DU FUTUR »[35]

Que le lecteur pardonne la grossièreté du trait, mais il ne semble pas en effet abusif à l'auteur de ces lignes de discerner dans le XXème siècle philosophique une récurrente gigantomachie de la « Structure » et de « l'Événement » : d'un côté, l'esprit cristallisé dans une conceptualité néoscotiste, de l'autre, l'être réduit au singulier sous le parrainage par contumace d'Occam ; sur la rive gauche, a prédominé le modelé formel de l'action en terme de « relation » synchronique, sur la berge adverse, c'est dans le vocabulaire de « l'origine » génétique qu'a été formulée l'occurrence ontologique. Vacuité de l'universel contre pureté du singulier — cette opposition de la Raison et de l'Histoire s'est essentiellement déroulée sur le champ de bataille de l'abstraction préparé depuis le XIVème siècle par la *via moderna* qui dressa l'une contre l'autre généralité de l'entendement et individualité vivante[36]. Chacun aura des noms et des conflagrations célèbres à proposer ici (à commencer par la récente rivalité des « libéraux » et des « communautariens » dans le domaine de la philosophie politique)...

Le siècle qui s'ouvre nous place devant plusieurs possibilités face à cette situation dont nous sommes les adjudicataires. La première serait évidemment d'accepter

---

[35] « F.v.B. als Begründer der Philosophie der Zukunft » (F.v. Baader, fondateur de la philosophie du futur) est le titre donné par F. Hoffmann à un recueil, publié en 1856 (à Leipzig, de comptes-rendus portant sur l'œuvre de Baader. Baader lui-même n'affirmait-il pas qu'il arrachait « à l'avenir » les « vérités précieuses » qu'il dispensait ? (BW XV 402, cit. in X. TILLIETTE, *Schelling. Une philosophie en devenir*, t. 1, Paris, Vrin, 1970, p. 509 n. 24).

[36] On l'a dit avant nous : « Le conflit entre Scot et Occam nous introduit dans le cercle qui unit désespérément les frères ennemis de la philosophie transcendantale et du nominalisme. Il permet de s'orienter dans la pensée classique et contemporaine » (M. BASTIT, *Les principes des choses en ontologie médiévale (Thomas d'Aquin, Scot, Occam)*, Bordeaux, Ed. Bière, 1997, p. 346).

l'état de fait, et de seulement calmer les esprits par quelque électuaire — l'indifférence pratique semblant le plus approprié des sédatifs de l'esprit.

Une seconde éventualité pourrait être de renforcer davantage encore le caractère de l'abstraction. Par exemple, si l'on veut sortir de leur mise en forme contradictoire chez Hegel et de leur adossement indifférencié chez Schelling, en forçant *toto caelo* à une exorbitante unité dynamique cette « structure » néoscotiste à cet « événement » néonominaliste, dans la ligne du « type » kantien de la seconde Critique et de Fichte. L'hermétisme calculé de cette méthode, sa fascination immodérée pour la nouveauté, mais surtout son aversion envers la nature et l'être, cachent mal la fragilité du pontage mis en place, qui ne représente en somme que l'aboutissement logique de la modernité uniment abstraite : au lieu de médiatiser par l'amour totalité et unicité, l'on contraint par l'action volontariste le général et l'unité discrète. Qu'est-ce donc là, sinon célébrer une nouvelle fois les noces brutales de la « mauvaise » universalité avec la « mauvaise » singularité, comme si rien n'avait été acquis depuis Fichte, au moins avec Hegel ?

Une autre possibilité, tout à fait adverse (et qui d'ailleurs ne peut qu'être brutalement contestée par la précédente, structurellement violente), consisterait à redécouvrir enfin le véritable rapport de l'universel et du singulier concrets[37]. Ce serait en revenir, par delà des siècles d'abstraction, à la riche orientation de saint Thomas, lequel, loin de se mouvoir dans un universel chaotique de généralités et d'individualités, invitait au contraire à une puissante contemplation de l'âme du réel[38]. Ce réalisme non-

---

[37] Sur ce qui suit, voir E. TOURPE, *Donation et consentement. Une introduction méthodologique à la métaphysique*, Bruxelles (Paris), Lessius (Ed. du Cerf), 2000.

[38] Voir E. TOURPE, *Siewerth « après » Siewerth. Le lien idéal de l'amour dans le thomisme spéculatif de Gustav Siewerth et la visée d'un réalisme transcendantal*, Louvain (Paris), Peeters (Vrin), 1998.

positiviste savait mettre au centre de ses préoccupations l'être dans toutes ses dimensions, à la fois rationnelles et naturelles, tant universelles qu'événementielles. Le malheur est que l'Aquinate n'a pas eu le génie dialectique des médiations, ce talent du *nexus* qui lui aurait permis d'éviter la manière ratiocinante de ses conclusions par trop fixistes : *Thomas semper loquitur formaliter*[39], reconnaissait Cajetan. La métaphysique de Thomas est équilibrée, mais elle ne donne pas la règle de son équilibre, elle ne fournit nullement, pour ainsi parler, la justification de sa justesse. C'est pourquoi aussi dès après sa mort les écoles thomistes éclatèrent en factions rivales, tandis que s'installait la scolastique des nominalistes et des scotistes.

Deux auteurs au moins dans l'histoire ultérieure de la pensée ont renoué avec le réalisme spirituel de saint Thomas, par des voies à vrai dire bien peu thomistes au départ : Blondel, mais aussi Baader justement[40].

Blondel a recherché avec passion, à travers sa Normative, le *vinculum substantiale* du noétique et du pneumatique — autres noms pour désigner l'universel concret et le singulier concret[41]. Mais, plus phénoménologue que métaphysicien, il reste, au moment décisif, médusé par l'ampleur de la tâche, et particulièrement devant la question du fondement divin de cette médiation : il voit bien que la notion d'acte pur demande à être rigoureusement pensée comme vivante opération immanente (*agere*) et non seulement tel un produit achevé (*actus*[42]), ou plutôt qu'il n'y a d'acte que comme agir, mais il se refuse à pénétrer trop

---

39 « Thomas parle toujours de manière formelle ».

40 Nous négligerons ici, par simple économie et pour mieux marquer le lien avec nos travaux précédents de citer des auteurs comme Pascal, Ravaisson ou Zubiri qui pourraient tout aussi bien être évoqués.

41 Voir E. TOURPE (éd.), *Penser l'être de l'action. La métaphysique du « dernier » Blondel*, Louvain (Paris), Peeters (Vrin), 2000.

42 Voir M. BLONDEL, *L'Action*, II-Le problème des causes secondes et le pur agir, Paris, F. Alcan, 1936, p. 167 s.

avant dans le *fascinans* et *tremendum*. La doctrine trinitaire vient clairement inspirer les vues du premier volume de la nouvelle *Action* des années trente, mais la prudence presque pusillanime du Maître d'Aix — craignant à tout moment la spéculation gnostique — vient l'empêcher de poursuivre des vues pourtant hautement novatrices.

Le *vinculum* blondélien trouve pourtant tout naturellement son fondement dans le concept baadérien de *Vermittlung*, qui est formulé à partir de la vie divine elle-même, c'est-à-dire du *mysterium* trinitaire. Cette *Vermittlung* est l'appropriation la plus profonde de l'Esprit, qui concrétise le double mouvement du Père vers le Fils et du Fils vers le Père, sans introduire de séquence entre les Personnes à la manière sabellienne (« la Trinité est une dualité ramenée à l'unité » répète à l'envi Baader dans ses écrits). L'important est ici d'apercevoir que le réalisme déployé par cet autre « mage du sud » (avec Oetinger) est un réalisme de la médiation, à fondement trinitaire et accent pneumatologique[43]. Ce sens baadérien de la médiation concrète inspirera, on le sait trop peu, Sedlmayr : devant la « perte du milieu » caractéristique de la pensée occidentale, cet auteur considérera attentivement le réalisme ternaire de Baader comme compensation salutaire aux dommages provoqués par l'abstraction non-issue de l'amour[44].

[43] Ce que n'a sans doute pas assez remarqué J.F. Marquet, qui se concentre trop exclusivement sur le Fils dans sa reprises des thèses baadériennes (voir J.F. MARQUET, *Philosophies du secret*, Paris, Ed. du Cerf, 2007, pp. 349-360). Marquet a remarquablement cerné le thème central de la médiation, mais insuffisamment celui de la manifestation, qui donne la clé de tout le dispositif médiateur.

[44] H. SEDLMAYR, *Verlust der Mitte : die bildende Kunst des 19. Und 20. Jahrhunderts als Symptom und Symbol der Zeit*, Salzburg, Müller, [7]1955 ; « Franz von Baader Gedanken zur Kunst », in *Philosophisches Jahrbuch*, 68 (1960), p. 361-369; « Erneuerung als konservatives Prinzip bei Franz von Baader », in *Studium Generale*, 15 (1962), p. 264-271 ; « Der Gedanke der Mitte bei Franz von Baader », in J. Tenzler (éd.), *Wirklichkeit der Mitte.*

4. BAADER LE PROFESSEUR D'AMOUR[45]

L'amour n'est en effet pas seulement un « thème » des études baadériennes, parmi ou même au-dessus des autres ; le « philosophe de l'amour », comme Baader se nommait lui-même, a puisé dans cette substance, faite alternativement de générosité et d'aimantation, les principes qui président à chacune de ses affirmations point si anarchiques : c'est de l'automanifestation de l'amour que nous entretient son élocution luxuriante - de rien d'autre en fait que de l'image, ou figure, projetée par le mouvement de l'amour.

L'énergie première, irrépressible, de la manifestation de soi à autrui, guide en effet la réflexion magnanime de Baader, jusqu'à ce point où, cacique du romantisme allemand, il comprend le réflexe en soi, la présence intime ou l'intériorité, d'une telle expression au dehors. On a tout compris de Baader, jusqu'aux tréfonds et aux arcanes de ses délires magnifiques, si l'on a saisi la simplicité d'une telle règle : le même amour qui s'exprime, s'imprime en soi-même. Au centre, à la base, au sommet, sur tous les bords de cette œuvre comme dans son plein, il y a l'axiome unique, insistant, à quoi tout se rapporte chez Baader – de l'amour générant sa propre logique, s'imaginant ou plutôt, si l'on préfère, engendrant le verbe à son image. La manifestation originaire est aussi, et tout autant, médiation de soi : voilà de quoi nous entretient la philosophie érotique dont il sera question – qui est, tout autant, une « philosophie héroïque ».

Mais en même temps, tout insulaire qu'ait été en ce temps tourmenté son talent, von Baader appartient à un archipel peu connu où d'autres auteurs forment une communauté d'inspiration peu banale et toute entière reliée par un même souci de penser ensemble être et amour. Sans

---

Beiträge zu einer Strukturanthropologie, Freiburg i. Brisgau, Alber, 1968, p. 309-318.

45 BW XV 627.

même signaler des éclats marginaux telle l'œuvre d'un László Gondos, récemment mise en valeur par Miklos Vetö, il y a bien sûr la magistrale « ontodologie » de ce véritable maître à penser que fut Claude Bruaire. A ce très grand format, il faut encore accoler d'autres noms qui méritent l'attention, certes non des modes académiques, mais des vrais chercheurs : Gustav Siewerth et Ferdinand Ulrich, par excellence. Ces deux plus qu'éminents disciples de saint Thomas s'inscrivent dans la foulée du P. Rousselot, c'est-à-dire précisément à l'intérieur d'une interprétation de l'*actus essendi* thomasien comme amour. Ce sont des titans – mais il faudra du temps pour qu'on le comprenne.

Dans l'entourage spéculatif immédiat de Baader, on trouvera encore un autre thomiste qui sait allier la tradition de l'acte avec la contemplation de l'amour : il s'agit de Heinrich Beck. Descendant à la fois de Gustav Siewerth et de Hans André[46], Heinrich Beck avait fait une irruption spectaculaire dans l'univers philosophique dès 1965 avec un puissant volume, récemment réédité, portant sur le caractère d'acte de l'être[47]. Portant à incandescence la lecture, commune à Gilson, Fabro et Siewerth[48], de l'ontologie thomasienne sous le signe de l'*actus essendi*, le thomisme de Heinrich Beck est comme le creuset lustral des herméneutiques qui y affluent ; dans la tranquille sérénité d'une sagesse pleine de discernement, Heinrich Beck a

---

[46] Sur André, voir surtout les travaux de Hans Beck. Pour un premier éclairage, E. TOURPE, « Le thomisme ontologique de Gustav Siewerth, Ferdinand Ulrich et Hans André à l'arrière-plan de la pensée balthasarienne », *art. cit.* ; 'Thomas d'Aquin est le penseur de l'être comme amour'. A propos de deux livres récents", in *Revue philosophique de Louvain*, 2-3 (2008), pp. 363-371 ; pp. 569-579.

[47] H. BECK, *Der Akt-Charakter des Seins*, Francfurt am Main, Peter Lang, [2]2001,

[48] Voir E. TOURPE, « Thomas et la modernité. Un point de vue spéculatif sur l'histoire de la métaphysique thomiste », in *Revue des sciences philosophiques et théologiques*, 3 (2001), pp. 433-459.

donné au thomisme contemporain parmi ses plus belles pages, en particulier grâce à l'équilibre profond de son dialogue avec Hegel. Ce n'est pas que Beck représente un achèvement providentiel de ce que Baader aurait seulement, et exclusivement inauguré ; ils se corrigent l'un l'autre, par cela notamment que Baader a mieux souligné la dimension kénotique de l'amour ou encore sur le point qui touche au modèle sponsal de l'être. Mais toutes deux s'efforcent de penser un mystère commun – le déploiement circulaire de l'être comme amour. Beck, comme Baader, doivent être associés et ne sauraient être cités l'un sans l'autre tant la sobre méthode de l'un, jointe à l'enthousiasme de l'autre, décrivent de conserve l'action amoureuse de l'être.

En même temps, il y a dans la doctrine embrouillée de Baader quelque chose qui lui est propre, et qui marque d'un sceau spécifique sa contribution, par rapport au monde de saint Thomas ou de Hegel dans lequel se meut entièrement Heinrich Beck. Il s'agit de sa reprise, très stimulante, du thème ésotérique de « l'Androgyne » originaire, qu'il transmue en une philosophie du « mariage ». Ce n'est pas, sur ce point, qu'il n'y ait d'équivalent, puisqu'il a inspiré au contraire à ce sujet la tradition dite « sophiologique » jusqu'à Bouyer. Mais Baader est très certainement l'un des maîtres principaux, et peut-être même l'instigateur initial, de ce courant de pensée qui, très au-delà des possibilités du dialogisme contemporain, conçoit radicalement l'être comme hymen – union sponsale, non dirimante, du caractère masculin et de la forme féminine donnant un fruit commun. Une telle compréhension de l'être, non comme identité, non comme différence, mais comme union nuptiale des différences, laquelle implique d'emblée une saisie spéculative de la variété sexuelle, est exceptionnelle de richesse et d'originalité. Elle pourrait d'ailleurs assister un courant récent, descendant de Hans Urs von Balthasar, qui cherche à tâtons une solution pour penser le rapport de communion entre l'homme et la femme comme modèle englobant pour la théologie toute entière. C'est ainsi que le Cal Marc Ouellet, dans une synthèse pénétrante, en appelle à « une métaphysique de l'être comme amour[49] » qui soit conçue comme « analogie familiale de la Trinité » ; il s'agit de dévoiler « le fondement premier de la relation nuptiale entre le Créateur et sa créature[50] », et donc de mettre en œuvre une analogie qui porte sur « la communion d'amour personnalisante » que l'on trouve à la fois « dans la famille et dans la Trinité[51] » - car « la vie trinitaire est une communion dans la fécondité[52] ».

Nous verrons plus loin comment, de fait, les intuitions de von Baader étaient très en avance sur ces développements nouveaux, et permettent de garantir à de telles recherches avancées une solide ontologie nuptiale bien au-delà des schémas seulement intersubjectifs de F. Ebner à E. Lévinas, de L. Lavelle à M. Nédoncelle. Au-delà de la « réciprocité des consciences » et du Nous comme forme de l'Esprit, Baader pensait déjà cette communauté des êtres à partir de l'unité féconde de la donation, c'est-à-dire de

---

49 Voir récemment M. OUELLET, *Divine ressemblance. Le mariage et la famille dans la mission de l'Eglise*, Québec, Anne Sigier, 2006, p. 56.

50 Ibid., p. 55.

51 Ibid, p. 54.

52 Ibid., p. 153. Ibid.p. 107 : « A l'heure où la théologie risque de se dissoudre en anthropologie sous la pression d'une culture anthropocentrique, le dessein de Dieu sur le mariage et la famille ramène la réflexion théologique sur le terrain de l'histoire réelle et dramatique des personnes aux prises avec l'amour, la sexualité, la fécondité. La famille replace la théologie au centre de la révélation, au service de l'alliance de Dieu et de son partenaire humain, dont le corps à corps nuptial et sacramentel témoigne de l'incarnation de l'amour. L'anthropologie théologique comprend alors mieux la dignité suprême de la personne à la lumière de la participation de la famille aux missions trinitaires du Verbe et de l'Esprit. Et elle est réconciliée avec l'histoire réelle, les réalités corporelles, l'intersubjectivité et l'enracinement cosmique de l'humanité, dont le dualisme moderne et l'individualisme l'avaient malheureusement aliéné ».

l'amour comme kénose, et de la réflexion, qui est l'amour comme élévation.

L'histoire que nous allons raconter est celle-là donc, d'une philosophie originale pour laquelle il y a communication des idiomes entre le vocable de l'être et les choses de l'amour ; ce sera le récit d'une métaphysique religieuse singulière, en cela qu'elle a su garder le secret, à une époque entièrement gagnée par la distorsion, de l'union sponsale et de la communion dont la vie trinitaire offre le prototype.

CHAPITRE I.

BAADER, LE « MARCHAND DE SEMENCES » (FC 105)

En pénétrant, sans doute par simple curiosité, dans l'univers de Franz von Baader le lecteur éventuel de ce « cinglé génial » (comme le nomme X. Tilliette[53]) ne peut qu'être saisi par un violent mouvement de répulsion. Traversant un brouillard d'apophtegmes énigmatiques, perce par saccades un bouillonnement d'intuitions brouillonnes où s'enchevêtrent sans discipline des images hallucinées ; une haleine suffocante, chaude et chargée de lourds mythèmes, sourd à haute pression de ce paysage ésotérique où « Moria » et « Sophia » s'affrontent devant « l'Androgyne » originaire, tandis que « l'Archi-Ternaire » divin brûle comme un feu dévorant sur une scène extravagante.

L'oppressante impression vient alors que l'on foule effectivement la souille de quelque aliéné, et qu'il serait plus prudent de quitter cette géhenne obscure que lui a ménagée l'histoire : celle d'un auteur excessivement abscons et de toute façon mineur. Plus d'un ont d'ailleurs reculé devant la « forme fantastique », le « théosophisme unilatéral », la « fantaisie » « religioso-métaphysique » d'écrits aussi peu commandés par la rigueur dialectique et démonstrative des modernes[54]. Schopenhauer le nomme « avec Hegel, le plus écœurant gribouilleur (*der ekelhafteste Schmieren*[55]) » qui fut jamais — ce qui est certes plutôt un hommage… Avant de l'apprécier à partir des années 1820, Hegel lui-même se moquait d'ailleurs de cette « méthode intensive » déployée

[53] Lettre à l'auteur du 26/02/2000. Cette formule a des accents qui rappellent celle de F. Thiersch, lequel qualifiait Baader de « Schelling délirant » (cit. in M. VETÖ, Recension de S. Schmitz, *Sprache, Sozietät und Geschichte bei Franz von Baader*, in *Revue de métaphysique et de morale*, 83 (1978), p. 567-569, cit. p. 569). Görres parlait moins rudement d'un « elektrisches Blizgenie », (un « génie électrique fulgurant», F. HOFFMANN, « Vorwort », BW XV, p. IV) !.

[54] Citations in L. P. XELLA, *La dogmatica speculativa di Franz von Baader*, Turino, Filosofia (Premi « Domenica Borello »), 1977, p. 26, n. 15.

[55] A. SCHOPENHAUER, *Gespräche*, A. Hübschen (éd.), Stuttgart-Bad Cannstadt, F. Fromman-G. Holzboog, 1971, p. 395 n. 622 (28 mars 1856).

par un Baader « qui fait de temps en temps imprimer une ou deux feuilles qui doivent contenir toute l'essence de la philosophie[56] »...

Plusieurs indices, comme les éloges appuyés de Baader dont Goethe, Tieck, Schelling, Fr. Schlegel, von Humboldt, Görres et bien d'autres encore, ont émaillé leur correspondance[57], devraient pourtant retenir l'attention : ses contemporains tenaient le penseur bavarois en haute estime. Ainsi, le poète suédois P.D.A. Atterborn (1790-1855) notait-il dans son Journal, à la date 21 janvier 1818, qu'il venait de rencontrer avec Baader « l'homme le plus miraculeux [qu'il ait] jamais vu, et peut-être tel qu'il n'en existe nulle part ailleurs dans le monde[58] ». A quoi fait écho le poète et dramaturge autrichien N. Lenau (1802-1850) selon qui il était « un des plus grands hommes de ce temps, et peut-être le philosophe le plus inspiré[59] ».

Mais on retiendra surtout l'exorde plus sobre, plus convaincant aussi, de l'*Encyclopédie des sciences philosophiques* (1827) où Hegel affirme, avec une discrète admiration :

> Ce qu'il y a de plus élevé, de plus profond et de plus intime a été amené au jour, dans les religions, les philosophies et les œuvres de l'art, sous une figure plus

---

56 G.W.F. HEGEL, *Correspondance*, trad. J. Carrère, vol. 2 (1813-1822), Paris, Gallimard, 1963, p. 91 (lettre 278, 1816).

57 Voir D. BAUMGARDT, *Franz von Baader und die philosophische Romantik*, Halle-Saale, M. Niemeyer, 1927, p. 4ss ; P. KLUCKHOHN, *Charakteristiken. Die Romantiker in Selbstzeugnissen und Äusserungen ihrer Zeitgenossen*, Stuttgart, Reclam, 1950, p. 167 s.

58 Cité in R.J. BETANZOS, *Franz von Baader's Philosophy of Love*, Wien, Passagen Verlag, 1998, p. 38. On retrouvera plus tard des jugements pareillement exacerbés, ainsi par exemple chez H. STEFFENS, *Was ich erlebte*, Leipzig, Ed. W. A. Koch, 1938, p. 414 s. : « De tous les mystiques il [Baader] fut le plus génial et le plus profond » (cit. in A. FAIVRE, *Eckartshausen et la théosophie chrétienne*, Paris, Klincksieck, 1969, p. 560 n. 6).

59 Voir D. BAUMGARDT, *Franz von Baader*, p. 7 n. 4.

> pure ou plus impure, plus claire ou plus trouble, souvent très rebutante. On peut estimer comme un mérite particulier, que M. Fr. von Baader continue non seulement de rappeler de telles formes dans le souvenir, mais, avec un esprit profondément spéculatif, de faire accéder expressément leur contenu consistant aux honneurs scientifiques en exposant et corroborant à partir d'elles l'Idée philosophique.[60]

On pourrait multiplier les témoignages en ce sens. Ce sera inutile, pour qui aura compris que c'est à l'intrépide seul, persistant et s'enfonçant hardiment dans cette bauge métaphysique – comme le fit notamment Kierkegaard – qu'est réservé le spectacle offert au petit matin de la raison ; dès que commence à darder la logique sauvage de ces « aphorismes étourdissants » se révèle alors la « vigueur » et l' « autorité[61] » dont ils sont secrètement empreints. Sous le rideau épais des allégories et des saillies imprécises se cache en réalité la parturition, ou plutôt la germination miraculeuse de l'une des pensées allemandes les plus prometteuses, d'une époque pourtant très féconde de la pensée[62].

---

[60] G.W.F. HEGEL, *Encyclopédie des sciences philosophiques. I La Science de la Logique*, trad. B. Bourgeois, Paris, Vrin, ³1986, p. 135..

[61] S. KIERKEGAARD, *Œuvres complètes*, trad. P.H. Tisseau et E.M. Jacquet-Tisseau, Paris, Orante, t. 7, 1973, p. 141-142 ; t. 10, 1977, p. 116.

[62] Pour H. Ball, Baader est « le seul grand philosophe chrétien qu'ait connu la Germanie, mais il remplace des écoles et des générations entières » (cit. in H. GRASSL, *Über Liebe, Ehe und Kunst*, p. 12 n. 1). F. Heer, le grand historien viennois des idées, affirme également que Baader est « le penseur catholique allemand le plus riche et le plus complet du XIXème siècle allemand », « l'un des grands méconnus » de ce siècle. G.K. Kaltenbrunner n'hésite pas l'appeler « le seul grand philosophe catholique dans l'histoire intellectuelle moderne de l'Allemagne ». L'érudit François Alexis Rio appelait également Baader « le rival de Schelling, si pas en popularité, au moins en génie » (cités in R. J. BEZANTOS, *Franz von Baader's Philosophy of Love*, p. 58-59)

Que Madame de Staël, qui tait injustement un nom pourtant réputé à l'époque[63], ne l'ait pas pressenti, est une faute dont le nom de Baader souffrira pendant plus d'un siècle en France – jusqu'à ce qu'E. Susini vienne rappeler qu'il fut « une des figures les plus grandioses[64] » du romantisme allemand :

> Le monde baadérien est un vrai monde qu'il vaut la peine de connaître et d'explorer, un monde impressionnant malgré ses étrangetés[65].

L'œuvre tout entière de ce philosophe est en réalité croissance, ensemencement, fermentation, maturation, un feu rongeur qui monte aux artères de l'inanimé pour le soulever vivant — tel l'éclair « père de la lumière » dont il méditera souvent la force débandée[66]. Il ne faut donc pas chercher chez Baader une doctrine toute faite et déjà pesée : comme il le dit de lui-même, il est un « marchand de semences » (FC 105[67]) pour qui « penser et écrire, c'est faire

---

[63] Madame de Staël note bien l'influence de Lavater (G. DE STAËL, *De l'Allemagne*, t. II, Paris, Garnier-Flammarion, 1968, p. 248), elle voit même le rôle joué par Klopstock et Stolberg (p. 258 s.), elle cite en passant le Philosophe Inconnu (« un écrivain français qui a des lueurs sublimes, M. de Saint-Martin, a dit que *la prière est la respiration de l'âme* », p. 266, voir p. 282 etc.), mais elle n'a pas saisi du tout l'importance de la sigillation boehméenne sur la pensée germanique, et plus particulièrement sur les *Stiftler*. C'est aussi la raison pour laquelle elle ne souffle mot de Baader, pourtant « philosophe romantique » par excellence (voir J. NOHL, « Franz von Baader, der Philosoph der Romantik », in *Euphorion*, 19 (1912), p. 612-633), même dans son bref chapitre « Des philosophes religieux appelés théosophes » (G. DE STAËL, *De l'Allemagne*, p. 281-283).

[64] E. SUSINI, *Franz von Baader et le romantisme mystique*, t. 1, Paris, Vrin, 1942, p. 14.

[65] *Ibid.*

[66] Voir *ibid.*, p. 320-325.

[67] BW II 238. NB : Afin de ne pas surcharger l'appareil de notes, qui sera fort empesé de références bibliographiques, nous renverrons, dans le chapitre qui suit, aux écrits de Baader à l'intérieur même du texte cursif. Les autres chapitres du présent ouvrage useront d'une autre méthode.

penser un autre » (BW XII 544). Il y a de l'agave dans l'œuvre de ce Bavarois, une maturation qui attend son heure pour éclater en plein jour — « mais seulement d'un coup » (BW XIV 160) et au moment propice[68]. A titre d'exemple, Baader est l'inventeur (bien avant *Pères et fils* de Tourgeniev, qui date de 1862) et le premier utilisateur du concept de « nihilisme[69] », par lequel il diagnostique le mal culturel de son temps à partir de 1824 ; faut-il vraiment préciser le destin qu'allait connaître quelques décennies plus tard une telle intuition ? On aurait pu tout aussi bien évoquer la notion de « prolétariat », que Baader emploie longtemps avant Marx[70].

Bien des intuitions baadériennes ne pouvaient germer à leur époque. Ainsi en va-t-il de ses réflexions nettement élaborées sur la féminité — que l'on compare ses nobles pages sur la *femina grande bonum* (BW VII 231 n. 1) aux éructations misogynes de Schopenhauer, ou même au pathos superficiel de l'Eternel féminin romantique ! ; de sa philosophie sociale, anticipatrice de la troisième voie ultérieurement décrite entre « capitalisme » et « socialisme » ; de sa philosophie politique visionnaire, qui considère la religion être le facteur de cohésion nécessaire de la société, et plus particulièrement la foi trinitaire être le ciment de l'unité entre les hommes ; ou de son œcuménisme passionné, sans aucune tentation syncrétiste, très tourné il est vrai vers l'orthodoxie.

---

68 « La doctrine de Baader est moins un système complet, fermé, achevé, qu'un ferment, un levain. Baader est un semeur d'idées. [...] Il sème littéralement une semence de connaissances qui germera dans les cerveaux d'autrui ; il jette une graine qui lèvera ; il prêche un enseignement fait pour être recueilli et médité » (E. SUSINI, *Franz von Baader...*, t. 1, p. 26.

69 Voir E. BENZ, « Franz von Baader und der abendländische Nihilismus », in *Archiv für Philosophie*, p. 3 (1949), p. 29-52, voir p. 32.

70 Voir E. BENZ, « Franz von Baader Gedanken über den 'Proletair' », in *Zeitschrift für Religions- und Geistesgeschichte*, 2 (1948), p. 97-123.

Mais en ce qui nous concernera ici, l'œuvre de Baader est surtout naissance, mise au monde d'une théologie philosophique encore inédite et de pure race que l'on pourrait, sur les indications de ce « professeur d'amour » (BW XV 627), appeler « érotique » si cette épithète n'était entachée aujourd'hui d'affects étrangers à l'intention de notre penseur. Disons simplement que cette doctrine assume la signification métaphysique abyssale de l'amour au sens le plus charnel, qui trouve son origine dans la vie divine elle-même où la génération filiale suppose une matrice éternelle. Avec Baader la métaphysique la plus spéculative prend racine dans cette forme la plus concrète de l'existence. Il apparaît comme un génie réaliste qui « s'est tenu par-dessus tout à l'effectivité concrète » et qui a déployé les ressources de sa pensée par un combat acharné contre les « constructions idéales[71] » sans renoncer pour autant à la médiation spéculaire de l'idée (*sophia*). Voilà pourquoi même le jeune H.U. von Balthasar[72] avait pu discerner dans l'œuvre de Baader la première tentative jamais faite de réconcilier Thomas d'Aquin, qu'elle commenta largement[73], et Hegel – bien avant que Gustav Siewerth (1903-1963) ne s'efforce, à partir de Heidegger cette fois et non plus de Boehme, de mettre en débat thomisme et hégélianisme[74].

---

71 H.E. PLASSMANN, *Die Schule des h. Thomas v. Aquino*, cité in H. ANDRÉ, *Natur und Mysterium*, Einsiedeln, Johannes Verlag, 1959 (IV. Reflexionen zu Franz von Baader), p. 151.

72 H.U. VON BALTHASAR, *Geschichte des eschatologischen Problems in der modernen deutschen Literatur*, Einsiedeln, Johannes Verlag, ²1998, p. 635. Balthasar faisait écho à son mentor de Pullach, pour qui Baader fut le premier à reconduire la modernité à la pensée de saint Thomas, bien avant le renouveau néothomiste sous Léon XIII (E. PRZYWARA, « Platonismus. Platon-Baader-Franz Brentano », in *Stimmen der Zeit*, 114 (1928), p. 270-283, voir p. 278).

73 BW XIV 197-348.

74 G. SIEWERTH, *Der Thomismus als Identitätssystem*, Frankfurt a/ Main, Schulte-Bulmke, ²1961. Le rejet marqué de Boehme par Siewerth (voir *id..*, *Das Schicksal der Metaphysik von Thomas zu Heidegger*, Einsiedeln,

1. « VIS INTEGRA IN HOMINEM » (MP 15[75]). PANORAMA DE LA POSTÉRITÉ ET DES ÉTUDES BAADÉRIENNES

Doctrine « fermentante », pensée en parturition – l'œuvre du « théosophe de Munich[76] » l'est certainement. Mais n'aurait-elle été qu'une puissance inefficace, sans mordre du tout sur l'histoire de la pensée, on pourrait la supposer vaine plutôt que prophétique. Baader est indéniablement un auteur si discret qu'on le croirait volontiers un simple ornement érudit dans l'histoire de la pensée. Il motive en réalité directement, comme on va le suggérer, des doctrines qui comptent dans la pensée contemporaine, et occupe aussi constamment des chercheurs en nombre respectable. *Vis integra in hominem* – la fertilité spirituelle n'est attestée que par la fruition filiale –, affirme-t-il lui-même dans sa brève introduction à Martinez de Pasqually ; sa forte semence a effectivement pris des figures historiques, humaines et intellectuelles qui ne sont pas négligeables, et augurent plutôt éloquemment des héritiers à venir.

On parlera plus loin de l'influence indéniable qu'eut Baader sur son temps entre les années 1807 et 1823 environ, tant sur Schelling et Hegel que sur la politique européenne. Mais le disciple le plus fidèle de Baader est sans aucun doute

---

Johannes Verlag, 1959, p. 196-210) est en partie à l'origine de l'échec du projet siewerthien, qui n'a pu trouver dans le néant heideggerien purement ontologique la richesse spirituelle de l'Ungrund divin du maître de Baader. Il est pourtant arrivé à Siewerth de citer Baader, mais sans que cette référence devienne importante dans son œuvre.

[75] « La force [n']est] achevée [que] dans l'homme ». Glose d'un passage de la *Table d'émeraude* dont nous reparlerons.

[76] Une telle formule est certes risquée, dans la mesure où elle s'applique plus justement à Eckartshausen et où elle cache l'effort spécifiquement philosophique de Baader par rapport à une théosophie plus « mystique ». On ne permettra de l'employer, par simple commodité stylistique, qu'à la condition de cette double restriction.

F. Hoffmann, qui entreprit dès 1852 d'éditer ses œuvres complètes[77], en commentant au besoin et en introduisant les dix premiers volumes et le quinzième. Autour de Hoffmann s'est cristallisée une « secte baadérienne », qui comptait des noms comme ceux de Lutterbeck, von Osten, Schlüter, et Schaden, lesquels ont pris en charge l'édition des autres volumes des œuvres complètes. Quoi qu'il en soit de la valeur scientifique de l'édition Hoffmann, comme du discrédit que la ferveur exagérée ou les convictions de Hoffmann et ses collaborateurs ont pu jeter parfois sur l'œuvre de Baader[78], il est clair que la flamme du baaderianisme lui doit d'avoir été entretenue. Sans son activité, Baader aurait sans doute complètement disparu de l'histoire de la pensée, et n'aurait pas pu toucher, comme elle le fit, plusieurs philosophes de la fin du XIXème et du début du XXème siècle. Parmi les élèves de Baader, Eugène Susini et Miklos Vetö ont signalé avec un certain intérêt la figure

---

[77] Franz VON BAADER, *Sämtliche Werke*, XVI volumes, éd. F. Hoffmann, Leipzig, Bethmann, 1850-1860 (rééditions : Halle, Scientia Verlag, ^{2}1963, ^{3}1987). Il n'existe toujours pas d'édition critique. Hoffmann avait fait précéder cette édition en 16 volumes par un tome unique regroupant les petits écrits dispersés de Baader, en 1847 .

[78] « Il est certain qu'on ne peut se départir de l'idée que le discrédit dans lequel Baader a sombré, est pour une bonne part imputable à ses disciples. [...] L'équipe de Hoffmann fait figure de chapelle, de secte, de groupe d'initiés. Hoffmann et Hamberger finirent dans le Vieux-Catholicisme, et les uns et les autres, Hoffmann en tête, ont pris la défense de leur maître avec une violence et une étroitesse d'esprit fort mal venues en matière d'histoire et de critique, et qui rendent le plus souvent intolérable la lecture des notes 'explicatives' qui alourdissent presque toujours inutilement l'édition. [...] Il [y] est perpétuellement question des ignorants et des aveugles qui ne veulent pas reconnaître dans tel ou tel texte de Baader tout ce qui peut se dire de plus profond depuis que l'humanité réfléchit sur ce problème... [...] A un penseur entouré de sceptiques, voire de détracteurs, pareils défenseurs ne pouvaient rendre plus mauvais service » (E. SUSINI, *Franz von Baader...*, t. 1, p. 17).

attachante du français Auguste Sougey-Avisard (1816-1888)[79] ; s'il n'a laissé dans l'histoire qu'un enthousiasme, bien peu productif, pour la doctrine de Baader, il illustre assez l'audience que reçut ce dernier de son temps même parmi un public bigarré et international.

On a repéré surtout chez plusieurs auteurs, outre Kierkegaard, une sympathie marquée pour l'œuvre de Baader, de Ch. Secretan à M. Scheler, d'E. Bloch à L. inswanger, ou encore chez E. Brunner, F. Ebner, A. Schlatter, P. Wust ou O. Gründler, et même Thomas Mann[80] et A. Béguin[81]. L'influence de Baader est tout à fait prépondérante sur M. Deutinger (1815-1864), autre bavarois et philosophe religieux d'importance, qui tenta de réconcilier la pensée idéaliste et le catholicisme à partir de triades fondamentales héritées du ternaire baadérien[82]. Elle constitue le cadre à partir duquel s'est développée la doctrine d'A. Möhler, le maître de l'Ecole de Tübingen (1796-1838), qui fut si importante pour le renouveau de la théologie catholique au contact de l'idéalisme allemand[83]. Elle l'est également sur la philosophie de la gnose de L. Ziegler (1881-1958[84]).

---

[79] M. VETÖ, « Un disciple français de Baader », in *Nouvelles études sur l'idéalisme allemand*, L'Harmattan, Paris, 2009, pp. 249-253 ; E. SUSINI, *En marge du romantisme. Portrait et correspondance d'Auguste Sougey-Avisard.* Beihefte zu Francia I. Herausgegeben vom Deutschen Historischen Institut Paris, München, Wilhelm Fink Verlag, 1975.

[80] Voir W. LAMBERT, *Franz von Baaders Philosophie des Gebets. Ein Grundriss seines Denkens*, Innsbruck-Wien-München, Tyrolia Verlag, 1978, p. 25-26.

[81] E. SUSINI, *Franz von Baader...*, t. 1, p. 4.

[82] Voir F. WIEDMANN, *Martin Deutinger*, Graz, Styria Verlag, 1971. Voir surtout M. DEUTINGER, *Das Prinzip der neueren Philosophie und die christliche Wissenschaft* (1857), Francfurt a/ Main, Minerva-Verlag, ^{2}1967.

[83] E. VERMEIL, *Jean-Adam Möhler et l'Ecole de Tubingue (1815-1840)*, Paris, A. Colin, 1913.

[84] L. ZIEGLER, *Gestaltwandel der Götter*, 2 vol., Darmstadt, O. Reichl, ^{2}1922 ; *Überlieferung*, Kösel, München, ^{2}1948 ; *Menschwerdung*, 2 vol., Oltan, Summa Verlag, 1948.

Plus essentielle cependant est la fécondité avérée et massive de Baader sur la philosophie russe. La sophiologie de V. Soloviev en particulier est toute imprégnée des thèmes de Baader, qui exerce sur cette œuvre puissante une influence aussi considérable que celle de Schelling[85]. L'impression qu'a faite Baader d'autre part sur l'existentialisme spiritualiste de N. Berdiaev a été vue depuis longtemps[86]. A vrai dire, Berdiaev se reconnaissait d'abord dans la pensée de J. Böhme[87], mais a marqué un intérêt très vif pour Baader. En effet, « plus près de Böhme, et plus apparenté à son génie » que Schelling, lui apparaît en effet

> Fr. Baader, l'esprit qu'empoisonne le moins la rupture idéaliste avec l'être et qui mena également Schelling à Böhme. [...] C'est avec une clarté et une simplicité parfaites que Baader justifie la conception dynamique que Böhme se fait de Dieu, conception qui admet une genèse dans la vie divine. S'il n'existait pas de genèse dans la conscience que Dieu possède de lui-même, cette conscience ne connaîtrait ni vie ni processus [= BW XIII 65]. La conception dynamique de Dieu signifie en effet également que pour nous Dieu est vivant et animé

---

[85] Voir par exemple L. NEUZLER, *Die Freiheit und das Böse nach Vladimir Soloviev*, München, Alber, 1978, p. 23, 243, 244-245 ; R.J. BETANZOS, *Franz von Baader's Philosophy of Love*, p. 294-295 etc.

[86] « Un penseur religieux comme Nicolas Berdiaeff, dont les livres ont été accueillis avec tant de faveur par le public français, s'inspire beaucoup de Franz von Baader. Des ouvrages tels que *Esprit et liberté*, ou *Destination de l'homme* citent à différentes reprise le nom de Baader. Mais surtout pour qui connaît l'œuvre du théosophe de München, la lecture des livres de M. Berdiaeff offre un intérêt tout particulier. Une grande partie des idées de Baader sont repensées par M. Berdiaeff, et si ces idées se trouvent dans l'ensemble dépouillées de l'affabulation romantique et ésotérique qu[e] revêt celle de Baader, on ne peut presque à chaque page, se départir du souvenir de ce dernier » (E. SUSINI, *Franz von Baader...*, t. 1, p. 6).

[87] « Parmi les grands mystiques allemands, c'est Jacob Böhme que j'ai préféré » (N. BERDIAEV, *Essai d'autobiographie spirituelle*, trad. E. Belenson, Paris, Buchet-Chastel, 1958, p. 227-228).

> et qu'à la base de la vie divine, il y a le tragique afférent à toute vie. [...] Baader nous donne une excellente définition du mal comme d'une maladie, d'une déformation de l'ordre hiérarchique, d'un déplacement du centre de l'Être qui fait passer l'Être dans le Non-Être[88].

L'on ne saurait passer sous silence l'extrême proximité de vues, qui procède d'une inspiration évidente, entre la puissante métaphysique religieuse du philosophe néerlandais contemporain H. Dooyeweerd (1894-1977) et celle de Baader. J.G. Friesen en a apporté la démonstration définitive autant que troublante[89].

Les lecteurs du P. L. Bouyer n'auront de leur côté pas manqué de noter la place remarquable que le théologien de l'Oratoire a régulièrement faite à la pensée de Baader, dont il a détaillé avec conviction le « supernaturalisme relatif[90] » (« nous sommes surnaturels par rapport aux animaux, comme Dieu l'est par rapport à nous[91] »). Le P. Bouyer voyait en Baader une courroie de transmission importante de la tradition sophiologique entre la doctrine patristique de la Sophia et sa reprise enthousiaste chez Boulgakov, Lossky et même Florenski[92].

---

88 N. BERDIAEV, « Etudes sur Jacob Boehme », in J. Boehme, *Mysterium Magnum*, trad. et introduction de N. Berdiaev, t. 1, Paris, Montaigne, 1945, p. 23.

89 J.G. FRIESEN, « The Mystical Dooeyweerd. The relation to His Thought to Franz von Baader », in *Ars Disputandi* [http : //www.ArsDiputandi.org] 3 (2003).

90 L. BOUYER, *Cosmos...*, p. 226-229, cit. p. 228.

91 *Ibid.*

92 Rappelons qu'à la différence de Koyré, qui ne voyait dans la sophiologie boehméenne et russe contemporaine qu'une génération spontanée erratique (A. KOYRÉ, *La philosophie de Boehme*, p. 213 n.2) L. Bouyer a soutenu l'origine scripturaire, patristique et même scolastique du théologoumène de la Sophia, dans laquelle il voyait un don propre de la théologie orthodoxe.

Les recherches sur Baader, quant à elles, ont constamment, même si discrètement, été entretenues. Si on ne trouve rien de comparable à ce qui existe pour Fichte, Hegel et Schelling, Xella ne comptabilisait cependant pas moins de 289 titres de *Baaderiana*[93] dès 1977, avant le récent renouveau des années 1990. Cette *Forschung* a connu quelques pics au vingtième siècle, avec plusieurs études particulièrement réussies. Dans le contexte d'une simple « introduction », il convient de ne citer rapidement que les classiques incontournables qui touchent à la philosophie de Baader[94].

Les deux ouvrages les plus marquants de l'entre-deux guerres sont incontestablement celui de D. Baumgardt (sur la philosophie romantique de Baader) et le gros volume de J. Sauter (sur Baader et Kant[95]). Le premier de ces ouvrages est particulièrement important, puisqu'il offre, pour la première fois, une vue globale et critique sur la pensée de Baader.

Après la seconde guerre mondiale, on peut remarquer tout d'abord les travaux de E. Benz sur les sources ésotériques de l'idéalisme allemand, qui se sont penchés avec une prédilection si particulière sur Baader qu'ils méritent d'être cités comme tout à fait nodaux pour les recherches qui nous occupent. Nous reviendrons sur cet ouvrage au prochain chapitre.

La contribution majeure à la recherche baadérienne pendant la guerre et immédiatement après celle-ci reste

---

93 L.P. XELLA, *Baader, Rassegna storica degli studi, 1786-1977*, Bologne, Il Mulino, 1977. Cette bibliographie est un instrument de travail de tout premier ordre, dans lequel Mme Xella ne se contente pas de répertorier les éditions et les travaux concernant Baader, mais consacre à la plupart d'entre eux une notice détaillée qui les résume et les situe.

94 On trouvera un historique détaillé des études baadériennes dans W. LAMBERT, *Franz von Baaders Philosophie des Gebets*, p. 20-24.

95 D. BAUMGARDT, *Franz von Baader…*, (1927) ; J. SAUTER, *Baader und Kant*, Iena, G. Fischer, 1928.

cependant l'ouvrage en deux tomes du germaniste E. Susini sur *Franz von Baader et le romantisme mystique*. Le défaut de ces livres est évident : ils commencent leur analyse thématique de la pensée baadérienne par la « création », sans questionner préalablement ce qui est le plus fondamental dans la pensée de Baader, à savoir le rapport du Ternaire au Quaternaire dans la vie divine. Néanmoins, cette étude, qui a été suivie par l'édition en quatre gros volumes de la correspondance inédite et annotée de Baader[96], est indéniablement la pièce essentielle de la recherche baadérienne. L'auteur, se frayant un passage à travers le dédale complexe des écrits, de la syntaxe et du vocabulaire du penseur bavarois, expose avec une clarté inimitable la métaphysique du créé de Baader.

L'étude de Hemmerle intitulée *La pensée philosophique de Baader sur la création*[97], (dont l'introduction est à vrai dire tellement personnelle qu'elle est peu utilisable pour la recherche baadérienne) est importante car elle éclaire cette fois adéquatement le problème de la question chez Baader à partir de sa compréhension philosophique de la vie trinitaire. Il est à noter que Grassl, éditeur d'une anthologie sur l'amour et le mariage dont nous avons déjà cité l'introduction, s'était lui-même penché sur *La doctrine baadérienne du Quaternaire* dans sa thèse, malheureusement inédite, de 1949 (la précédente étude d'importance sur la question remontait à un texte de Hoffmann de… 1836[98]).

Dans les années soixante-dix, les travaux de Xella se distinguent par leur nombre et leur qualité, en particulier sa

---

96 E. SUSINI, *Lettres inédites de Franz von Baader*, t. 1, Paris, Vrin, 1942 ; tt. 2-3, Wien, Herder, 1951 ; t. 4, Paris, PUF, 1967. Série complétée par E. SUSINI, « Nouvelles lettres inédites de Franz von Baader », in *Etudes germaniques*, 24 (1969), p. 62-82.

97 K. HEMMERLE, *Franz von Baaders philosophischer Gedanke der Schöpfung*.

98 F. HOFFMANN, *Vorhalle zur spekulativen Lehre Franz Baaders*, Aschaffenburg, Th. Pergay, 1836.

lecture de la *Dogmatique spéculative* de Baader[99]. W. Lambert, à partir de son beau, clair et spirituel ouvrage sur la *Philosophie de la prière chez Baader*[100], s'est affirmé comme un autre bon connaisseur de notre auteur[101].

En France, c'est le spécialiste de l'ésotérisme occidental A. Faivre, jadis Directeur d'études à l'Ecole pratique des Hautes Etudes, qui a produit depuis Susini les meilleures études sur Baader. Quoiqu'il n'ait pas consacré un ouvrage particulier à cet auteur, il l'évoque dans la plupart de ceux qu'il a publiés ; mais il a surtout offert une série d'articles de haut niveau qui sont des contributions importantes à la recherche baadérienne : « Franz von Baader et les philosophes de la nature », « Note sur la lecture de Jacob Boehme par Franz von Baader », « Âme du monde et divine Sophia chez Franz von Baader », « Ténèbres, éclair et lumière chez Franz von Baader[102] », « Foi et savoir chez Franz von Baader et dans la gnose moderne », « Amour et androgynie chez Franz von Baader[103] ».

Les études baadériennes ont connu récemment un renouveau important, sous l'impulsion de P. Koslowski, qui a organisé et fait publier les actes d'un congrès capital sur Baader, sous le titre complexe de *La philosophie, la théologie et la gnose de la pensée spéculative de Franz von Baader entre Lumières,*

---

99 L. P. XELLA, *La Dogmatica speculativa…* ; *Baader, rassegna…*, ; F. VON BAADER, *Filosofia erotica*, introduction traduction et notes de LP. Xella, Milan, Rusconi, 1982.

100 W. LAMBERT, *Franz von Baaders Philosophie des Gebets*,

101 Voir par exemple W. LAMBERT, « Franz von Baader (1765-1841) », in E. CORETH, W. M. NEIDL, G. PFLIGERSDORFER (éd.), *Christliche Philosophie im katholischen Denken des 19. und 20. Jahrhunderts*, t. 1, Graz, Styria, 1987, p. 150-173

102 Réunis in A. FAIVRE, *Philosophie de la nature. Physique sacrée et théosophie XVIIIe-XIX siècle*, Paris, A.Michel, 1996, p. 23-177.

103 In A. FAIVRE, *Accès de l'ésotérisme occidental*, t. 1, Paris, Gallimard, ^{2}1996, p. 138-163 et p. 242-337. Voir également sur Baader : *Ibid.*, t. 2, Paris, Gallimard, ^{2}1996, p. 163-167 et p. 230-240.

Restauration et Romantisme[104]. Il a également fait éditer la plus honnête introduction existant à l'heure actuelle à la pensée de Baader. Il s'agit du livre posthume, peu spéculatif mais remarquablement limpide et informé, de R.J. Betanzos intitulé : *La philosophie de l'amour de Franz von Baader*[105].

Un livre récent de la Croate M.E. Zovko a permis dernièrement sous la houlette du P. Tilliette de préciser avec exactitude les rapports intellectuels de Baader et de Schelling[106]. On ne manquera pas enfin de signaler la montée en puissance d'une chercheuse italienne qui, dans la foulée de Xella, consacre à Baader[107] et à Cl. de Saint-Martin[108] une talentueuse énergie qui contribuera certainement beaucoup à la redécouverte en cours de la pensée baadérienne.

On le constate, l'influence de Baader est à la fois modeste et incontestable, discrète et solide. Indéniablement, le style du bavarois est pour beaucoup dans cet effacement. Néanmoins, il ne parvient pas à étouffer le rayonnement d'une pensée authentiquement féconde – dont la veine prometteuse et difficile d'accès à la fois demande des prospecteurs hardis mais assurés de la bonne fortune à venir.

---

104 P. KOSLOWSKI (éd.), *Die Philosophie, Theologie und Gnosis Franz von Baaders spekulatives Denken zwischen Aufklärung, Restauration und Romantik*, Wien, Passagen Verlag, 1993.

105 R.J. BETANZOS, *Franz von Baader*...Cet ouvrage souffre cependant de lacunes et d'erreurs répétées dans son appareil de références.

106 M.E. ZOVKO, *Natur und Gott. Das Wirkungsgeschichtliche Verhältnis Schelling und Baader*, Würzbourg, Könighausen und Neumann, 1996.

107 E. CUOMO, *Symbolica speculativa nella filosofia politica di Franz Baader*, Napoli, Giannini, 1996.

108 E. CUOMO, *Il sovrano Luminoso. Fondamenti della filosofia politica di Louis-Claude de Saint-Martin*, Turino, Giappichelli, 2000.

2. « VEHEMENTER CUPIO VITAM » (BW I 41[109]). VUES BIOGRAPHIQUES SOMMAIRES

« Il est né, il a travaillé, il est mort », comme on raconte que Heidegger résumait l'existence d'Aristote — ce n'est pas assez dire combien, chez tout auteur, mais plus particulièrement chez un vitaliste comme Baader, le monde environnant, le sang des ancêtres, les orages d'une histoire déterminent le style de la pensée. Baader enracine ainsi sa doctrine dans ses compétences d'ingénieur des mines dont il ne faudrait pas sans doute dissocier sa philosophie qui se caractérise elle-même comme un « désir ardent de la vie ». Peut-être y a-t-il un lien secret entre l'obscurité dans laquelle il aime mener ses recherches, et la passion qu'il démontre pour les pépites enfouies dans l'ingratitude de l'histoire. Le rapport avec Paracelse, si important pour la tradition dont se réclame Baader et également lié à l'univers des galeries dont il était médecin des ouvriers, est d'ailleurs assez frappant. Schelling ne désigna-t-il pas Baader avec la formule suggestive : « *ein unterirdischer Mench* », « un homme souterrain[110] ? C'était caractériser d'un mot l'unité de la vie et de la doctrine de Baader.

Maintenant, même en considérant l'ébauche fournie par F. Lieb[111] (qui couvre seulement les années de jeunesse de notre auteur), il n'existe pas de biographie scientifique

---

109 « Je désire ardemment la vie ».

110 « J'en connais un qui est par nature un homme souterrain, quelqu'un chez qui le savoir est devenu son être même et sa substance, comme dans les métaux le timbre et l'éclat appartiennent à la masse brute. » (F.W. Schelling, cité par H. GRASSL, *Über Liebe…*, p. 44, qui affirme qu'il s'agit là « probablement des plus belles lignes jamais écrits sur Baader »). Le P. Tilliette, qui cite également cet éloge, instille à vrai dire le doute quant à l'application à Baader de ce compliment (X. TILLIETTE, *Schelling. Une philosophie en devenir*, p. 509) ; selon lui la formule pourrait s'appliquer à Hegel. Hoffmann donne cependant plusieurs arguments en sens inverse (BW XV 38-39 n.), qui empêchent de trancher définitivement.

111 F. LIEB, *Franz von Baader Jugendgeschichte*, München, Kaiser, 1926.

satisfaisante de Baader. Nous possédons seulement des éléments cohérents empruntés pour l'essentiel au précieux Journal tenu par Baader durant sa jeunesse[112], à la longue notice biographique de Hoffmann dans le XVème volume des *Gesammelte Schriften* (BW XV 1-160) et aux compléments qu'a apportés l'édition de la correspondance inédite par Susini.

Lorsque l'on parle d'un « Baader » au temps du romantisme allemand, quand bien même l'on préciserait qu'il fut membre de l'Académie de Munich, l'on n'est point certain de nommer notre auteur. Le directeur de la section de philosophie de cette prestigieuse institution bavaroise de 1779 à 1797 se nomme Ferdinand Maria von Baader – d'ailleurs membre de la secte des « Illuminés » de Bavière instituée par Weishaupt[113] (et récemment popularisée à outrance par le roman *Anges et démons*). L'Académie comptera aussi parmi ses membres deux frères aînés de Franz: Clemens Alois Baader (1762-1838), prêtre renommé et auteur de nombreux travaux relatifs à l'histoire de la Bavière, et Joseph Anton (1763-1835), technicien de haut niveau auquel la préhistoire des chemins de fer notamment doit beaucoup[114]. Lorsque Franz Xaver vient au monde le 27 mars 1765, ses parents vivent modestement, malgré les appointements de son père Joseph Franz comme médecin à la Cour. Leur nom est encore sans particule, Franz (le fils)

---

[112] Outre l'édition Hoffmann censurée, il existe une version intégrale non expurgée du *Tagebuch* donnée par D. Baumgardt (éd.), *Seele und Welt. Franz Baaders Jugendtagebücher*, texte révisé par M. Jarislowsky, Berlin, Wegweiser, 1929.

[113] A. FAIVRE, *Eckartshausen…*, p. 75-76. NB : Adam Weishaupt (1748-1830), professeur de droit à l'Université d'Ingoldsatdt. Il fonda l'*Ordo Illuminati Germaniae* dit « des illuminés de Bavière », qui prônait l'instauration par la force de l'anarchie. Cet ordre important compta jusqu'à six cent membres en 1783, et fut interdit en 1785 (voir S. HUTIN, *Les sociétés secrètes*, Paris, PUF, 1952, p. 91-95).

[114] Voir les notes fournies par E. SUSINI, *Lettres inédites…*, t. 3, p. 592 et t. 4, p. 597 s.

n'étant anobli comme chevalier qu'en 1808[115]. Il s'agit d'une famille dont le sceau catholique (outre le frère prêtre, on compte une sœur qui devient prieure à Altötting et un oncle jésuite[116]) restera imprimé jusqu'à la fin sur Franz. Celui-ci, malgré ses démêlés de vieillesse avec le catholicisme romain et sa tendance croissante à lui préférer l'orthodoxie, mourra réconcilié avec son Eglise dont il recevra, assisté de Görres[117], les derniers sacrements.

De 1781 à 1785, Franz étudie la médecine à Vienne, ainsi qu'à Ingolstadt où il soutient son doctorat. C'est dans cette dernière ville qu'il fait la connaissance de Sailer, le futur évêque de Ratisbonne qui aura une influence de premier ordre sur son évolution. Cet ecclésiastique lui fera lire les mystiques, poètes et théosophes du temps, en particulier Saint-Martin, mais également Eckartshausen, Ossian, Herder, Klopstock, et Lavater. Baader pratiquera par la suite brièvement la médecine avec son père, avant de se détourner de ce domaine. On le voit dès cette époque préoccupé de philosophie[118]. Il publie ainsi en 1786 un volume de philosophie de la nature, ouvrage de frappe très

---

115 BW XV 41.

116 W. LAMBERT, *Franz von Baaders Philosophie des Gebets*, p. 17 n. 18.

117 N.B. : Joseph von Görres (1776-1848), écrivain de renom, spécialiste de mystique chrétienne, professeur d'histoire à l'Université de München et journaliste libéral influent. Il a formé, avec Achim von Arnim (1781-1831) et Clemens Brentano (1778-1842) – qui ne doit pas bien évidemment être confondu avec Franz Brentano (1838-1917), l'inspirateur de Meinong, Ehrenfels et Husserl – le cercle du « second » romantisme allemand. Ce dernier succéda (vers la fin de la première décennie du XIXème siècle), avec son attention plus marquée au folklore et en général au nationalisme culturel (voir GÖRRES, *Les livres populaires allemands*, 1807), aux vues plus universelles du premier cercle des Schlegel, Novalis etc.

118 La « première philosophie » de Baader (1786-1800), qui est principalement une philosophie de la nature à tendance religieuse préoccupée par le rationalisme, a été longuement analysée par E. SUSINI (*Franz von Baader*…, t. 1, p. 55-279).

« herdérienne », qui s'intitule : *Du calorique* (*Von Wärmestoff*[119]). Ce livre de Baader est caractéristique de ses écrits de jeunesse : doctrine romantique de la nature – on y note les notions d'affinité, d'âme du monde, d'amour, qui évoquent d'emblée Goethe, le Schelling initial ou le premier Hegel –, effacement relatif de la question religieuse au profit d'une métaphysique cosmique, confrontation à la philosophie moderne... La question religieuse ne viendra que lentement à la surface de sa philosophie en dépit d'une piété affirmée de longue date[120], à travers surtout la correspondance ultérieure avec Jacobi (1796-1800[121]). C'est pourquoi aussi, dans l'ouvrage qui va suivre, les écrits de jeunesse nous retiendrons moins que les essais de la maturité où la question qui nous occupe devient le tourment de Baader.

Avec la permission de son père, il décida ensuite de poursuivre des études de chimie et de minéralogie à l'Ecole des mines de Freiberg, en Saxe, de 1788 à 1792. Il en sort Ingénieur des mines, et fait publier la même année un essai sur l'usage des explosifs qui lui donnera une certaine réputation. Baader quitte Freiberg pour la Grande-Bretagne, où il va passer quatre années à se spécialiser dans les mines d'Angleterre et d'Ecosse.

En Grande-Bretagne, Baader améliore ses connaissances techniques, mais il prend surtout connaissance, comme en témoignent ses *Tagebücher*, des deux traditions de pensée qu'il ne cessera plus de mettre en débat par la suite, à savoir le criticisme et le martinisme. Il approfondit en effet Kant (BW XI 4), et se penche en particulier sur *Les premiers principes métaphysiques des sciences de la nature*[122]. Il rédige en Angleterre une dense étude, qui ne sera

119 BW III 1-180.

120 Voir W. LAMBERT, *Franz von Baaders Philosophie des Gebets*, p. 17.

121 Voir BW XV 163 s.

122 E. SUSINI, *Franz von Baader...*, t. 1, p. 229-230.

publiée qu'en 1809, sur *La déduction kantienne de la raison pratique et sur la cécité absolue de cette dernière* (*Über Kants Deduktion der praktischen Vernunft und die absolute Blindheit der letzeren*, BW I 1-23) ainsi qu'un essai pour introduire le public anglais à la pensée de Kant (BW XI 405-434). Il s'initie également à la mystique de Claude de Saint-Martin à travers le *Magikon* de Kleuker (BW XI 126[123]). Cette fréquentation du Philosophe Inconnu n'est pas fortuite, dans la mesure où le martinisme était au centre d'un débat (le « crypto-jésuitisme ») en Allemagne, et la cause en Bavière d'un grand renouveau mystique. Néanmoins, c'est au cours de son exil professionnel que Baader découvre notamment le *Tableau naturel* qui lui permettra, de retour en Bavière, d'opposer à la conception statique de la matière chez Kant, l'idée de « force vivante des éléments[124] ».

Il lit également Reid, Berkeley, Locke, Hobbes et Hume, et probablement Bacon pour lequel il éprouvera toujours de l'estime. Il étudie également Rousseau, Smith et Godwin[125], prenant ainsi ses premiers repères d'économie politique. Il confirme, malgré une crise rationaliste subie outre-manche[126], la solidité de sa foi par une assiduité accrue à la lecture de la Bible et une fidélité inexpugnable à la prière. Cette dernière prendra toujours plus d'importance dans sa vie et dans sa pensée, au point qu'il intitulera plus tard sa doctrine une « philosophie de la prière » (BW XV 536), et que W. Lambert en fera effectivement l'angle de lecture privilégié de toute l'œuvre baadérienne.

---

123 En réalité, Baader avait déjà parcouru les deux premiers ouvrages de Saint-Martin et le *Magikon* une première fois en 1787 (voir D. BAUMGARDT, *Franz von Baader…*, p. 27 n. 3).

124 *Ibid.*, p. 229-230.

125 N.B. : William Godwin (1756-1836), homme de lettres anglais, père de Mary Shelley. Auteur de l'*Enquiry concerning Political Justice and its influence on Morals & Happiness* (1793-1798), où il développe une théorie anarchique et non révolutionnaire de la justice économique et politique.

126 E. SUSINI, *Franz von Baader…*, t. 1, p. 175 s.

Les années anglaises furent un temps capital de remise en question, d'élargissement de l'esprit et de ressourcement spirituel pour la suite de l'existence de Baader. Betanzos emploie le terme de « plateforme[127] », mais on pourrait sans crainte préférer ceux de « retraite spirituelle » ou de « Manrèse ».

Sur la route du retour à Munich, il rencontre Jacobi à Hambourg et se lie d'amitié avec lui. La correspondance qu'ils entretiendront quatre ans durant sera l'occasion de fructueux débats ; Baader, accessible à la priorité jacobienne de la « l'optative » croyante sur le *sapere aude* éclairé (BW XV 169), objectera néanmoins constamment et toujours plus à Jacobi la valeur intrinsèque de la raison même apriori déterminée par la foi – au point de s'opposer finalement à la « religion du cœur » obscurantiste de Jacobi dans l'essai de 1807 intitulé : *Sur l'affirmation selon laquelle il ne peut y avoir d'usage mauvais de la raison pure* (*Üeber die Behauptung : dass kein übler Gebrauch der Vernunft sein könne*, BW I 33-38) C'est à Hambourg toujours, où il séjourne plusieurs mois, que Baader découvre les écrits de Fichte et de Schelling (BW XV 32). Il y est initié à la Kabbale (BW XV 31), qu'il dit à Jacobi être « le *torso* » de la philosophie de la nature la plus ancienne (BW XV 168). Il arrive à Munich en décembre 1796.

Durant les huit années qui vont suivre, Baader va encore peu publier. Néanmoins les deux petits essais qu'il commet (des *Contributions à la physiologie élémentaire*, 1797, et un travail sur le *Carré pythagoricien*, 1798[128]) sont très remarqués, en particulier le second, si bien que Novalis compte déjà Baader, « avec Fichte, Schelling, Ritter et Schlegel », dans le « Directoire philosophique de

---

127 R.J. BEZANTOS, *Franz von Baader's Philosophy of Love*, p. 64.

128 *Beiträge zur Elementar-Physiologie* III 203-246 ; *Über das pythagoräische Quadrat in der Natur oder die vier Weltgegenden*, III 247-268.

l'Allemagne » romantique[129]. La particularité de Baader, qui se manifestera davantage encore dans les années qui vont suivre immédiatement, est qu'il incarne dans ce « Directoire »

> la tradition ésotérique des sociétés secrètes et de la maçonnerie. [...] Swedenborg, Mesmer, Cagliostro, Justinus Kerner, Johannes Frederic von Meyer, sans parler de Martines et de saint Martin, lui paraissent détenir plus de vérité que Descartes, Kant et Fichte[130]

Ce sont en même temps des années d'installation professionnelle et familiale : cadre supérieur dans l'administration royale des mines, correspondant (1801) de l'Académie de Munich, correspondant (1802) de l'Académie des mines de Paris, il compose différents essais techniques dans son domaine[131]. Il se marie en 1800 avec une jeune praguoise, dont il a deux enfants : Guido, qui meurt en bas-âge, et Julie, laquelle épousera plus tard E. von Lasaulx[132].

Baader restera au service des mines royales jusqu'en 1820, date à laquelle il sera retiré du service actif en raison d'une réorganisation structurelle, avec le grade de Colonel-conseiller des mines, auquel il avait accédé dès 1807, peu avant d'avoir été élu comme membre agrégé de l'Académie de Munich (1808). A cette époque, il s'occupe également d'une manufacture de verre qu'il possède à Lambach, près de Regensburg. Baader déploiera dans ce contexte des talents techniques remarquables, notamment par sa découverte d'un procédé pour fabriquer, plus rapidement, un verre de qualité améliorée et à meilleur marché, que le

---

[129] Lettre de Novalis à Fr. Schlegel du 7 novembre 1798 (cit. in D. BAUMGARDT, *Franz von Baader...*, p. 6. n. 2).

[130] E. SUSINI, *Franz von Baader...*, t. 1, p. 29.

[131] Voir BW VI 693 s.

[132] N.B. : Ernst von Lasaulx (1805-1861), homme politique, érudit et philosophe qui fut, avec son oncle Görres, l'un des grands défenseurs des libertés catholiques dans l'Allemagne des années 1830-1840. Il fut également professeur de philologie et d'esthétique à l'Université de Münich.

gouvernement autrichien lui achètera en 1811[133]. Le bénéfice retiré de cette vente lui permettra d'acquérir une propriété à Schwabing, près Munich (BW XV 243), où sa famille s'installa jusqu'en 1832.

Mais à partir de 1804, Baader acquiert surtout une place importante dans le romantisme allemand[134]. Il publie tout d'abord un article très original, *Sur l'affect de l'admiration et du respect* (*Über den Affect der Bewunderung und der Ehrfurcht*, BW I 25-32), qui contient la plupart des thèmes développés par la suite. Il rencontre Tieck[135] à Munich, toujours en 1804, et fait sur lui une extraordinaire impression qu'a rapportée Hoffmann (BW XV 36). En 1806, il rencontre Schelling pour la première fois. C'est un véritable événement pour ce dernier, qui témoignera de l'impact qu'auront leurs nombreuses discussions sur le développement de sa pensée. Le retour au théisme de Schelling, ainsi que son orientation décisive vers Boehme[136] à partir de 1806 ont été motivés au moins en partie par Baader. Certes, l'auteur du *Freiheitschrift* a sans doute davantage lu Boehme à travers les *Schwärmer*

---

133 Susini a consacré la plus grande partie du volume 2 des *Lettres inédites* à la correspondance relative à cette invention.

134 Les détails sont donnés dans J. SAUTER, « Franz von Baaders Schriften zur Gesellschaftphilosophie », in *Die Herdflamme*, Iena, G. Fischer, 1925, p. 584 s.

135 N.B. : Johann Ludwig Tieck (1773-1853), écrivain prolifique important du premier romantisme allemand — dont Madame de Staël avait, si l'on s'en souvient, particulièrement apprécié les *Franz Sternbalds Wanderungen* (1798) : « Tieck mérite d'être cité dans plusieurs genres ; il est l'auteur d'un roman, *Sternbald*, dont la lecture est délicieuse. [...] On ne trouve nulle part, je crois, une si agréable peinture de la vie d'un artiste. [...] Il y a un grand secret de bonheur dans cette imagination qui plane sur la terre en la parcourant, et ne se mêle point aux intérêts actifs de ce monde. [...] L'on s'étonne, en lisant le roman de Tieck de toutes les merveilles qui nous environnent à notre insu » (G. DE STAËL, *De l'Allemagne*, t. 2, p. 48-49)

136 J. SAUTER, *Baader und Kant*, p. 539 s. ; X. TILLIETTE, *Schelling. Une philosophie en devenir*, p. 504-510.

souabes[137] qu'au prisme martiniste et catholique que lui proposait Baader. Néanmoins l'impulsion du philosophe de Munich est indéniable[138].

Baader correspond avec plusieurs autres ténors du romantisme, comme le physicien J.W. Ritter[139] ou G.H. Schubert[140], avec lesquels il partage un intérêt marqué pour les forces occultes de la nature qui échappent à la description mécanique. Il se penche particulièrement sur le magnétisme animal, popularisé depuis la fin du siècle précédent par Mesmer[141]. Baader fait également la connaissance de Frédéric Schlegel, lors d'un séjour à Vienne de 1810-1811. Le grand critique littéraire, qui s'était converti au catholicisme sous l'effet de la lecture de Saint-Martin (1808), apprécia tout naturellement Baader et développa une correspondance[142] avec lui. En 1811, F. Schlegel confie à S. Boisserée[143] que « si

---

137 E. BENZ, *Les sources mystiques de l'idéalisme allemand*, Paris, Vrin, 1968.

138 Voir en particulier D. BAUMGARDT, *Franz von Baader...*, p. 234-237, qui critique K. Fischer d'avoir oblitéré cette influence de Baader, pourtant patente dans la correspondance où Schelling insiste sur la grandeur doctrinale du théosophe. Voir aussi M.-E. ZOVKO, *Natur und Gott...*

139 N.B. : Johann Wilhem Ritter (1776-1810), auteur d'ouvrages fondamentaux sur le galvanisme et l'électricité animale, membre de l'Académie de Münich. Une traduction de ses *Fragments posthumes* vient de paraître (Premières Pierres (Vrin), Charenton, 2001). Ce Ritter a deux homonymes célèbres : Carl Ritter (1779-1855), géographe, et Karl Johann Ritter, dit Jean-Charles (1802-1866).

140 N.B. : Gotthilff Heinrich von Schubert (1780-1860), médecin, disciple du physicien Ritter et de Schelling, connu notamment pour son ouvrage romantique *La symbolique du rêve* (*Symbolik des Traümes*, 1814).

141 N.B. : Franz Anton Mesmer (1734-1815), physicien allemand dont les théories et la psychothérapie sont basées sur l'hypothèse du « magnétisme animal ». Après une carrière en Autriche, il rejoignit Paris en 1778, où son succès convainquit Louis XVI de nommer une commission scientifique (1884) qui réfuta les principes du mesmérisme. Il est aujourd'hui considéré comme un pionnier de l'hypnotisme.

142 BW XV 311, 352, 431 etc

143 N.B. : (Johann) Sulpice Boisserée (1783-1854), frère de Melchior Boisserée (1786-1851). Hommes de lettres et collectionneurs issus des

seulement Baader écrivait comme il parle », « on ne parlerait plus longtemps de Schelling et de Fichte » : Baader est l'homme « le plus remarquable, le plus intelligent et le plus profond » qu'il ait rencontré depuis longtemps[144].

Les textes publiés par Baader à partir de cette époque cherchent à souligner la correspondance des ordres naturel, humain et divin, en particulier les rapports du moral au physique et du religieux au pratique. Les écrits de Baader, jusqu'en 1823, se limiteront à de petits essais très denses qui reprennent, sur des hauteurs différentes ou à partir d'un angle toujours nouveau, ce problème unique qui court dans chacun et la solution boehméenne qui leur est à chaque fois apportée. Parmi les écrits de la période 1805-1823, on doit remarquer l'importance particulière que revêtent pour la compréhension de la doctrine baadérienne les deux petits textes en français intitulés *Sur l'Eucharistie* (1815, BW VII 1-14) et *Sur la notion du tem[p]s* (1818, BW II 47-68). Les essais en allemand les plus significatifs de cette époque, outre ceux qui ont été cités, sont sans doute les trois suivants : *Sur l'analogie de la pulsion de connaissance et d'engendrement* (*Über die Analogie des Erkenntnis- und des Zeugungs-Triebes*, 1808, BW I 39-48), *Sur la fondation de l'éthique à travers la physique* (*Ueber die Begründund der Ethik durch die Physik*, 1813, BW V 1-34), *Sur l'éclair comme père de la lumière* (*Über den Blitz als Vater des Lichtes*, 1815, BW II 27-46).

Baader devient peu à peu le « théosophe » attitré du romantisme allemand, par ses nombreuses petites publications, sa correspondance, mais surtout par ses contacts directs. Il fait affluer dans cet univers qui risquait constamment une interprétation immanentiste du *Hen kai pan*, l'analogie intégrale du cosmos, de l'homme et du divin

---

milieux catholiques de Cologne, les frères Boisserée fréquentèrent les cercles romantiques et en particulier Fr. Schlegel. Ils furent plus particulièrement intéressés à l'art chrétien et haut-allemand.

144 Cit. in P. KLUCKHOHN, *Charakteristiken*..., p. 169.

caractéristique de la *philosophia perennis*[145]. Baader s'abreuve aux grands courants mystiques et théosophiques de son temps, dont nous reparlerons, mais surtout à Boehme, sans qu'il soit possible d'ailleurs de déterminer précisément quand il commence à le lire. C'est Baader qui soutient l'intérêt du romantisme pour le grand mystique silésien, au point que W. Schlegel l'affublera du beau surnom de *Boehmus redivivus*[146]. Schelling lui offre en 1809 les œuvres complètes du cordonnier de Görlitz, qu'il mentionne, pour la première fois en 1811 dans sa préface à la traduction allemande à *De l'Esprit des choses* de Saint-Martin[147]. Désormais, la pensée de Baader devra être comprise en grande partie comme une glose et une continuation de celle de Boehme dont il estime qu'il est temps de faire éclore les bourgeons mystiques (BW XV 280).

A partir de 1813, les écrits religieux et philosophiques de Baader prennent également un tour nettement politique. Les défaites napoléoniennes semblaient l'occasion de repenser à nouveaux frais l'unité de l'Europe, qui devait être reconstruite après la chute définitive de l'Aigle sur des bases nouvelles. Baader adresse à cette époque, en

---

145 Il faut entendre ici *philosophia perennis* dans son sens originel, qui est celui de la Tradition ésotérique et non de la basse-scolastique. Voir A. FAIVRE, *Accès de l'ésotérisme occidental*, t. 1, p. 33 : « A la Renaissance, on voit se préciser une chronologie des envoyés divins et des hommes à travers lesquels la 'vraie philosophie'[…] s'est, croit-on, exprimée. La chaîne des initiés la plus couramment reconnue est alors : Enoch, Abraham, Noé, Zoroastre, Moïse, Hermès Trismégiste, les brahmanes, les druides, David, Orphée, Pythagore, Platon, les Sibylles. D'où l'expression '*philosophia perennis*', proposée par Agostino Steuco en 1540 dans son livre portant ce titre, reprise par Leibniz dans un sens philosophique qui déborde largement celui de l'ésotérisme ».

146 J. SAUTER, *Baader und Kant*, p. 575.

147 A. FAIVRE, *Philosophie de la nature*, p. 78. En réalité Baader parle de Boehme dès le *Wärmestoff* (voir BW III 41). Néanmoins, l'influence de Boehme, qui a sans doute également été médiatisée par la lecture d'Oetinger, ne devient évidente qu'à partir des années 1810.

1814 et en 1815, des mémoires de philosophie politique aux dirigeants russes et prussiens. L'idée est la même que celle qu'il exprime dans un essai paru également en 1815, *Sur la nécessité née de la Révolution française d'une nouvelle et plus intime liaison de la religion avec la politique* (*Über das durch die französiche Revolution herbeigeführte Bedürfnis einer neuen und innigeren Verbindung der Religion mit der Politik*, BW VI 11-28) : la reconstruction européenne doit se faire sur la base d'un idéal théorique, sous la forme notamment d'un lien renforcé entre politique et religion chrétienne. Les vues de Baader, auxquelles le Tsar Alexandre Ier (avec lequel il correspond) sera particulièrement attentif, sont à la base de la rédaction du Traité de la Sainte-Alliance de 1815 par laquelle les Alliés rendaient une cohérence à l'Europe d'après les Cent-Jours « au nom de la Sainte Trinité ». E. Benz a étudié en détail le rôle capital joué par Baader, avec Madame de Krüdener, dans l'élaboration de ce traité qui allait sceller le destin de l'ère post-napoléonienne[148]. L'ambition de Baader touche également le domaine économique, où il se montre visionnaire en s'opposant vigoureusement à sa rationalisation abstraite, laquelle inverse les valeurs naturelles de l'échange et de la production, en les déshumanisant.

Les années qui suivent sont marquées, concurremment à l'approfondissement de Boehme, par une intensification de sa lecture des idéalistes, mais également par une fréquentation assidue des grands mystiques médiévaux (Eckhart, Tauler, Suso, Angelius Silesius, Ruysbroeck) ainsi que de Paracelse et Oetinger[149]. Il s'ouvre également aux Pères de l'Eglise, en particulier à saint Augustin, et à la pensée de saint Thomas d'Aquin qu'il fréquente assidûment à partir de 1821. Baader se donne

148 E. BENZ, *Die abendländische Sendung der östlich-orthodoxen Kirche*, Mainz, Akademie der Wissenschaften und der Litteratur, 1950, spécialement p. 559-852.

149 Voir R.J. BETANZOS, *Franz von Baader's Philosophy of Love*, p. 55.67.

désormais pour tâche de réintroduire l'esprit du christianisme contemplatif, charismatique et mystique dans une Allemagne où les Nicolaïtes ont insufflé la haine de la religion et des théosophes en particulier, où l'athéisme semble latent dans le romantisme (que l'on se rappelle le « songe » terrifiant de Jean-Paul[150]), et où de nouvelles possibilités semblent en même temps se faire jour grâce à Hegel et Schelling. Ces deux derniers néanmoins semblent à Baader oublier la véritable doctrine chrétienne — c'est-à-dire le véritable enseignement de Boehme qu'ils travestissent en le sécularisant et en négligeant l'authentique rapport de la nature et de l'esprit qui vaut chez le cordonnier de Görlitz. Ce contexte fait la matière de l'exigence, qu'il commence à affirmer dès cette époque, d'une philosophie religieuse qui voudrait tenir un juste milieu entre l'Illuminisme irrationnel et les Lumières rationalistes (BW III 334).

A partir de 1820, Baader est mis comme on l'a dit en disponibilité par l'Administration des mines de Bavière (où il n'a à vrai dire jamais fait preuve d'un réel talent d'administrateur ni d'un grand sens pratique). Il trouve désormais le loisir de déployer toutes ses énergies à son dessein philosophique – d'autant plus qu'il est contraint de vendre sa manufacture de Lambach en 1821. Il se débattra d'ailleurs à partir de cette époque constamment dans des difficultés financières[151]. Ces échecs répétés ne l'empêchent pas de donner une nouvelle dimension à ses réflexions politiques européennes, qui l'amènent à promouvoir la réconciliation œcuménique, sans laquelle son projet de politique religieuse n'aurait pas de sens. Il se tourne néanmoins avec une faveur particulière vers l'orthodoxie russe. Il décide en 1822, à l'instigation du Baron von Üxküll — un prétendant de sa fille, avant que Lasaulx ne l'épouse finalement, et un disciple de Hegel — de se rendre chez lui

[150] Voir G. DE STAËL, *De l'Allemagne*, p. 53-55.
[151] E. SUSINI, *Lettres inédites*, t.3, p. 602-603 etc.

dans les pays baltes pour y rencontrer ses parents, puis de continuer vers Saint Pétersbourg. Baader espère pouvoir y fonder une académie dans laquelle arts, sciences et religions seraient développés dans une perspective unifiée et oecuméniste. Il s'agirait d'y allumer la flamme de la contre-révolution par un renouvellement de la foi au Christ et une « théocratie de l'amour[152] ».

Baader va échouer dans cette entreprise, pour laquelle il n'avait pris d'ailleurs aucune garantie préliminaire : bloqué à Memel, dans les pays baltes, il ne recevra jamais l'autorisation de pénétrer en Russie en raison de l'opposition que lui manifeste le gouverneur de Riga. Les sept mois passés à Memel seront toutefois fructueux pour Baader, qui y rédige les premiers cahiers des *Fermenta cognitionis* (BW II 137-442). Les six brochures de ce livre, formant le seul ouvrage de Baader traduit en français à l'heure actuelle, constituent une « somme », si l'on peut appeler ainsi ce désordre apparent d'aphorismes, de la pensée baadérienne. Hegel, qui les lira, en sera néanmoins très intrigué, et cherchera à rencontrer leur auteur, qu'auparavant il tenait en piètre estime. Cet intérêt de Hegel pour Baader, qui sera réciproque et de plus en plus marqué, correspondra au déclin des relations de Baader et de Schelling[153]. Cette détérioration de leurs rapports s'accentuera après la publication des *Remarques sur quelques philosophèmes anti-religieux de notre temps* (*Bemerkungen über einige antireligiöse Philosopheme unserer Zeit*, 1824, BW II 443-496), dont Schelling prendra gravement ombrage. Baader, sans jamais ménager ses critiques (qui redeviendront d'ailleurs plus acerbes à la fin de sa vie), aura jusqu'à la fin un respect marqué pour Hegel, qui de son côté ne cessera plus de le lire et de le méditer. Leur relation sera amicale et fructueuse. On peut le noter dès maintenant, les

---

152 H. GRASSL, *Über Liebe, Ehe und Kunst*, p. 48.

153 Sur leur rupture, voir surtout M.E. ZOVKO, *Natur und Gott…*, p. 108 s.

critiques de Baader à Hegel sont de grande portée, quoique plus intuitives que véritablement argumentées. Fabro, pourtant peu suspect de faveur envers pour les théosophes, les évoque d'ailleurs à de nombreuses reprises dans son *Histoire de l'athéisme* avec une sympathie non dissimulée[154].

Ayant échoué dans ses multiples tentatives pour rejoindre Saint-Pétersbourg depuis Memel, Baader retourne en Allemagne. Mais au lieu de recouvrer ses foyers, il gagne Berlin en novembre 1823, et va y séjourner jusqu'en avril 1824. Il rencontre régulièrement Hegel, qu'il introduit à la pensée de Maître Eckhart (BW XV 153) à cette occasion, mais aussi Schleiermacher et le grand théologien protestant Marheinecke[155]. Mais c'est surtout pour lui un choc culturel ; peu de temps avant sa mort, il gémira sur la vie nordiste « où tout est réflexion », et qui semble si étrangère à l'esprit bavarois où tout est « enflammé » et « passionné » (XV 160).

Il arrive à Munich en mai 1824. A partir de 1826, il obtient un poste de professeur honoraire à l'Université de Munich, récemment déménagée de Landshut, où il enseignera la philosophie de la religion, ainsi que la théologie durant plusieurs années. Il aura pour collègues Schelling, qui est nommé dans la capitale bavaroise en 1827, Görres (appelé par Louis Ier la même année après son exil strasbourgeois), ou encore Schubert.

Il est symptomatique que la première leçon donnée par Baader ait porté sur « *La philosophie religieuse en contraste avec la philosophie irréligieuse de l'ancien temps comme des temps modernes* (*Vorlesungen über religiöse Philosophie im Gegensatz der irreliösen älterer und neuerer Zeit* (BW I 157)). Il donne deux cours d'introduction à Boehme (en 1829 et 1832-1833), qui

154 Voir C. FABRO, *Introduction à l'athéisme moderne*, trad. A. Grenier, Anne Sigier, Sillery (Québec), 1999, p. 523 s. (« Sur la critique que von Baader fait du spinozisme hegelien »).

155 N.B. : Philipp Konrad Marheinecke (1780-1846), dogmaticien protestant berlinois, collègue de Schelling et de Hegel qui influencent successivement sa pensée.

restent sans doute ses écrits les plus accessibles, et les fameuses *Leçons sur la Dogmatique spéculative* publiées en cinq livres (1828-1838, BW VIII 1-368, XIX 1-288). Il fait grande impression sur ses étudiants par la richesse de sa personnalité, dont ses écrits ne rendent pas compte selon Hoffmann (BW XV 110). Il était le « contraire d'un enseignant habituel » (BW XV 110). Lorsque l'heure du cours était passée, ça n'en était point fini pour autant : la leçon « prenait seulement une autre figure », se rappelle Hoffmann, celle d'une discussion passionnée avec ceux des auditeurs qui l'accompagnaient dans l'Aula et dans les allées de l'Université, puis dans les rues de la ville.

Durant ses années d'enseignement, Baader entre en rapport avec plusieurs intellectuels français, au premier rang desquels Montalembert[156]. Il lit avec un intérêt particulier Lamennais dont il commente longuement les écrits (BW V 121-246, 383-390, VI 109-124 etc.). Une « *Kongregation* » baadérienne se forma à Schwabing, où de nombreux visiteurs de renom venaient discuter avec cet intellectuel original et foisonnant qui produisait sur eux beaucoup d'effet[157]. Ce cercle baadérien fut tout un temps associé à la revue *Eos*, qui s'était donnée pour programme la réconciliation de la religion, de la société, de la science et des arts[158]. En 1835, Baader publie l'un de ses plus importants essais de philosophie du droit (BW VI 125-144), dans lequel, concevant que les problèmes futurs de société ne seraient pas politiques mais sociaux, il est l'un des premiers à se pencher sur ce qu'il nomme le « prolétariat ». Au temps de Proudhon, son socialisme métaphysique et anthropocentrique fait l'effet d'un équilibre théorique visionnaire et particulièrement prometteur. C'est également

---

156 Voir BW VI 29-44 etc

157 Voir H. GRASSL, *Über Liebe, Ehe und Kunst*, p. 54-55.

158 J. SAUTER (éd.), *Franz von Baader Schriften zur Gessellschaftsphilosophie*, p. 620.

vers cette époque qu'il reprend une ultime fois les thèses de philosophie « érotique » qu'il avait suggérées à de nombreuses reprises (notamment dans ses *Propositions de Philosophie érotique* de 1828, BW IV 163-178), élargissant de manière très personnelle le mythème platonicien, ésotérique et boehméen de l'Androgyne. Il publie ainsi en 1841 *Quarante propositions tirées d'une érotique religieuse* (*Vierzig Sätze aus eine religiösen Erotik*, BW IV 179-200[159]). Cette « philosophie érotique » constitue certainement son apport le plus personnel à l'histoire de la philosophie, d'autant qu'elle est gouvernée par une métaphysique de haute venue – ce qui ne sera pas toujours le cas chez les penseurs ultérieurs de l'amour.

Il se remarie à 74 ans, peu de temps après le décès de sa première épouse, avec Marie Robel, une servante d'une vingtaine d'années. La dernière période de sa vie est assombrie par une polémique qu'il entretient de plus en plus durement contre le « césaro-papisme[160] », au point qu'il doit réfuter en 1839 les rumeurs selon lesquelles il aurait renié le catholicisme (V 405-408). Sa vieillesse est également ternie par des soucis d'argent qui le forcent à vendre sa propriété et à loger successivement à différentes adresses. La plupart de ses projets échouent. Néanmoins, il témoigne jusqu'au jour de sa mort de sa volonté de rechristianiser l'ensemble des domaines de l'action et de la culture, insistant en particulier toujours plus sur la nécessité d'une philosophie religieuse bien plus profonde que la simple philosophie de la religion.

Le 23 mai 1841, cet homme brouillon, mais touchant aussi dans ses revers, s'éteignait. Il était entouré d'une douzaine d'amis dont plusieurs n'avaient pas été épargnés par son sens aigu de la polémique — à commencer par

---

159 Tous les textes de Baader sur l'amour ont été réunis dans H. GRASSL, *Über Liebe, Ehe und Kunst*, p. 63 s.

160 Voir en particulier les références données dans D. BAUMGARDT, *Franz von Baader…*, p. 322-323.

Görres qui, en signe à vrai dire un peu curieux de pardon, ficha ostensiblement la pelle funéraire dans la tombe du défunt[161].

Mais c'était aussi et surtout le dernier éclat du *philosophus per fulgur* loué par tous les romantiques, caché derrière les œuvres de Schelling comme de Hegel, inspirateur discret de la politique européenne, prophète dans bien des domaines (de la doctrine sociale à la métaphysique et de l'anthropologie à l'herméneutique des symboles)... Bien peu toutefois devinaient en son temps, et savent encore aujourd'hui, qu'avec lui s'est achevée une puissante tentative de faire pièce à l'abstraction moderne et au règne immodéré du sujet – à partir d'un renouvellement de l'objectivité naturelle et divine qui seule concède au Moi et à la raison abstraite leur pouvoir comme leur primauté dans leur ordre. A Descartes et à Spinoza, comme à leurs héritiers idéalistes convaincus de renier la spécificité d'une pensée chrétienne, il a constamment opposé la Tradition mystique, parfois exubérante dans son expression mais pour la première fois prise au sérieux quant au fonds métaphysique qu'elle transmet. La traduction du titre-programme de son dernier essai, datant de 1841 (BW X 255-282), est à cet égard éloquente : *Sur la nécessité d'une révision de la science des choses naturelles, humaines et divines, en rapport avec les philosophèmes cartésiens et spinozistes qui valent toujours encore plus ou moins en elle* (*Über die Nothwendigkeit einer Revision der Wissenschaft natürlicher, menschlicher und göttlicher Dinge, in Bezug auf die sich in ihr noch mehr oder minder geltend machenden Cartesischen und Spinozistichen Philosopheme*).

Il ne s'agissait pas pour lui d'y objecter au prométhéisme moderne la perte du sujet, ainsi que Heidegger le fera plus tard en exonérant dommageablement la mystique eckharto-boehméenne de son poids de grâce et de philanthropie divine : mais bien plutôt, en découvrant

161 H. GRASSL, *Über Liebe, Ehe und Kunst*, p. 59.

avec les mystiques l'amour au cœur de l'être, Baader voulait souligner la donation à soi-même de l'homme pensant et agissant. *Cogitor, ergo sum, ergo cogito*[162] : je suis pensé, donc je pense – donc j'existe…

[162] Sur les occurrences nombreuses et diverses de cette idée chez Baader voir BW XVI 125 à l'entrée « Cogito ».

CHAPITRE II

UN VISIONNAIRE AU TEMPS DE KANT

Pour crocheter la lourde serrure qui fait rempart entre le lecteur contemporain et l'œuvre de Baader, le trousseau habituellement efficace, pour lire un moderne, des repères cartésiens paraît bien inutile. Ni clarté, ni distinction, moins encore de séparation tranchée des domaines, dans les pages abstruses de ce penseur dont on a vu qu'il fut avant tout un « théosophe », c'est-à-dire l'héritier d'une lignée ésotérique singulièrement symboliste et mystique. Il nous faut ainsi impérativement saisir cette clef qui seule est susceptible de se présenter au mentonnet qui garde l'accès à l'enseignement baadérien : c'est la clef théosophique.

Mais il convient, avant toute chose, de débrouiller un tant soi peu un écheveau terminologique. Deux termes méritent de recevoir une définition précise avant que nous ne les employions dans ce chapitre. Ce sont les notions d'« ésotérisme » et de « théosophie », trop allusivement précisées dans les pages qui précèdent, et dont désormais un concept affiné est requis.

Le terme d'ésotérisme, nous l'avions brièvement suggéré d'entrée de jeu, est largement équivoque : tantôt synonyme de « connaissances réservées », tantôt signifiant une recherche intérieure ou au contraire une domination de la nature par des moyens originaux, il veut dire ailleurs encore une initiation en marge des sacrements ecclésiaux... Il faudra être plus rigoureux que ces approximations communes, qui enflent le terme de notes qui ne lui sont nullement spécifiques.

Apparu au milieu du XIXème siècle en Europe (1840), le terme d'ésotérisme y prend techniquement la relève des expressions renaissantes « *philosophia occulta* » et « *philosophia perennis*[163] », elles-mêmes remplaçant la *prisca seu antica theologia* médiévale – anciennes formules relatives à un ensemble de traditions, dont la chaîne la plus couramment

---

163 A. FAIVRE, *Accès de l'ésotérisme occidental...*, t. 1, p. 15 (tout le chapitre est consacré à des « Réflexions sur la notion d'ésotérisme », p. 15-49).

reconnue est celle d'Enoch, Abraham, Noé, Zoroastre, Moïse, Hermès Trismégiste, les brahmanes, les druides, David, Orphée, Pythagore, Platon, les Sybilles, engrenée à la haute scolastique jusqu'à Albert le Grand, à Paracelse, puis aux disciples de Boehme et au légendaire Rosenkreuz, jusqu'à R. Guénon et V. Tomberg pour les contemporains. L'application du terme « ésotérisme » à cet assortiment historique caractérise l'usage strictement universitaire du terme.

Mais il existe également, et principalement, une acception plus large, qui en fait une attitude de pensée identifiable par six déterminants. Pour Antoine Faivre, qui a étudié en détail cette question,

> Quatre sont 'intrinsèques', en ce sens que leur présence simultanée est une condition nécessaire et suffisante pour qu'un matériau étudié ressortisse à l'ésotérisme. Par nature, ils sont plus ou moins inséparables [...] mais il importe de les bien distinguer méthodologiquement. A eux viennent s'en ajouter deux que nous appellerons secondaires, c'est-à-dire non fondamentaux, dont la présence est fréquente à côté des deux autres[164].

Les quatre éléments fondamentaux sont 1. La recherche des « correspondances », 2. L'idée de nature vivante, 3. La place dévolue à l'imagination et aux médiations, 4. Le rôle de l'expérience de la transmutation. Les deux éléments secondaires sont 1'. La pratique de la correspondance, 2'. La transmission de l'enseignement.

L'ésotérisme connote ainsi d'abord toujours cette conviction qu'il existe des *correspondances* (symboliques ou réelles) entre toutes les parties de l'univers, et de cet univers avec le monde invisible. Pour l'ésotérisme (sauf dans ses récentes versions de monisme spiritualiste), la *nature* est d'autre part animée, parcourue par une vie qui l'habite et la soulève « *magiquement* » – à quoi les sciences positives ne

[164] A. FAIVRE, *L'ésotérisme*, p. 13-14. Sur ce qui suit, voir *ibid.*, p. 14-20.

peuvent atteindre. Ce qui est spécifique à l'ésotérisme, c'est néanmoins qu'il associe à ce sentiment organique et magique une passion pour les *médiations* effectives (angéliques par exemple), et une autre pour *l'imagination* qui ouvre aux liens et aux liants cachés à la raison. Il y ajoute nécessairement le thème de la « transmutation », selon les trois étapes d'œuvre au noir, au blanc et au rouge qui s'appliquent tant au changement de plomb en argent et d'argent en or qu'à une conception hautement spirituelle de la métamorphose intérieure. Les deux éléments relatifs, contingents à une définition adéquate de l'ésotérisme, sont : une tendance syncrétiste, ou plutôt « syncrénétiste » si l'on nous permet ce néologisme, à retrouver une Tradition « primordiale » sous les diverses traditions culturelles ou religieuses ; la discipline à un Maître ou transmetteur attitré de la tradition.

La théosophie, quant à elle[165], représente à l'intérieur de l'ésotérisme au sens large l'école qui suppose une connaissance salvifique (« gnose ») tirée de la Révélation judéo-chrétienne, et plus précisément de ses mythes, et qui en tire une vision symbolique de la Nature et de l'Homme. La théosophie est le domaine de l'ésotérisme qui cherche à penser la nature finie à partir de la nature divine infinie : elle se situe donc comme un intermédiaire entre la théologie de la Révélation et philosophie :

> Derrière le foisonnement du réel, le théosophe recherche le sens caché des chiffres et hiéroglyphes de la nature. Quête inséparable d'une plongée intuitive dans le mythe auquel il adhère par sa foi, et dont son imagination active fait jaillir des résonances promptes à s'organiser en bouquets de sens. Tantôt il part d'une réflexion sur les choses pour comprendre Dieu, tantôt il s'efforce de saisir le devenir du monde divin […] pour comprendre le monde du même coup et posséder ainsi la vision intime du principe de la réalité de l'univers et de son devenir. Les aspects du mythe sur lesquels il met

165 Sur ce qui suit voir A. FAIVRE, *Accès de l'ésotérisme*, t.1, p. 22 s.

l'accent se trouvent tout naturellement être ceux que les Eglises constituées ont tendance à négliger ou à passer sous silence : nature des chutes de Lucifer et d'Adam, androgynéité de celui-ci, sophiologie, arithmosophie. Il croit en une révélation permanente dont lui-même est l'objet, et son discours donne toujours l'impression qu'il reçoit la connaissance en même temps que l'inspiration. Il insère chaque observation concrète dans un système totalisant – mais point totalitaire –, indéfiniment ouvert, qui repose toujours sur le triptyque de l'origine, de l'état présent, et des choses finales ; c'est-à-dire sur une cosmogonie (liée à une théogonie et à une anthropogonie), une cosmologie et une eschatologie[166].

Baader est un théosophe un peu particulier, dans la mesure d'abord où il inscrit sa théosophie dans le cadre de sa foi catholique : il trouve dans la théosophie une quête spirituelle et une intériorité qui lui semblent manquer au ritualisme excessif de l'Eglise de son temps, mais aussi une réflexion sur la Nature à la lumière de la Révélation qui lui paraît tout autant faire défaut. D'autre part, la théosophie de Baader est particulière dans la mesure où, loin de rester embarrassée dans l'imaginaire qui caractérise la théosophie traditionnelle, il cherche authentiquement à la porter au niveau de la raison philosophique. Certes, cette dernière tentative est loin d'être achevée chez Baader lui-même, elle commence seulement à s'opérer dans la mesure où Baader n'est pas souvent capable de réellement exprimer le concept intégralement philosophique des images dont est constituée sa *Weltanschauung* théosophique. Du moins essaie-t-il, plus et mieux que tout autre théosophe de l'histoire, de présenter à la philosophie constituée l'espèce imaginative qu'il extrait de la tradition théosophique. Il a l'avantage, par rapport à Hegel, de ne pas chercher à supprimer cette médiation imaginative dans sa notion pure, mais au contraire à « élever » la première au concept rationnel. C'est pourquoi

166 *Ibid.*, p. 23-24.

aussi nous aurons besoin tout à l'heure d'une seconde clef, philosophique en ses attributs logique et épistémologique, pour ouvrir vraiment le sens de la pensée baadérienne.

Pour l'heure, il importe de bien inscrire les initiales de cette dernière dans l'ésotérisme et le théosophisme de la fin du XVIIIème, dans la mesure où celui-ci est gestant du violent débat qu'aura bientôt Baader avec l'œuvre de Kant.

1. UN ASPECT CACHÉ DE L'ÂGE DES LUMIÈRES : LA PUISSANCE DU COURANT ÉSOTÉRIQUE ET THÉOSOPHIQUE

La présentation scolaire traditionnelle, en France plus particulièrement, de la période culturelle comprise entre le milieu du XVIIIème siècle et le début du siècle suivant est conçue comme une séquence très partagée : on oppose ainsi fermement le siècle raffiné des Philosophes, transverbérant de manière éblouissante les brumes de « l'obscurantisme », au rappel du droit des sentiments sous l'Empire. Il est certes commode pédagogiquement de mettre ainsi en vis-à-vis Voltaire et Chateaubriand : on honore de ce fait la République victorieuse – non sans verser, pour faire bonne mesure, une larme compassée sur l'attendrissante nostalgie réactionnaire des romantiques.

Une telle présentation, encouragée par des décennies d'enseignement de l'histoire à l'enseigne de Michelet, a certes un charme incontestable : elle simplifie tellement les choses, que celles-ci en paraissent cristallines — les superbes Lumières dragonnant des superstitions pitoyables, l'attendrissant romantisme jetant un regard éperdu sur un monde en ruines. La même vision simplifiante vaut pour notre appréhension de l'Allemagne moderne, dans laquelle la raison philosophique post-kantienne aurait finalement triomphé des *Schwärmer*, puis même de l'œil solaire, des affinités électives et de la calme sérénité de Weimar.

Un manteau de Noé est en réalité jeté sur un fait, pourtant parfaitement attesté, de cette période de l'histoire : à savoir que cette dernière, contrairement à ce que l'école en enseigne, est d'une complexité presque inextricable. Loin de se caractériser par l'apothéose de la Raison sur la Religion, le XVIIIème siècle finissant et l'aube du XIXème sont travaillés par des tensions extraordinaires : une véritable résistance avec ses réseaux et ses héros, ses pages de gloire et de souffrance, se met en place et lutte contre le rationalisme.

Elle rassemble ceux qui, sans être forcément des religieux orthodoxes, en appellent au magique, au supranormal, au mythe, au spirituel ou encore au surnaturel contre la notion étroite de l'Esprit et de la Nature défendue par les Philosophes. Tant en Allemagne qu'en France, l'époque dont nous parlons est ainsi parcourue non seulement par le succès grandissant de la rationalité encyclopédiste, mais encore par une adhésion fidèlement entretenue à l'ésotérisme. Nous vivons, se désolait alors l'Abbé Grégoire,

> Dans un pays où l'incrédulité antichrétienne a pour parallèle l'inconcevable crédulité même des gens de lettres aux rêveries de Swedenborg, de Jacob Boehme et d'autres songe-creux[167].

De fait, le penchant pour l'irrationnel en tant que tel l'emportait, chez beaucoup des initiés opposés aux Philosophes, sur le désir de Dieu. Néanmoins, l'apparition et le succès d'une figure aussi pure que celle de Louis-Claude de Saint-Martin manifeste assez ouvertement que ce mouvement anti-rationaliste était lui-même traversé par des courants racés, hautement spirituels, qui n'étaient séparés de la religion instituée que par le rapport à l'extériorité cultuelle – dans laquelle celle-ci était pétrifiée et à l'impérieuse nécessité de laquelle celle-là ne parvenait pas à se convaincre.

L'affaire finira par une manière de Vercors sous les Républiques françaises, mais cette résistance emportera par contre longtemps l'adhésion Outre-rhin – jusqu'à du moins ce que la pénétration de la pensée hegelienne refoule dans l'inconscient collectif cette passion anti-rationaliste ou mystique à laquelle les moqueries de Kant dans *Les rêves d'un visionnaire* n'avaient pu faire efficacement barrage.

---

[167] Cité in A. VIATTE, *Les sources occultes du romantisme. Illuminisme, théosophie (1770-1820)*, t. 1 : Le préromantisme, Paris, A. Champion, ²1965, p. 6.

Avec le classique ouvrage d'A. Béguin sur *L'Ame romantique et le rêve*, les deux tomes de Viatte sur les sources occultes du romantisme sont sans conteste la meilleure introduction générale à ce que nous venons de suggérer. Quoique ces livres de Viatte soient marqués au coin d'un style hautain et touffu, leur érudition les positionne comme une référence de base dans le domaine de l'ésotérisme de la fin du XVIIIème siècle. Nous en exprimerons quelques grands résultats qui nous disposeront ensuite à une lecture approfondie d'autres études plus directement concernées par l'univers de pensée qui est était celui de Baader, à savoir la philosophie idéaliste et romantique allemande du début du XIXème siècle.

Le constat de départ de Viatte est que

> Jamais, plus qu'en ce siècle, les affiliations ne furent si nombreuses ; jamais ne surgirent autant de loges, de clubs, de confréries plus ou moins secrètes ; à gauche, à droite, elles naissent comme par enchantement. [168]

On voit en effet resurgir

> Ces audaces spéculatives, ces inductions superstitieuses, ces récits, que le XVIIIIème siècle traitait de fables.[169]

Ces associations et ces récits sont en fait très disparates. Leurs sources, leurs pratiques et leur enseignement se recoupent difficilement, et vont de la plus médiocre curiosité à la spiritualité la plus relevée.

En se concentrant sur les doctrines philosophiquement plus évoluées (délaissant donc l'intérêt pour le simple paranormal et l'occulte chez le commun) Viatte regroupe sous la catégorie d'« illuminisme » l'ensemble de ces tendances chez les intellectuels. Celles-ci révèlent davantage des « analogies littéraires » qu'une franche « unité philosophique[170] ». Cet « illuminisme », qui subit à

---

[168] *Ibid.*, p. 33.

[169] *Ibid.*

[170] *Ibid.*, p. 37

partir de 1770 une recrudescence[171], prétend d'une manière ou d'autre autre traduire les « rêveries » d'initiés privilégiés qu'étaient Paracelse, Agrippa, Reuchlin, Guillaume Postel, Pic de la Mirandole, Valentin Weigel, l'auteur de l'Imitation, Van Helmont, Kircher, ou Fludd, sans oublier Swedenborg. Parmi les « vieux papiers[172] », c'est néanmoins surtout à ceux de Jacob Boehme, « le Père de l'Eglise intérieure[173] » que se confieront d'une manière privilégiée les Illuminés du XVIIIème siècle.

A la suite de Caro, Viatte a tenté de délimiter les idées communes de l'Illuminisme, du moins celles dont il est rare qu'elles ne conviennent :

> A l'origine de toutes choses, l'unité. [...] Puis l'émanation commence ; elle ne s'arrêtera plus. Alors naissent ces myriades de natures intelligentes [...] irradiations de la vie divine [...]. L'homme est un de ces êtres émanés [...] La préexistence des âmes dans l'homme-verbe, sa séparation de l'unité ; sa corporisation, son exil, son retour à l'unité [...] ; sa transformation en Dieu [...] Le symbolisme et la théorie des nombres, la théurgie et la possession du monde invisible par la magie et par l'amour, complétant cet ensemble de dogmes invariables [...] Le panthéisme [comme vérité psychologique] est au terme de tous ces systèmes. [174]

Ce credo de l'Illuminisme intellectuel est complété, selon Viatte, par trois articles complémentaires selon lesquels :

1. [...] L'homme était destiné par sa création, *à participer à la nature divine*
2. [...] Sa chute malheureusement trop réelle, l'a fait tomber dans la vie animale, terrestre et impure, de la chair et du sang

171 *Ibid.*, p. 44.
172 *Ibid.*, p. 28.
173 *Ibid.*, p. 32.
174 *Ibid.*, p. 37.

3. [...] La nature divine elle-même est venue se donner à lui dans le *centre de son être*, pour le ressusciter et le rétablir dans ses droits primitifs. [175]

A ces principes s'ajoutent accessoirement, selon les écoles, les loges ou les maîtres, une série de référents à laquelle l'Illuminé est éventuellement affidé : les analogies de la nature ; le symbolisme des Ecritures ; le rôle des nombres ; la puissance du Nom Divin ; le microcosme expliquant l'univers ; le thème de l'Androgyne originaire ; du crime originel ; les trois principes pauliniens (corps, âme, esprit) ; l'influx sur la matière ; la communication avec les morts ; l'attente néo-joachimite de la venue de l'Esprit ; la « chaîne » universelle ; un certain anti-catholicisme (Baader, à la suite de Sailer, fera ici figure d'original, notons-le) ; l'intuitionnisme ; le millénarisme ; les magies noire et blanche etc.

Le tome premier de l'étude de Viatte détaille ensuite les grandes instances de cet illuminisme : le proto-martinisme tout d'abord[176], puis l'avènement des swedenborghiens[177] et des sociétés mystiques[178]. Viatte analyse ensuite l'Illuminisme de Salon[179], ainsi que sa version révolutionnaire si peu connue[180]. Parmi les Maîtres de cet Illuminisme, Viatte privilégie l'étude de quelques figures.

Ainsi, pour prendre quelques exemples, nous brosse-t-il un portrait tout en contraste de Lavater, le Zurichois qui eut une influence si prégnante sur l'Illuminisme de Salon par son célèbre traité de *Physiognomonie* (« art de deviner, non pas seulement le caractère, mais également la destinée au moyen des traits du visage ») :

---

[175] *Ibid.*, p. 38.
[176] *Ibid.*, p. 45-71.
[177] *Ibid.*, p. 72-103.
[178] *Ibid.*, p. 104-152.
[179] *Ibid.*, p. 153-231.
[180] *Ibid.*, p. 231-269.

> Crédule et retors à la fois, indiscret, vaniteux, mais débordant d'une générosité inépuisable et d'une bonhomie qui lui conquiert la sympathie, Lavater combat l'athéisme, proche de l'Eglise intérieure, et, par sa philanthropie comme par son mysticisme, séduit ses innombrables visiteurs. [181]

Le Sicilien Cagliostro, si semblable par son exubérance et son charlatanisme au mythique Comte de Saint-germain et à d'autres têtes brûlées mystiques du XVIIIème siècle, intéresse également Viatte par sa doctrine selon laquelle le but de l'initiation est d'amener l'homme déchu à reconquérir sa dignité perdue. Viatte ne pouvait passer sous silence Swedenborg, l'insigne auteur des 18 volumes des *Arcanes célestes* dont le retentissement fut si manifeste en Europe entière malgré, ou peut-être à cause de son anti-catholicisme prononcé. On reste étonné, avec Viatte, devant le retentissement de cette doctrine conceptuellement très pauvre, dont l'essentiel du discours consistait à décrire des visions matérialisant le monde céleste[182].

Viatte évoque également le nom de Martinez de Pasqually[183], cet autre aventurier mystique qui fonda une Loge influente consacrée à une maçonnerie spéculative de la voie intérieure. Néanmoins, l'historien s'arrête avec raison sur la figure d'un disciple de Pasqually et du « martinezisme » qui allait représenter, au croisement des siècles, la forme la plus pure de l'Illuminisme et l'une sans doute de ses figures les plus marquantes. Il s'agit de Louis-Claude de Saint-Martin[184], le « saint » de l'ésotérisme moderne. Initié à ce dernier dans le cadre des Loges régulières et rectifiées, il va de plus en plus se détourner des pratiques occultes théurgiques pour inaugurer une mystique intérieure sous le

---

[181] *Ibid.*, p. 153.
[182] *Ibid.*, p. 72-73.
[183] *Ibid.*, p. 45 s.
[184] *Ibid.*, p. 270-292.

signe de Boehme, lu avec passion dès 1788. Au risque d'ailleurs, durant cette période intermédiaire entre la formation initiale et l'impression du sceau boehméen, de nier la positivité de la matière, la voie intérieure de Saint-Martin est sans concession. Il travaille à « se dépouiller des choses terrestres, à se faire la chose de Dieu[185] ». « Il me faut Dieu[186] » ! crie cet adepte inconditionnel de la prière, respiration de l'âme. Seule l'intéresse, afin certes d'en éclairer la Nature, « l'industrieuse tendresse de son Créateur[187] », lequel « est en tout » – « mais tout n'est pas Dieu[188] ». Cette espèce touchante de Jean de la Croix hétérodoxe n'en est pas moins, bien évidemment, heureusement disposé à l'égard de Christianisme. Pour lui, l'Evangile « résume toute sagesse », il l'adopte « exclusivement[189] ». L'influence de Saint-Martin (sous la forme du « martinisme ») comme le note attentivement Viatte, fut massive dans les cercles ésotériques français sous la Révolution. Elle ne donna néanmoins sa pleine mesure qu'en Allemagne, après 1800, où les ouvrages de Saint-Martin furent traduits, discutés parfois âprement, et renouvelèrent l'ésotérisme contemporain d'une manière décisive.

Cet aspect des choses est encore présenté par Viatte dans le second volume de son étude[190], lequel décrit la « vague de mysticisme » qui déferle au début du XIXème siècle sur la haute littérature[191]. L'intérêt de ce second tome, en ce qui nous concerne, est à trouver dans le développement du martinisme qu'il note en Allemagne.

---

185 *Ibid.*, p. 270-292.
186 Cit. in *ibid.*, p. 287.
187 Cit. in *ibid.* p. 289.
188 Cit. in *ibid.* p. 276.
189 *Ibid.*, p. 283.
190 A. VIATTE, *Les sources occultes du romantisme. Illuminisme, théosophie (1770-1820)*, t. 2 : La génération de l'Empire, Paris, A. Champion, ²1965.
191 *Ibid.*, p. 57.

Dans ce pays, l'ambiance était d'ailleurs propice, plus encore qu'elle ne l'était en France : « tous les grands hommes de l'Allemagne se préoccupaient d'occultisme[192] ». Viatte épingle la noble figure de Eckhartshausen (sur laquelle Faivre donnera une étude magistrale), « théosophe de grande envergure[193] », tenant d'une doctrine du péché et de l'intériorité proches de celles de Boehme et de Saint-Martin. Préparée par Eckhartshausen, l'Allemagne du début du XIXème siècle ne pouvait rester insensible aux écrits de Saint-Martin. Ceux-ci firent un effet remarquable, lorsqu'ils commencèrent à être connus, sur une génération façonnée par le *Sturm und Drang* et par l'ambiance ésotérique qui l'accompagnait. C'est ainsi que le successeur de Lavater, Jung Stilling (le « pape des inspirés[194] »), subit durablement l'influence de ces livres. Viatte note également, sans l'approfondir cette fois, que l'aura de Saint-Martin a également touché à la même époque Fr. de Meyer et Justinus Kerner, mais aussi un auteur dont on aurait souhaité qu'il en traite avec plus d'attention : Franz von Baader[195], dont le sort est bâclé.

Les livres de Viatte n'ont pas pour vertu de désigner précisément les sources de Baader, mais offrent plutôt un panorama convaincant de l'Illuminisme intellectuel européen sur le fond duquel va se détacher le théosophe de Munich. La leçon à retenir pour nous est que, loin d'apparaître comme une forme de génération spontanée, un bloc erratique au siècle de Kant, Baader est plutôt le témoin oublié de la propension de ce même siècle à l'ésotérisme en général et à la théosophie en particulier. « Avez-vous oublié », demandait déjà le disciple de Hegel Fr. Th. Vischer à ses contemporains,

---

192 *Ibid.*, p. 43.
193 *Ibid.*, p. 52.
194 *Ibid.*
195 *Ibid.*, p. 43.

Avez-vous oublié que la philosophie nouvelle est sortie de l'école des anciens mystiques, surtout de Jacob Boehme ?[196]

[196] Cit. in E. BENZ, *Les sources mystiques de la philosophie romantique allemande*, p. 8.

2. LES SOURCES MYSTIQUES DU ROMANTISME ET DE L'IDÉALISME ALLEMANDS

1 : Un précurseur : R. Schneider

La meilleure preuve, bien connue d'ailleurs, de ce que nous venons de voir est que deux des représentants les plus reconnus de la philosophie romantique allemande, à savoir Schelling et Hegel, se sont eux-mêmes largement nourris du limon ésotérique déposé par le XVIIIème siècle illuministe. Ils ont certes moins pieusement préservé cet héritage que Baader, lequel tente seul d'en exprimer l'essence philosophique propre, et non de broyer celle-ci, pour la digérer, dans la gueule du Concept ; toutefois, à considérer la profondeur de leur enracinement dans une école théosophique particulière, qui est celle du piétisme souabe, le ressourcement philosophique de Baader dans la nappe ésotérique et boehméenne de son temps n'apparaît plus du tout comme une « inquiétante estrangeté ».

Au contraire : Baader semble avoir puisé plus largement seulement, et plus fidèlement, que ses deux contemporains dans la religiosité débridée, en mal d'intériorité et de métaphysique chrétienne de la nature, de son temps. La référence commune à Baader et aux deux idéalistes est la mystique du cordonnier de Görlitz, que tous les trois ont lu au prisme d'Oetinger – même si Baader a su dépasser cette médiation déterminée par la lecture directe et constante de Boehme, qu'il a enrichie aussi par la considérable culture ésotérique de son temps, laquelle se ne réduit pas au piétisme souabe.

Il convient, dans ce cadre précis, de rappeler très brièvement quelques-unes des données fournies par l'un des pionniers de la recherche sur le radical piétiste des idéalistes, à savoir R. Schneider, dans son étude incontournable datant de 1938 sur « le sens spirituel souabe de Schelling et de

Hegel[197] ». Rien mieux que cet ouvrage ne pouvait qualifier la tentative de Baader à partir du *Zeitgeist*, y compris celui qui prévaut chez les idéalistes auxquels le théosophe se frotte. Nous ne pouvions négliger de signaler cette précieuse étude afin de rendre à tout seigneur tout honneur ; mais nous contenterons également de lui jeter un rapide coup d'œil, puisque l'essentiel de ses résultats s'est trouvé assimilé, puis élargi par E. Benz sur lequel nous nous appuierons plus longuement ensuite.

Dans une première partie de son ouvrage[198], Scheider nous offre tout d'abord un inventaire des recherches effectuées jusqu'alors sur ce thème depuis K. Fischer et W. Dilthey. C'est dans la section suivante qu'il aborde le passionnant thème du Württemberg au XVIIIème siècle[199], avant d'examiner, dans la partie la plus importante de l'ouvrage (« Héritage et création nouvelle[200] »), les emprunts majeurs des idéalistes au piétisme.

La première partie manifeste clairement les défauts et les difficultés auxquelles la *Forschung* précédente s'était heurtée. En particulier, Schneider met en lumière la présupposition irréfléchie de beaucoup de ces travaux, selon laquelle les jeunes séminaristes du *Stift* auraient finalement

---

197 R. SCHNEIDER, *Schellings und Hegels schwäbische Geistesahnen*, Würzbourg, K. Triltsch, 1938. Cette étude reste de toute évidence la pièce majeure dans ce dossier des sources souabes des idéalistes, avec quelques autres travaux. Néanmoins, les proclamations nationales-socialistes de leur auteur (p. 3 etc.) ont empêché de prendre ce livre en considération comme il aurait du l'être. A ce problème s'ajoute le fait que « la plupart des exemplaires imprimés de ce livre furent brûlés par des bombes à Würzburg pendant la guerre » et que l'auteur lui-même y fut tué : « ainsi l'œuvre est restée presque inconnue » jusqu'à ce que Benz et ses successeurs lui restituent la place majeure qu'elles occupent dans les études hegelo-schellingiennes (voir E. BENZ, *Les sources mystiques*..., p. 116 n. 8).

198 R. SCHNEIDER, *Schellings und Hegels*..., p. 4-25.

199 *Ibid.*, p. 26-50.

200 *Ibid.*, p. 51-149.

peu hérité de leur patrie souabe d'origine. La plupart des auteurs, sauf à citer les érudits originaux que Schneider reconnaît comme ses prédécesseurs, se fondent sur un schéma, qu'ils ne cherchent pas à critiquer, d'un développement linéaire « de Kant à Hegel ». Celui-ci néglige le fait qu'à côté des deux déterminants philosophiques principaux de l'idéalisme, à savoir le rationalisme et l'empirisme, est à considérer une troisième influence déterminante. Celle-ci, que l'on peut nommer « vitaliste », se tire des courants ésotériques souterrains de la Renaissance, et vient bouleverser la donne habituelle des chercheurs.

C'est ainsi, comme le montre la seconde partie de ce livre, que la patrie de Schelling et de Hegel est traversée plus que toute autre par les influences des « Anciens » : Paracelse, l'Alchimie, la Théosophie de Boehme sont largement présents dans la culture du Württemberg sous la forme du piétisme souabe. Celui-ci, précise Schneider,

> n'est nullement une religiosité sectaire subjectiviste, sentimentale, mais une manière de mouvement populaire (*Volksbewegung*). Dans ses formulations théologiques, il s'appuie sur la théologie de l'histoire de Coccejus (J.A. Bengel), sur les pensées mystiques (panenthéistes) et sur la philosophie de la nature théosophique la plus ancienne (Fr. Chr. Oetinger, Ph. M. Hahn, J.M. Hahn). C'est de ce sol protéiforme que proviennent les germes essentiels des pensées de Hegel et de Schelling[201].

L'apport doctrinal du piétisme souabe à l'élaboration des systèmes idéalistes est ensuite ventilé par Schneider en trois éléments principaux. Il pointe d'abord une dépendance *épistémologique* : Hegel et Schelling reçoivent de leur culture piétiste le sens de la vérité comme étant un tout, et la chose même (*die Sache selbst*[202]). Ils en héritent également la méthode phénoménologique et plus généralement la

---

[201] *Ibid.*, p. 2.
[202] *Ibid.*, p. 51.55 s.

procédure du connaître génétique et vivant. Scheider déploie ensuite l'impressionnant champ lexical des concepts théosophiques qui seront ensuite repris par Hegel et Schelling à leurs prédécesseurs souabes :

> Chaos, obscurité, gravité, lumière, espace, eau, totalité, antagonisme des forces, magnétisme, électricité ; vie, croissance, entéléchie, figure ; pulsion, fantasia, liberté, chute, Esprit, Gloire, Beauté[203].

Enfin, Schneider révèle à quel point les idéalistes allemands sont redevables, via notamment Oetinger, d'une abyssale théologie de la vie[204] : on y retrouve l'idée du Dieu vivant, manifesté dans sa sagesse et comme gloire dans l'esprit, mais aussi la notion de l'unification de tout en tous dans le royaume de Dieu eschatologique. Le mot d'ordre des jeunes idéalistes, réunis autour de ce même thème du Royaume de Dieu, prend évidemment à la lumière de cette généalogie un sens auquel n'atteignent pas les exposés expliquant Hegel et Schelling à partir des seules sources « raisonnables » de leur temps.

2 : Le maître du genre : E. Benz

A partir en particulier de l'étude de Schneider, et concurremment à celles de Viatte plus occupées du romantisme français, se sont développées après-guerre des études spécialisées, mais malheureusement non-systématiques, sondant l'influence de la théosophie sur la philosophie romantique allemande. Le maître du genre est sans conteste E. Benz, professeur à l'Université de Marbourg, qui excella à contrecarrer l'interprétation unilatéralement philosophique ou rationaliste de cette époque de la pensée. Dans la passionnante mise au point qu'il a offerte de ses travaux en 1963 au Collège de France

---

[203] *Ibid.*, p. 3.
[204] *Ibid.*, p. 135 s.

(dans des cours qui seront publiés cinq ans plus tard[205]), Benz a ainsi tenté d'éroder la chape de plomb que les critiques contemporains faisaient encore peser, dans leurs travaux relatifs à la philosophie romantique, sur l'élément mystique de cette dernière malgré les apports de Dilthey ou Schneider. On ne se trompera pas en pensant que cet ouvrage constitue, avec les travaux plus récents de Faivre, la meilleure entrée en matière qui soit pour qui veut pénétrer l'univers culturel de Baader.

2.1. La redécouverte des mystiques par les romantiques

Dans un premier chapitre consacré à « la redécouverte de la mystique », Benz constate tout d'abord un « phénomène surprenant », à savoir

> l'espère de concordance et convergence nette des mêmes sources chez presque tous les penseurs, chez Fichte, chez Hegel, chez Schelling, chez Franz von Baader ; on pourrait même parler d'une mode, qui les fit revenir tous sur les mêmes sources religieuses de la spéculation mystique des siècles antérieurs, avec une spontanéité presque inconsciente. Le phénomène le plus excitant fut la redécouverte de la mystique du moyen âge en langue allemande, des œuvres de Maître Eckhart, de Tauler, Seuse, de la Théologie Allemande (*Theologia deutsch)* et des successeurs de cette tradition aux Pays Bas, surtout de Ruysbroeck. Cette redécouverte s'exprima chez les grands philosophes avec une émotion emphatique et quelquefois passionnée[206].

Le grand inspirateur de cette redécouverte, reconnaît Benz, est Franz von Baader[207] : c'est lui notamment qui, le premier, extirpa les œuvres de Maître Eckhart de l'oubli dans lequel elles étaient tombées – sans parler de ses efforts en faveur de Boehme dont l'histoire de la redécouverte « est un

---

[205] E. Benz, *Les sources mystiques…*

[206] *Ibid.*, p. 11.

[207] *Ibid.*

des chapitres les plus excitants de l'histoire de l'esprit européen[208] » et que Baader « considéra comme sa mission personnelle de réintroduire dans la philosophie spéculative et religieuse de son temps[209] ».

Néanmoins, Baader n'a été que le vecteur le plus efficace de cette redécouverte de la mystique, laquelle s'inscrit dans un cadre très vaste du « ressourcement[210] » commencé durant le XVIIème, de la pensée allemande dans ses origines. Eckhart, comme Boehme, ont en effet été placés devant le problème d'une étroitesse originelle de la langue allemande, purement poétique à la différence du français calqué sur le latin, pour traduire la richesse de leurs expériments et concepts. Il leur a donc fallu forger de toutes pièces des termes inédits, forcer la langue allemande à faire corps avec leur doctrine. Lorsqu'émerge la philosophie romantique allemande, celle-ci se sent à l'étroit dans le vocabulaire scolastique imposé jusqu'alors à leur discipline : celui-ci ne permet nullement d'exprimer les rapports dynamiques avec la nature et l'absolu qui deviennent précisément le nouvel objet de la spéculation. En découvrant la mystique allemande, ils trouvent en même temps avec un étonnement ravi une langue précisément adaptée à leur nouvelle exigence philosophique, et l'adoptent sans mesure :

> Tous les termes ontologiques par exemple, *Sein, Wesen, Wesenheit, das Seiende, das Nichts, Nichtigkeit, nichtigen*, tous les termes comme *Form, Gestalt, Anschauung, Erkenntnis, Erkennen, Vernunft, Vernünftigkeit, Verstand, Verständnis, Verständniskeit, Bild, Abbild, Bildhaftigkeit, entbilden*, tous les concepts comme *Grund, Ungrund, Urgrund, ergründen, Ich, Ichheit, Nicht-Ich, entichen, Entichung*, sont des créations provenant de la spéculation mystique allemande, et il est bien compréhensible que les philosophes de l'idéalisme et du romantisme allemands soient retournés à cette

---

208 *Ibid.*, p. 17.
209 *Ibid.*, p. 19-20.
210 *Ibid.*, p. 14.

> source en considérant la mystique allemande du moyen âge comme base d'un ressourcement de philosophie religieuse considéré comme la tâche principale de leur propre temps. [211]

Benz fait remarquer le rôle que joua, dans ce retour aux sources, Fr. Ch. Oetinger. Introducteur des visions de son correspondant Swedenborg en Allemagne, Oetinger est également à la fin du XVIIIème siècle « le propagandiste principal des idées de Jacob Boehme parmi les cercles piétistes du Württemberg[212] » :

> Oetinger [confronta] le système de Swedenborg avec la théologie mystique de Jacob Boehme d'une part, d'autre part avec les systèmes de la philosophie de la nature des grands savants des sciences naturelles comme Newton, Baglive et Cluver. [...] Les grands drames d'amitié, d'amour et de mariage dans les cercles des philosophes idéalistes et des poètes du romantisme allemand ne sont compréhensibles que sur l'arrière-plan de cette discussion philosophique et poétique inspirée par Swedenborg qui présente tous les symptômes d'une émotion passionnée[213].

L'héritage d'Oetinger fut plus particulièrement revendiqué par l'idéalisme au moment où celui-ci fut confronté d'une manière aiguë à la mort, lors du décès de Caroline Schelling en 1809[214]. Les profondes considérations du dialogue *Clara* sont inspirées par l'univers de Swedenborg tel qu'Oetinger l'avait ruminé et digéré pour la culture allemande.

Benz évoque enfin, à la suite du P. de Lubac et de von Glasenapp, la vogue très attestée de la mystique indienne dans la France et l'Allemagne romantiques[215]. Sous l'effet notamment de l'ouvrage de Fr. Schlegel « Sur la langue

---

211 *Ibid.*, p. 17.
212 *Ibid.*, p. 21.
213 *Ibid.* p. 22.
214 *Ibid.*, p. 22 s.
215 *Ibid.*, p. 24-26.

et sagesse des indiens », qui fit une impression profonde et exceptionnellement favorable sur les jeunes romantiques,

> Le mysticisme apparut comme la théologie universelle, la théologie primordiale, la théologie d'Adam, comme la base commune à toutes les religions. Cette découverte encouragea les philosophes et les poètes dès l'époque de Herder et Hamann jusqu'à Schlegel et Schelling et Baader à proclamer de nouveau l'idée d'une révélation primordiale et universelle donnée au commencement de l'histoire à toute l'humanité[216].

2.2. Immanence de l'Absolu à la conscience et histoire : deux apports caractéristiques de la mystique à la philosophie idéaliste allemande

Benz cherche également dans l'ouvrage que nous lisons à préciser « les sources mystiques de quelques idées fondamentales de l'idéalisme allemand ». La première d'entre elles, selon notre auteur, est exprimée dans la doctrine qui affirme l'Absolu se réaliser dans la conscience, et non d'une manière extérieure au Moi. De ce fait, le monde spirituel n'est plus comme chez Descartes un monde d'abstractions », mais « une manifestation tangible de Dieu[217] ». Or, ce « pas décisif » de la philosophie moderne « fut préparé par la mystique », et surtout par la mystique de souche eckhartienne[218]. C'est dans « l'idée hardie », avancée par le thomiste rhénan à travers sa notion de *scintilla animae* (« le mystique dans son état d'union avec Dieu opère lui-même l'œuvre créatrice de Dieu ») que s'annonce en effet « l'acte par lequel la base de l'entendement de la réalité est transférée de la transcendance divine dans l'âme humaine[219] ». Baader fut d'ailleurs l'un des premiers à constater ce rapport entre la mystique, notamment la doctrine eckhartienne de l'étincelle

---

216 *Ibid.*, p. 25.
217 *Ibid.*, p. 28.
218 *Ibid.*
219 *Ibid.*, p. 29.

de l'âme, et la philosophie moderne. Il entendait ainsi réprouver

> cette opinion, répandue déjà à cette époque, que l'intention propre du mysticisme serait d'étouffer et de dissoudre le Moi dans l'expérience de l'union. [...] Dans l'union mystique avec Dieu, le moi absolu et universel, le mystique perd son moi mauvais, son ego borné [...] afin de recevoir dans l'union son moi universel, l'image de Dieu[220].

Mais la philosophie romantique et idéaliste allemande ne concentre pas tous ses efforts sur la notion d'intuition intellectuelle ou d'unité de la conscience et de l'absolu. Elle dispose également d'une notion spécifique de l'histoire, et plus particulièrement encore d'une eschatologie. Il y a là un arrière-plan théologique que « ni Schelling ni Hegel ni Franz von Baader ne cherchent à masquer[221] ». L'origine de ce thème est, là encore, à trouver dans la mystique dont ces auteurs se sont nourris, et plus particulièrement des mystiques souabes. Nous retrouvons ici une idée exprimée jadis par Schneider : l'accession à la conscience historique et son accent eschatologique a été rendue possible « grâce à une flambée des sentiments apocalyptiques » « qui touche l'ensemble du piétisme allemand » sur lequel fait fond la nouvelle philosophie. Parmi les sources principales du concept innovant d'histoire, Benz cite plus particulièrement Bengel et Oetinger. Le premier est l'auteur de plusieurs écrits sur l'Apocalypse (en particulier son commentaire de 1740), le second d'une « Théologie déduite de l'idée de la vie » (1765) dont il répandit la doctrine parmi les groupes piétistes radicaux de son temps. Benz n'hésite pas à l'affirmer (contre Fuhrmanns, notamment, lequel élimine les sources mystiques de Schelling de sa reconstruction philosophique) :

---

220 *Ibid.*, p. 31.
221 *Ibid.*, p. 33.

« Ces deux théologiens ont directement influencé Schelling, Hegel et Hölderlin[222] ».

Pour Bengel, dont la doctrine eschatologique sera amplifiée par Oetinger dans un sens politique (« l'Age d'Or »), « il y a dans le cours de l'histoire un développement de la Révélation », à travers « des stades successifs[223] ». Ces degrés valent en fait, non seulement pour la Révélation, mais encore pour le cours de l'histoire elle-même qu'éclaire la Révélation. A partir de cette idée, Bengel a l'audace de se situer lui-même dans le *fieri*, en prétendant détenir la clef d'interprétation des chiffres de l'Apocalypse, et donc pouvoir annoncer la Parousie. Ses calculs chronologiques sont à l'origine de la dramatique intensité eschatologique qui précéda immédiatement, et curieusement, la Révolution française. Mais l'intérêt est ici surtout qu'avec Bengel

> l'idée de progrès de la philosophie des Lumières faisait donc place […] à un sentiment dramatique de fin des temps, considérant l'histoire comme parvenue déjà à son stade final et décisif. Tout l'intérêt religieux passait à l'histoire. Cette tendance se manifeste dans tout l'élan de piété caractéristique du piétisme. De tous côtés on guette les « signes des temps », on tente d'apercevoir dans les grands événements historiques la réalisation des prophéties du Nouveau Testament […] La conscience de l'approche de la fin des temps […] aboutit à une nouvelle attitude en face de l'histoire en général. Désormais, tout à coup, un regard intuitif découvre combien d'événements historiques du passé sont conduits par un plan mystérieux et caché, et combien toutes choses d'une manière apparemment contradictoire se combinent en un vaste tableau de l'histoire du salut. […]

---

[222] *Ibid.*, p. 36.
[223] *Ibid.*, p. 38.

Cette vue théologique de l'histoire, envisagée comme histoire du Salut, recèle toute une série d'idées-formes qui se retrouveront plus tard dans la philosophie de l'histoire des penseurs idéalistes. [224]

2.3 La Kabbale dans le romantisme allemand

Benz porte ensuite son attention sur « les sources cabalistiques de la philosophie romantique de la nature[225] ». Il s'agit en réalité de manifester les résurgences cabalistiques *chrétiennes* du romantisme allemand, qui ne se résument pas à celles mises en lumière par F.J. Molitor dans le domaine de la philosophie de l'histoire[226]. Cette tradition d'un cabalisme chrétien remonte aux conversions forcées des Juifs espagnols au XIIIème siècle. Ayant acquis ses lettres de noblesse avec Raymond Lulle puis Pic de la Mirandole, elle fut introduite en Allemagne par le maître de Melanchthon : Reuchlin. Pour celui-ci, il existe dans la Kabbale une révélation éminente de Dieu, qui se réalise pleinement en Jésus-Christ. La tradition qu'il inaugura s'est conservée en particulier dans les cercles savants théosophiques souabes, et se manifesta avec éclat chez la Princesse Antonia de Württemberg. Avec un autre piétiste, Ch. Knorr von Rosenroth (1636-1689), c'est à Oetinger que revient la responsabilité d'avoir entretenu la flamme du cabbalisme chrétien et de l'avoir transmise à la célèbre génération du séminaire de Tübingen :

> Oetinger fut le médiateur des idées cabalistiques pour les philosophes de l'idéalisme allemand, surtout pour Schelling qui revint toujours à ses sources théologiques souabes, dont il fut imprégné dans sa jeunesse déjà pendant son séjour comme étudiant de théologie dans le

---

224 *Ibid.*, p. 40-41.

225 *Ibid.*, p. 55.

226 Voir K. KOCH, *Franz Joseph Molitor und die jüdische Tradition. Studien zu den kabbalistischen Quellen der Philosophie der Geschichte*, Berlin, W. De Gruyter Verlag, 2006.

> *Stift* […] et dont il se rappellera dans toutes les crises décisives de son développement spirituel et philosophique[227].

Le point central de cette Kabbale est pour Benz la doctrine des « *sephiroth* », c'est-à-dire « des reflets, des rayonnements, de l'irradiation de Dieu ». Cet enseignement, nous apprend Benz dans des pages essentielles,

> N'est rien d'autre que l'effort d'exprimer d'une manière autant mythologique que métaphysique le procès de la manifestation de Dieu, de son autorévélation, de sa « *manifestatio sui* », l'automanifestation. […]
> La doctrine des « *sephiroth* » décrit le processus selon lequel Dieu manifeste et réalise et révèle son être encore incirconscrit dans ses divers rayonnements ou irradiations, dix selon la tradition. Au fond il y décrit le procès théogonique, la théogonie entendue dans le sens que ce procès théogonique ne consiste pas dans un acte intellectuel de la conscience de Dieu, mais dans une réalisation corporelle successive, dans une incorporation [*Verleiblichung*] continuelle. La fin en serait la manifestation totale des formes et puissances cachées dans l'abîme de l'être divin, l'autoréalisation dans la pleine splendeur et le rayonnement de son être devenu manifeste, corporel, corps spirituel, corps céleste. […]
> Selon la doctrine secrète de la Kabbale, répétée par Jacob Boehme et par Oetinger, c'est Dieu lui-même qui a un corps, et la corporalité, *die Leiblichkeit*, n'est pas étrangère à l'être de Dieu, mais appartient à sa perfection et est un élément propre à cette perfection de son être. « La corporalité est la fin des voies de Dieu » dit Oetinger […]
> Ce processus de l'automanifestation de Dieu implique et comprend aussi bien sa manifestation dans l'univers, dans la nature, que dans l'histoire ; c'est un processus autant créateur et conservateur que sotériologique. L'évolution de l'univers à travers les différents règnes de la matière inorganique, des plantes, des animaux, de

227 E. Benz, *Les sources mystiques…*, p. 56.

l'homme, appartiennent autant à ce procès théogonique qu'à la sotériologie. [...] Il faut se rappeler que le terme d'évolution ne fut pas introduit d'abord par les savants des sciences naturelles [...] mais comme un terme théologique et sotériologique par les théosophes du XVIIIème siècle. C'est ainsi qu'il fut adopté par les philosophes de l'idéalisme allemand, Hegel, Schelling, Baader, comme terme sotériologique pour décrire le procès théogonique dans lequel Dieu se manifeste soi-même autant dans l'univers que dans la sotériologie « afin que Dieu soit tout en tous » (I Co. 15,28). Ce verset de saint Paul [...] est le verset favori de Schelling, de Baader et avant eux d'Oetinger[228].

[228] *Ibid.*, p. 57-58.

3. VIDEO MELIORA… LE JEUNE BAADER LECTEUR DE KANT

A la lumière de tout ce qui vient d'être suggéré, c'est un fait à peine vraisemblable que celui qui sera ici rappelé, à savoir le lent et laborieux détachement de Franz von Baader (1765-1841) vis-à-vis de Kant. Au moment où il ouvre pour la première fois son exemplaire de la *Critique de la raison pure*, en 1786, on n'imagine pas en effet lecteur plus mal disposé à la réception de Kant que Baader. Le jeune homme est pétri par la culture allemande la plus éloignée de tout esprit des Lumières : celle des Eckartshausen, Herder, Ossian, Klopstock, ou Lavater, que Baader exaspère par une lecture éblouie de Cl. de Saint-Martin.

Esprit profondément mystique, homme de prière, Baader est ainsi en 1786 l'antitype du public auquel est destinée la première Critique. Il est plutôt un résumé à lui seul de l'attitude de fond la plus indéracinable de l'esprit allemand — de cette prédisposition de la patrie de la Lorelei aux rêves de visionnaires, qui a permis notamment aux écrits de Boehme de se répandre, à partir du Württemberg, sous la forme non seulement du puissant piétisme souabe, mais également en une véritable culture populaire. Les travaux de précurseurs de K. Fischer et W. Dilthey, ou encore R. Schneider, suivis de ceux de A. Viatte, d'E. Susini puis de E. Benz et de A. Faivre nous permettent aujourd'hui comme on a vu de mesurer avec étonnement l'abîme profond qui existait entre l'*intelligentsia* allemande éclairée, et la mystique populaire plus ou moins romantique du génie germanique. C'est de cette dernière qu'hérite, lorsqu'il aborde Kant, Franz von Baader.

L'énigme principale, dans l'exposé qui va suivre, ne sera pas donc pas tellement que Baader se soit opposé, à partir de 1796, avec force et constance à la critique kantienne des trois raisons, mais plutôt que ce fonds allemand en lui n'ait pas plus instinctivement réagi contre une forme scolastique kantienne étrangère à un héritier naturel des Hahn et de Oetinger tel que lui. *Naturphilosoph* et théosophe inné, Baader ne pouvait de toute évidence que se dresser avec énergie contre une séparation des sphères de la connaissance, de la morale et de la nature que tout, dans sa formation et sa complexion intellectuelle, l'appelait à rejeter. On ne sera donc pas tant surpris, dans ce qui va suivre, par le net débat avec la Critique kantienne par Baader que par l'intervalle qui sépare les premiers contacts avec l'œuvre critique, en 1786, et son premier écrit substantiel contre Kant, qui date de 1796.

1 : 1786 : Le premier contact de Baader avec Kant

Pour mémoire, Franz von Baader est en 1786 un docteur en médecine fraîchement émoulu des facultés de médecine de Vienne et d'Ingolstadt. A 21 ans, ce tout jeune homme ne manifeste pourtant pas la même passion que son père pour la médecine, qu'il abandonnera d'ailleurs dès 1788. Préoccupé surtout de questions de physique spéculative, il vient de publier un volume de philosophie de la nature qui s'intitule : *Du calorique* (*Von Wärmestoff*[229]).

Face à l'école mécaniste (Bacon, Descartes, Newton) pour laquelle la chaleur est simplement le produit du mouvement corpusculaire, Baader défend l'idée, lancée par Boerhaave, d'un « calorique » existant objectivement dans les corps ; le calorique de Baader est un fluide subtil répandu à travers la nature. Il en parle comme d'une « âme du monde[230] » Elle est affinité, force de cohésion. Elle est l'« amour » comme « lien universel[231] ». Néanmoins, ce calorique n'est pas distribué également dans les corps dont il est la puissance organisatrice : il se répartit distinctement,

[229] BW III 1-180.
[230] BW III 30 n.
[231] BW III 33.

créant ainsi une chaleur spécifique des corps. Préfigurant le modèle schellingien d'âme du monde, et rappelant celui de Platon, ce thème apparaît l'année même où le *Sturm und Drang* s'achève avec le voyage de Goethe en Italie. D'une manière caractéristique, Baader inaugure donc déjà le premier romantisme dans sa faculté à impliquer le simple sentiment dans une vision objective de la nature comme organe.

Baader ne se sent pas encore prêt à l'époque pour la spéculation[232], et fourbit pour l'instant encore sa piété sincère par les impressions coruscantes et les versifications édifiantes. S'il se fait la promesse, en ce début d'année 1786, d'apprendre à mieux connaître ce Kant dont on parle tant[9,] c'est encore vers les œuvres d'un poète, C.M. Wieland (1733-1813[233]), que cette âme introspective et inquiète va se tourner dans un premier temps pour satisfaire son désir répété de « repos », de « calme » spirituels : il ne rêve en effet que de « foi » et de « sentiment de Dieu[234] ». Mais ce qui le retient également est un thème qui deviendra de plus en plus important : la visée d'une morale qui serait « la physique suprême de l'esprit[235] ». Nous reviendrons sur cette question plus loin, lorsque nous signalerons que le thème de la morale naturelle configurera le *non possumus* ultérieur de Baader critique de Kant.

Baader cherche à la fois dans « le plan de la création » et dans ce « microcosmos » qu'est l'homme « l'idée de Dieu[236] » à laquelle aspire tout son être. Comme il se donne pour but dans l'existence « de méditer la pensée du Tout-Puissant, de s'associer à sa Raison céleste[237] », il scrute

---

232 TB 31.

233 TB 17, 22, 28.

234 TB 29.

235 TB 30. Voir TB 44.

236 TB 33.

237 TB 34.

surtout l'intime présence de la lumière émanée dans la végétation, les animaux et l'humanité[238]. La « vision et la jouissance de la belle nature[239] » éveillent son « sens interne » [240] spirituel. C'est pourquoi aussi à cette époque il instaure ce qu'il appelle une « diététique morale[241] » qui lui permette d' « ouvrir [s]on sens interne[242] » et de trouver la sérénité de l'âme dans la contemplation de la nature comme « temple sacré de la divinité[243] ».

Peut-on imaginer plus mauvaise préparation à la réception de la *Critique de la raison pure*, que cette conviction affichée par le *Journal* de Baader, selon laquelle une chose doit être vue à la fois dans son intériorité et son extériorité, sa « surface visible et son noyau invisible », « sa manifestation et son essence[244] » ? Dressé contre « le texte de toute métaphysique » capable seulement d'appréhender une « nature morte » « sans état (*Zustand*) interne », Baader refuse en effet que la chose soit réduite à sa « clarté » (*Hülle*) ou son « habit[245] » (*Kleid*). Ce « phénomène[246] », dont il ne faut pas dépouiller la chose elle-même, est un « caractère », un « hiéroglyphe » du « livre de la nature[247] ». C'est l'exercice approprié de notre sens ou sentiment interne, authentique « *critérium* » de la vérité ontologique[248], qui nous fait accéder à la chose comme à une « forme » (*Form*), une « figure » (*Figur*), une « formation » (*Bildung*) ou une « configuration (*Gestaltung*) visibles[249] » : la chose est une

238 TB 34.
239 TB 36.
240 TB 35.
241 TB 36.
242 TB 36.
243 TB 36.
244 TB 39.
245 TB 39.
246 TB 39.
247 TB 59.
248 TB 45.
249 TB 59.

« essence vivante », « organique[250] », comme Aristote l'avait déjà remarqué[251]. Ainsi les rayons du soleil sont-ils l'apparition, le nom, le symbole de l'essence apparaissante de l'astre[252] : l'apparence est « l'effet de sa cause[253] ».

Cet arrière-plan réaliste de Baader pourrait être rapproché, rétrospectivement, de la *Gestalt* et de l'*Urphänomen* goethiens, dont il n'est pas sans annoncer l'élaboration, ou encore de l'interprétation d'Aristote que fourniront plus tard F. Ravaisson et X. Zubiri. A rebours des manuels de métaphysique post-suaréziens de son temps, Baader soupçonne avec profondeur qu'un positionnement réaliste ne peut se nourrir d'une psychologie et d'une physique abstraites : c'est une ontologie concrète et dynamique de la manifestation et de la connexion des êtres qu'il faut mettre en place, selon laquelle, comme l'écrit Baader, « tout être singulier, tout individu dans le monde des corps et des esprits » devrait être caractérisé « comme un point médian » (*Mittelpunkt*) « qui reçoit et prend autant qu'il peut de tous les autres êtres restants, qui sont comme l'horizon infini de sa périphérie, et qui leur renvoie tous les rayons qu'il peut leur adresser[254] ». « Tout agit par analogie[255] » de soi-même, par production d'une image de soi à l'extérieur, comme Herder l'avait déjà suggéré[256].

Armé de ces intuitions peu kantiennes, Baader rencontre pourtant, durant cette même année 1786, l'œuvre du philosophe de Königsberg avec intérêt. A la date du 12 avril 1786, on lit dans son *Journal* qu'il se sent découragé, en dépit de ses dons naturels, par les quelques pages de

---

250 TB 59.
251 TB 60.
252 TB 40.
253 TB 68.
254 TB 44.
255 TB 73.
256 TB 68.

philosophie qu'il vient de lire chez Ulrich pour se former dans cette discipline qui l'attire. Mais décidément, les divisions abstraites des *Institutiones logicae et metaphysicae* wolffiennes[257] de Ulrich le laissent perplexe : il n'y comprend pas grand-chose, et n'y voit là rien de « grand », de « réjouissant » ou qui puisse « élever l'âme[258] » – rien qui puisse configurer métaphysiquement son *intuitus.* Ce qu'il voudrait, c'est une doctrine dans laquelle l'Idée de Dieu qui le tourmente continuellement[259] puisse devenir la racine de la perfection, du bien ; une doctrine qui exprime le fait que « la nature bonne, ou plutôt Dieu, a enfoui en tout homme un idéal, une préfiguration du Bien, de la grandeur[260] » : « meilleur on est, meilleur on veut devenir », et Baader expérimente lui-même qu'il désire comme un « trésor » spirituel avoir en propre tout ce qui est « bon, vrai et beau ». « Un tel désir éternel n'est-il pas un document fiable de notre immortalité[261] » ?

C'est précisément au cœur de cette interrogation enthousiaste que le *Journal* du jeune Baader évoque pour la première fois le philosophe de Königsberg. « Kant », note en effet notre auteur ce même 12 avril 1786, « Kant appelle l'Idée de Dieu lui-même : l'Idéal de notre raison » — « et vraiment », acquiesce le jeune homme, « vraiment c'est ce qu'elle est[262] ». « Comme je m'élevais à cette pensée », ajoute-t-il, « j'ai ressenti du plaisir et une véritable joie maternelle (*Mutterfreude*) qui a amélioré mon humeur[263] ».

Le premier contact de Baader avec Kant est donc fondé sur un malentendu, qui se dissipera peu à peu : ce que Baader croit savoir de la *Critique de la raison pure* est interprété

---

[257] J. SAUTER, *Baader und Kant*, p. 1.

[258] TB11.

[259] TB 11.

[260] TB 13.

[261] TB 13.

[262] TB 13.

[263] TB 13.

par lui dans un sens mystique et néoplatonicien — ce qui explique d'ailleurs l'intérêt profond et croissant que Baader trouvera dans l'œuvre de Hegel à partir des années 1820. Un peu plus tard, le 26 mai, un contresens semblable est commis, lorsque Baader se sert de « la dite Dialectique de la raison » pour en faire l'instrument du « dégoût » de tout ce qui est terrestre, l'attestation intime de ce que rien que de céleste peut envahir l'âme et la combler[264].

Cette atmosphère mystique et romantique éclaire paradoxalement les premières allusions insistantes à Kant après juin 1786, lorsque Baader commence à scruter sérieusement son œuvre[265].

Sur le terrain de la physique spéculative tout d'abord, Baader reconnaîtra en ce « grand homme » qu'est Kant un adversaire mesuré, mais décidé, du mécanisme pur, au bénéfice d'une *Naturphilosophie* qui intègre ces éléments dynamiques nécessaires à une nouvelle physique[266]. Peu à peu, Baader discernera d'ailleurs l'incompatibilité foncière entre sa propre perspective scientifique et celle de Kant, c'est-à-dire l'irréductibilité d'un « organicisme » intégral tel que le sien à une dynamique qui ne serait que « mécaniquement construite ». Wunenburger a attesté de ce dépassement de la perspective relativement dynamique de Kant par l'énergétique baadérienne intégrale pour la question des grandeurs négatives, mais cela touche les deux conceptions de la nature – à un point tel que Sanchez de Murillo les considère quant à lui comme les deux branches d'une alternative toujours embarrassante[267].

---

264 TB 44.

265 Voir J. SAUTER, *Baader und Kant*, p. 2.

266 « Ideen über Festigkeit und Flüssigkeit zur Prüfung der physicalischen Grundsätze des Herrn Lavoisier », in BW III 181-202 (voir 184-185).

267 J.J. WUNENBURGER, « Antagonisme et polarité de Kant à Franz von Baader », in *Kant-Studien*, 79 (1988), p. 201-217 (voir p. 214 s.) ; J. SANCHEZ DE MURILLO, « Franz von Baaders Interpretation der

Mais sur le plan proprement métaphysique le premier Baader voit surtout dans la Critique kantienne de la raison pure, dont il vient d'entreprendre pour la première fois l'étude, un outil précieux pour se prémunir des subtilités de la *prima philosophia* scolaire. Baader regimbe violemment contre la ratiocination abstraite, qui lui semble vider le monde de substance et de sa lumière. Avec Pascal, il répugne au Dieu de la « métaphysique », du « spéculer » et du « démontrer[268] ». Il oppose aux abstractions scolastiques des wolffiens sa visions intuitive, poétique du monde : « ici nous devons poétiser[269] », inscrit-il gravement au frontispice de sa réflexion. Ce n'est pas là une marque d'anti-rationalisme, puisqu'il insiste au contraire sur la « forme » de chose, mais une ferme opposition à l'isolement par le concept de la forme et de son irradiation vitale. Il trouve donc en Kant un allié providentiel contre la métaphysique conceptualiste à la manière d'Ulrich.

« Je ne doute pas », note-t-il en effet ce 24 juin 1786 contre la métaphysique rationaliste, « que nous ayons là vraiment une science complètement fausse[270] ». Elle est le symptôme même de cette maladie de l'esprit dans laquelle nous sommes tombés depuis que nous avons « perdu la saine proportion » intellectuelle et que, sous l'effet d'une « tension maladive des forces isolées » « toutes déraillent comme dans un délire fébrile[271] ». Voilà pourquoi le médecin Baader valorise « l'idéalisme critique » de Kant, plus exactement d'ailleurs « sainement critique[272] », qui « guérit notre esprit de la fièvre métaphysique en y laissant

kantischen Naturphilosophie », in *Philosophia naturalis*, 23 (1986), p. 293-319.

[268] TB 34.

[269] TB 69.

[270] TB 57.

[271] TB 57.

[272] TB 57.

une cicatrice[273] ». Cet idéalisme kantien, continue Baader, tire notre esprit de ses « rêves » et lui montre « que le vol vers le grand Néant n'est proprement rien qu'un mirage dialectique[274] ». Réfléchissant avec Kant, Baader lui accorde même un peu plus tard que « la connaissance humaine de Dieu n'est bien qu'humaine[275] », à la différence de ce qu'affirme le « balancement éthéré de la métaphysique surhumaine[276] ». Cette « doctrine » ou cette « philosophie » toute « humaine » cache sa « faiblesse » et son « dénuement de force » en convoquant « le Dieu transcendant du Ciel sur la terre[277] ». Elle ne voit pas que Dieu, en qui nous vivons[278] est « inconceptualisable[279] » ; Il est proprement « innommable », puisqu'Il est le « grand inconnu », une « mer » incommensurable[280]. Kant par contre nous apprend, « par le chemin épineux et étroit » de la critique « que la foi est le meilleur et l'ultime résultat de toute recherche philosophique[281] ».

On le voit, Baader retient essentiellement de Kant sa critique de la métaphysique rationaliste. On ne peut à proprement parler dire qu'il mésinterprète Kant. Comme l'a bien noté Sauter dans son étude comparée des deux auteurs, Baader a seulement pris au sérieux les affirmations du philosophe de Königsberg lui-même, lequel a longtemps considéré son œuvre critique comme une « propédeutique[282] » à sa philosophie positive. L'accueil fait par Baader à la critique kantienne doit se mesurer à une

---

[273] TB 57.
[274] TB 57.
[275] TB 60.
[276] TB 61.
[277] TB 62.
[278] TB 61.
[279] TB 62.
[280] TB 62.
[281] TB 52.
[282] J. SAUTER, *Baader und Kant*, p. VI.

profonde tentative, de la part du jeune médecin, pour se défaire d'une théologie philosophique impropre à exprimer l'unité dynamique de la nature, de l'homme et de Dieu que le cœur, ou le sens intime, peuvent seuls percevoir. Peu à peu, Baader accédera à une nouvelle conception de la raison, à la fois théorique et pratique, qui lui permettra d'éviter définitivement le piège du fidéisme, et en même temps lui servira de critère pour s'opposer, toujours plus durement à partir de 1796, à un Kant de mieux en mieux cerné dans ses limites.

2. L'arrimage illusoire de Baader à la critique kantienne avant 1796

Cette lente évolution vers un concept positif, non rationaliste, de la raison théorique, qui l'opposera plus tard rudement à Kant, se fera tout au long des dix années qui séparent ce premier contact de 1786 et la rédaction du projet d'article fort critique de 1796 (sur lequel nous reviendrons). Néanmoins, comme l'a noté Sauter, qui parle d'une « période d'accord[283] », précédant la période critique (1796-1841), cette décennie reste encore globalement sous le signe des premières impressions. Les réflexions quotidiennes successives du *Tagebuch* vont permettre à la doctrine mystique propre de Baader d'évoluer et de mûrir, sur la base d'un accord tacite avec Kant. Ce contrat de dupes ne deviendra caduque que lorsque les exigences, toujours affinées, de la méditation baadérienne se heurteront de plus en plus franchement — lorsque les deux philosophies, inconciliables en réalité *ab ovo*, deviendront expressément adverses et non plus alliées seulement contre le théisme rationaliste.

Il semble que le point de rupture sera atteint lorsque Baader aura perçu toutes les implications de son dessein

283 *Ibid.*

initial de fonder la morale sur la nature. C'est par cette voie, subitement agrandie par la parution de la *Critique de la raison pratique* en 1788, et non au départ par celle d'une divergence épistémologique, que le doute concernant la viabilité de la démarche kantienne commencera à s'instiller. Le *prius* de la raison pratique ne devrait-il pas être tel, en effet, qu'il touche également la connaissance et en soit le principe et fondement à travers une activité spéculative de la raison ? La nécessité de mettre en valeur une unité indissociable de la raison pratique et de la raison pure pour vraiment établir une « morale fondée sur le physique » fera éclater l'alliance de circonstance et poussera Baader à rédiger son manifeste de 1796. Une étude minutieuse du *Tagebuch* montrerait comment la critique ultérieure de Kant[284] fait lentement son chemin, précisément à propos de la vie morale ou mystique, dans une réflexion de Baader encore largement dominée par une interprétation positive du philosophe de Königsberg.

Un bon exemple est à prendre dans le *Journal* à l'automne 1788. En ce mois de novembre, Baader se dit « en suivant les raisonnements de Kant » (*nach Kants Geständnissen*) que « la raison pure n'est rien d'autre et rien de moins que de la mathématique pure », « une pauvre calculatrice avec des signes arbitrairement abstraits et stériles, et des grandeurs indéterminées que l'on dit être générales[285] » : « c'est une tâche salutaire, quoique oisive, de la raison qu'elle revienne enfin sur elle-même en notre temps, qu'elle couve sa propre incapacité et se soit prise elle-même pour objet[286] ». Toutefois, moins d'un mois plus tard, Baader se demande tout de même si Kant n'aurait pas laissé « irrésolu » un « problème » qui tient aux « principes de sa morale[287] ». En effet, se demande Baader, « il est connu de tous que Kant a

284 Les références à Kant dans le *Tagebuch* sont données en BW XVI 271.
285 TB 150.
286 TB 150.
287 TB 152.

bien vu que seul le bon vouloir confère aux actes humains leur valeur interne et pérenne ». Mais on ne trouve nulle part traitée dans son œuvre alors publiée la question de savoir comment « l'étincelle vivante du bon vouloir[288] » est susceptible d'être allumée dans cette « fange d'impureté » qu'est la créature à la sensibilité et à la raison corrompues[289]. Comment se fait-il, pour reprendre une formule qui le taraudera toute sa vie et que l'on retrouve déjà dans le *Tagebuch*, que voyant le bien je ne l'accomplisse pas et que le pire s'ensuive plutôt, selon la célèbre formule d'Ovide : *Video meliora, deteriora sequor*[290] ?

Certes, à cette époque il ne s'agit encore que d'une vague intuition de ce qu'une théorie du mal radical manque à la morale kantienne. Néanmoins, il y a là le symptôme de ce qu'une brèche menace l'attention respectueuse que Baader avait accordée jusqu'à présent à Kant. Le lecteur attentif du *Journal* de jeunesse peut même deviner, sans qu'elle soit encore manifeste, la violence de la dissension à venir lorsqu'il découvre, au fil des pages, une doctrine de Baader de plus en plus marquée par l'unité du sens et de la raison (« tout spirituel a dans le sensible sa véritable parabole, son symbole[291] »), du « cœur » et de la « tête[292] », ainsi que par l'exaltation de la « sagesse » par rapport à la science[293].

Cette évolution personnelle de Baader le conduit à insister de manière croissante sur la pesanteur du mal dans les actes moraux, et sur la nécessité d'une médiation qui élève, libère, surmonte « le fatalisme physique[294] ». Baader atteint là dès 1789 à bien autre chose qu'à la vision

288 TB 152.
289 TB 152.
290 TB 184.
291 TB 82.
292 TB 83.
293 TB 82.
294 TB 171.

préromantique de la nature qu'il avait développée à la suite de Herder : sa pensée propre se profile déjà comme une authentique métaphysique de l'action toujours plus aiguisée. Le thème de l'amour, incommensurable avec le respect kantien, est emprunté à la physique spéculative de 1786 pour devenir le nœud implicite de cette morale métaphysique du « *nexus rerum*[295] » que Baader campe dans son *Journal* au fil des jours[296]. Il ne s'agit pas que de la charité, mais bien d'un amour qui trouve son modèle dans la relation de l'homme et de la femme[297]. Cet « amour » pour lequel le *Journal* de Baader a parfois des accents lyriques[298], « donne et reçoit[299] »: il est en son fond un « échange[300] » dynamique de propriété et d'altérité, de donation et de consentement, de subjectivité et de trans-subjectivité. Baader fournit ainsi l'esquisse d'une psychologie dialogique « du Toi et du Moi » : « autant la réceptivité » de l'âme « augmente, autant la spontanéité croît[301] ». « Ce n'est que par réaction que nous sentons notre action — vie, conscience[302] ». Les deux, altérité et identité, sont constitutifs de l'âme, le non-moi et le moi sont des coprincipes insursumables : rien ne les dépasse, ni jugement, ni réflexion transcendantales[303], si ce n'est un troisième terme dans lequel ils coexistent en unité de tension non dirimante.

Baader n'a pas conçu cette métaphysique de l'amour contre la philosophie transcendantale. Au contraire, on peut même penser, à la lumière des analyses de J. Sauter, que le jeune penseur a pu se considérer durant cette décennie 1786-1796 comme un de ceux qui accomplissaient l'œuvre de

---

[295] TB 156.

[296] TB 161-162 ; TB 168 ; TB 171 ; TB 183.

[297] TB 168.

[298] Voir TB 183 etc.

[299] TB 162.

[300] TB 183.

[301] TB 170.

[302] TB 170.

[303] TB 170.

Kant en développant une métaphysique nouvelle sur les décombres de celle qu'avait détruite l'idéalisme critique[304]. Ainsi que Sauter l'a démontré, et comme nous l'avons déjà vu, Baader a tout d'abord cru trouver dans Kant un « ami » de la métaphysique authentique, en même temps que l'opposant providentiel à l'ancienne théologie naturelle[305]. Mais ce que Baader n'a pas tout d'abord aperçu, c'est combien sa propre position imposait de faire éclater le cadre fixé par les deux premières critiques — sans rien perdre du point de vue transcendantal, mais en y introduisant (pour satisfaire le principe de l'échange amoureux) le fondement corrélatif du Non-Moi au cœur même de la spontanéité. Jusqu'au projet d'article sur la « cécité de la raison pratique » de 1796, sur lequel nous allons nous pencher par la suite, Baader n'a pas perçu qu'il lui fallait, pour déployer son propre enseignement, se démarquer avec une certaine fermeté de Kant : longtemps, il a tenté d'interpréter dans un vocabulaire kantien sa propre synthèse, sans discerner assez combien le corset terminologique qu'il imposait à sa philosophie contraignait celle-ci et l'empêchait de se développer. Appuyé sur la première édition de la *Critique de la raison pure*, Baader manifeste en effet régulièrement à une époque avancée de sa période kantienne, peu avant 1796, un effort désespéré pour insérer sa propre vision du monde dans la problématique critique[306]. Il cherche ainsi régulièrement à exonérer la division kantienne des facultés, dont il pressent la difficulté pour son propre système, en l'intégrant dans une lecture triadique. Mais le « quasi-protofichtéisme » qu'il obtient alors[307] est en réalité trop contraignant pour les formes autrement généreuses de sa *Weltanschauung*, laquelle impose une réceptivité originaire du

---

304 J. Sauter, *Baader und Kant* p. VI-VII, 27.
305 *Ibid.*, p. 30.
306 Voir J. SAUTER, *Baader und Kant*, p. 17-36.
307 *Ibid.*, p. 27.

Moi et une intimité effective d'un « Tu » au « Je » par le lien de l'amour. Comme le reconnaissait prosaïquement E. Susini « Baader tient en apparence un langage kantien, mais les choses qu'il exprime sont sans rapport réel avec la théorie kantienne[308] ».

Néanmoins, dans la mesure où sa doctrine de fond ne se présente pas comme un dogmatisme pré-critique, mais anticipe plutôt, en dépassant toutefois par avance l'accolement indifférent des termes, la position schellingienne, Baader a pu vivre longtemps cette étrange cohabitation de la pétition critique et de sa propre doctrine. C'est pourquoi, en mars 1793, Baader estime tellement « digne de considération » une philosophie comme celle de Kant, dont il rapproche de longs extraits de la *Critique de la raison pratique* de ses propres pensées[309] malgré les divergences évidentes entre sa perspective et celle du penseur prussien.

C'est pourquoi surtout Baader tentera, lors d'un séjour en Angleterre et en Ecosse de 1792 à 1796, d'enseigner Kant au public anglais par un grand article (daté de 1794/1795), qui ne sera pas publié, sur « la transformation de la métaphysique introduite en Allemagne par le Professeur Kant[310] ». Dans cet écrit, Baader plébiscite Kant pour avoir fourni, à l'instar de ce que Bacon a offert à la philosophie de la nature, un « *novum organum* » à la métaphysique[311]. « Toute la tendance du criticisme kantien » consisterait même, selon lui, « à disperser l'ensemble des nuages de la sophistique et à affermir de cette façon notre esprit pour la vérité et la vertu[312] »...

308 E. SUSINI, *Franz von Baader*..., t. 2, *op. cit*, p. 55.
309 TB 186-187.
310 BW XI 405-434.
311 Voir BW XI 406-407. Voir J. SAUTER, *Baader und Kant*, p. 30-32
312 BW 427.

3. La rupture avec Kant de 1796

Lorsqu'il rédige, en 1796, un nouveau projet d'article « Sur la déduction kantienne de la raison pratique et sur la cécité absolue de cette dernière[313] », qui sera publié en 1809 seulement, Baader n'a encore rien vu de la littérature qui fleurit alors en Allemagne autour de Kant[314]. En particulier, il ne découvrira le *Vom Ich* de Schelling ainsi que les écrits fichtéens que lors de son passage à Hambourg l'année suivante[315]. De 1788 à 1792, ses études en ingénierie des mines à Freiberg lui ont en effet laissé peu de loisirs à consacrer à de telles lectures spécialisées, et depuis 1792, il se trouve en Grande-Bretagne où il parfait ses connaissances techniques d'ingénieur.

Le texte qu'il rédige alors contraste violemment avec les éloges décernés jusque quelques mois auparavant. Que s'est-il passé dans l'intervalle ? Selon Sauter[316], la volonté manifestée par Baader de présenter exhaustivement Kant aux anglais l'a amené à étudier de manière approfondie les Critiques. Ce qu'il n'avait pas encore discerné lors de son premier rapport de 1794 lui devient alors évident, peut-être après qu'il se soit aperçu du durcissement de point de vue devant lequel la seconde édition de la *Critique de la raison pure* laissait ses lecteurs : la philosophie kantienne « en tant que système » ne représente plus pour Baader le criticisme authentique et ne rejoint pas de manière satisfaisante les exigences de la science.

L'argumentation de Baader dans ce projet d'article de 1796 fait fond sur l'idée qu'il n'y aucune raison à ce que Kant refuse à la raison, théorique comme pratique, cette « pulsation » (*Pulsschlag*) et ce « souffle » (*Odem*) de la synthèse

313 BW I 1-21.

314 Voir BW I 3 n. 1.

315 J. SAUTER, *Baader und Kant*, p. 36.

316 *Ibid.*

originaire et de l'analyse conséquente, que la première Critique réserve uniquement à la conscience représentative (*verständige Bewusstsein*[317]). Cette négligence à reconnaître dans la faculté rationnelle dans l'homme, cette « déesse », une telle possibilité l'a conduit à la diviser en deux, et à penser, non seulement qu'elle naît aveugle comme le chien et d'autres mammifères, mais encore que « Sa Majesté » le reste toute sa vie « comme une taupe[318] ». Néanmoins, si l'on lit de près la première Critique, on constate selon Baader qu'à côté d'une fondation purement « logique » des jugements synthétiques apriori, là où l'on s'attendrait à une argumentation « transcendantale » d'ailleurs[319], le philosophe de Königsberg reconnaît ceci : que de tels jugements sont fondés sur un *acte* de l'aperception. Or, pour Baader, un tel acte est également le lieu de la synthèse de la raison, dont l'analyse (qui est le jugement synthétique apriori) en est une conséquence naturelle, comme l'expiration l'est de l'inspiration[320]. Cet acte de la raison, en tant qu'il est spéculatif, est la faculté de vériception (*Wahrnehmungsvermögen*) par excellence, comme d'ailleurs il peut être celui de l'illusoire et du mensonger (*Lügevernehmungsvermögen*[321]). Ce même acte de la raison, en tant qu'il est pratique au sens moral, caractérise la capacité pour notre âme de s'ouvrir à tout ce qui est autre que le moi tout en ayant une nature spirituelle[322]. Bref : c'est par une activité rationnelle, méconnue par Kant, que notre raison est capable d'intuition spirituelle tant sur le plan pratique que sur le plan théorique.

Pour Baader, ces deux dernières instances ne sont en fait séparées que parce qu'elles sont d'abord liés au niveau supérieur de l'acte propre à la raison, lequel n'ouvre leur

317 BW I 3.
318 BW I 3-4.
319 BW I 4.
320 BW I 5.
321 BW I 6.
322 BW I 3.

différence qu'à partir de son unité dynamique, tiers-terme qui médiatise les divisions kantiennes. Ainsi également, raison et entendement ou raison et action effective ne sont-ils distincts qu'à l'intérieur de l'unité antécédente de l'activité rationnelle se rendant elle-même passive.

Après cette charge enlevée contre l'absence d'activité rythmique dans la raison kantienne, Baader estime que Kant lui-même nous fournit en fait des « armes » contre son « idéalisme de la raison », à travers la notion de « symbole[323] » qu'il met en œuvre dans la troisième critique : puisque Kant reconnaît que l'objet perçu par l'entendement est aussi le symbole d'une réalité supérieure, il faut admettre que l'union, dans cet objet, de la forme de l'entendement et de la forme symbolique, répond à une union semblable du réel de l'entendement et du réel de la raison. Ainsi le réel de l'entendement « préfigure »-t-il celui de la raison, il l'annonce, le « symbolise » : par exemple, la « couleur » et le « ton » anticipent la forme parfaitement achevée de la connaissance, et en sont-elles la « préformation[324] ».

Notre auteur conclut de tout ceci que le point de vue purement « logique » de Kant l'amène à oublier tout simplement l'acte élémentaire premier de la raison (*das ersten Elementaract der Vernunft*[325]), qui est à la racine de son exercice théorique ou pratique et qui, à l'intérieur même de cet acte double, organise les facultés de manière hiérarchisée.

Baader se tourne ensuite contre les analyses kantiennes du *Gemüthsphänomen* de la conscience morale, qui lui semblent à peine ébauchées, alors même qu'elles prétendent faire système[326]. Par exemple, se demande Baader, qu'y avait-il de plus simple que de déduire ensuite de cette ébauche la conscience de nous-mêmes au titre de

---

323 BW I 6.
324 BW I 6.
325 BW I 7-8.
326 BW I 8.

réaction à notre action volontaire — ce qui est une loi naturelle des plus simples ![327] Qu'y avait-il de plus aisé que de remarquer que la conscience se forme ainsi de manière spéculaire, qui manifeste de l'intérieur mon vouloir comme vouloir[328] ? Pourquoi, demande encore Baader, Kant ne rapproche-t-il pas davantage ce qu'il nomme le « fait de la raison » de la vie, et ne cherche-t-il pas à favoriser la clarté sur elle-même de la raison pratique, qu'il plonge au contraire dans le brouillard ?[329]

Baader se dresse encore dans ce projet d'article contre la tentative kantienne de formuler le principe moral sur le registre de l'entendement[330], sans prendre en considération cette soudure intime de la « morale » et de la « physique » qui constitue en réalité la loi comme un instrument destiné à redresser la tendance mauvaise de mon vouloir[331]. La loi en elle-même ne me donne nullement le moyen de réaliser le bien, elle ne fait que me le représenter[332] : il est faux, comme l'écrit Kant, que l'on puisse dès que l'on veut[333]. Car voir le bien n'est pas l'accomplir. C'est pourquoi aussi la loi morale n'est, effectivement, pas une doctrine du bonheur puisque je répugne de tout mon être au bien de la loi, et ne suis même pas en mesure de l'accomplir. Il faut donc, à côté d'une doctrine du malheur comme l'est la morale, un théorie qui explique comment la loi est articulée à l'être — c'est cela la religion[334] chrétienne, laquelle dévoile la naturalité originaire du bien en même temps que la corruption de cette nature

---

[327] BW I 9.
[328] BW I 9-10.
[329] BW I 10.
[330] BW I 11.
[331] BW I 13.
[332] BW I 13-14
[333] BW I 15.
[334] BW I 15.

dans la volonté humaine corrompue par le péché[335]. Pareillement, Kant fait de la conscience morale une représentation atemporelle[336], puisqu'il se désintéresse de l'extériorité de l'acte pour se concentrer sur la seule intimité rationnelle : « pour ma conscience morale, toute action est également présente, qu'elle ait été accomplie par moi cinquante ans auparavant ou à l'instant même[337] ». Ce qu'il oublie c'est que le rapport de la conscience au moi ne signifie pas proprement l'absence de temps, mais une liberté par rapport à celui-ci : ce n'est pas d'intemporalité qu'il faudrait parler, mais de supra-temporalité ou d'éternité — de même d'ailleurs qu'il y a des formes de soumission désordonnée au temps qui placent l'action « en-dessous », dans l'enfer de celui-ci[338].

Il faudrait, assure ici soudainement Baader, renouer avec les anciens écrits et les traditions antiques[339] pour retrouver le sens de cette « maladie » qui infecte le vouloir, il faudrait renouer avec la religion et la mystique afin, par-delà l'entreprise critique, de restituer au Moi sa vraie portée et ses limites authentiques. Par cette formule, le jeune physiologue inaugurait une époque nouvelle de sa relation avec la pensée kantienne : le temps d'une confrontation toujours plus dure, d'année en année plus tranchée, de Boehme et de Kant, qui allait désormais et jusqu'à la fin être la mesure de la pensée baadérienne.

---

335 BW I 18. Sur ce point voir notre étude : E. TOURPE, « The Hermeneutics of the Evil, *art. cit.*

336 BW I 12.

337 BW I 12

338 BW I 12.

339 BW I 21.

dans la volonté humaine corrompue par le péché. Parallèlement, Kant [illegible] de sa conscience morale une [illegible]

[illegible]

CHAPITRE III

LA CLEF ÉPISTÉMOLOGIQUE

Le lecteur optimiste qui croirait, après avoir saisi la clef théosophique des œuvres de Baader, être à même désormais d'en pénétrer les arcanes, se heurterait bien vite à une cruelle désillusion. Certes, les allusions au monde imaginal des théosophes, et de Boehme ou Saint-Martin en particulier, font flores dans ces pages turbulentes, mais le sens en paraît encore aux bien « aux éclats » : ce n'est visiblement pas une œuvre purement mystique et ésotérique, une tout autre préoccupation semble ronger ce curieux assemblage de phrases entremêlées. On l'a pressenti dans l'apparition lente des motifs antikantiens, un véritable système est à l'œuvre, qui se cherche et tend à s'exprimer.

C'est que la culture théosophique apparaît rapidement être un clavigère insuffisant pour percer à jour son chiffre : elle nous enseigne certes son vocabulaire original, ses expressions idiomatiques, mais ne nous fournit aucunement la grammaire de ce dialecte philosophique oublié qu'est la pensée baadérienne. Il faut donc une seconde clef, syntaxique et normative cette fois, pour en ouvrir vraiment le sens et la saveur.

Nous n'aurons pas à chercher longtemps pour trouver cette seconde clef, qui est à découvrir dans le projet spécifiquement philosophique de Baader, et plus spécifiquement encore dans la « logique » métaphysique de son œuvre.

En effet, Baader a caressé un moment le projet d'offrir sa propre « Encyclopédie des sciences philosophiques » ; c'est ainsi qu'il affirme, dans l'Avant-Propos à l'édition de ses *Cours sur la philosophie religieuse mise en contraste avec la philosophie irréligieuse ancienne et moderne* (*Vorlesungen über religiöse Philosophie im Gegensatze der irreligiöse, älterer und neuerer Zeit*[340]), qu'on trouvera dans ces pages le premier cahier d'une œuvre plus vaste à laquelle devait succéder « un second sur la philosophie religieuse de la

[340] BW I 151-312

nature », puis « un troisième sur la philosophie de l'Esprit » c'est-à-dire « sur la philosophie religieuse de la société » « puisque l'Esprit n'est effectif que dans la société[341] ». Le lecteur de Hegel aura immédiatement saisi que Baader concevait les 55 leçons sur la philosophie religieuse (*Vorlesungen über religiöse Philosophie*) comme la *logique* profonde de son système. Comme le confirme Hoffmann en note, cet ambitieux programme n'a pas été réalisé, de sorte que seule la première partie nous est restée de cette Encyclopédie avortée (quoique l'on trouve les éléments des deux autres parties dispersés dans l'œuvre de notre auteur).

Le contexte théosophique ne suffit donc pas à expliquer l'œuvre de Baader : il faut encore en saisir encore la portée philosophique, et plus particulièrement le débat constructif qu'elle entretient avec l'idéalisme. Les *Leçons sur la philosophie religieuse* nous offrent un accès inespéré à la « logique » profonde de cette détermination philosophique, en nous présentant la règle épistémologique et méthodologique qui trame la pensée de Baader, authentique « philosophie religieuse ».

« Logique » fondamentale de la doctrine baadérienne, les *Leçons sur la philosophie religieuse* de 1827 ne présentent pas en effet seulement une dialectique des « catégories » de la pensée, comme on pourrait s'y attendre étant donné le parallèle annoncé avec l'entreprise hégélienne. Baader ne cherche pas du tout à exposer le passage immanent des déterminations objectives de la pensée à leur vérité réflexive puis conceptuelle. Cette manière hegelienne de procéder plonge d'emblée dans la visée intellectuelle, sans mettre en avant et au premier plan ce qui, chez Baader, est archi-déterminant, à savoir : la relation de donateur à donné qui institue la connaissance avant que celle-ci n'intentionne la moindre catégorie. Chez Baader, à la différence de Hegel, la

---

341 BW I 154.

relation prime sur la catégorie : ce n'est pas l'objet de pensée qui s'effondre dans la relation pour effectuer la course logique qui va de l'être abstrait au concept réalisé, mais bien plutôt la réception du donné intellectuel qui conditionne sa mise en œuvre par l'intelligence. C'est pourquoi, attendre de ces *Leçons* qu'elles déploient, face à la *Logique* hégélienne, une connexion simplement originale des déterminations de la pensée par rapport à celle qu'offre Hegel empêcherait tout simplement de rentrer dans le propos baadérien : c'est à la fondation d'une épistémologie *religieuse*, c'est-à-dire essentiellement « reliée à[342] » et réceptrice d'un don supérieur, qu'il s'emploie dans ces pages consacrées au principe de sa doctrine. Ce n'est nullement l'énoncé du déroulement catégorial de la pensée (ce qu'est la « logique » hegelienne) qui l'intéresse, mais, plus en amont encore que Hegel, la condition religieuse de la pensée « avant », pour ainsi dire, son exercice et ses objets d'intellection. Chez Baader, il n'est pas question d'un devenir des catégories logiques, mais bien de leur advenir. L'on comprendra qu'il ne s'agit pas là d'un vain jeu de mots.

Tel va donc être le propos de Baader dans ces leçons : mettre à jour une théorie de la connaissance qui, loin de partir de la pensée exercée, en cherche les ressources et les trouve dans le lien de l'intelligence finie à la pensée divine. C'est parce que Dieu me pense, pense en moi, que je pense et que je le pense aussi, parce que mon esprit est dans un rapport d'identité et de différence à l'infini que seul le concept de « religion » peut caractériser. Avant que je pense, Dieu pense en moi – mon être spirituel est foncièrement relié au sien. C'est pourquoi aussi, avant que la pensée ne

342 Sur l'ambivalence étymologique bien connue du verbe « *religare* » (Cicéron : *religere*, rendre scrupuleusement vs. Lactance: *religare*, relier), voir les réflexions de J. GREISCH, *Le buisson ardent et les lumières de la raison*, t. 1, Paris, Ed. du Cerf, 2002, p. 14 s.

s'exerce, antérieurement à tout déploiement logique, il y a ce don de la pensée elle-même qui se vérifie dans la nature foncièrement réceptrice de l'esprit humain vis-à-vis de sa sensibilité naturelle et mystique.

Les leçons dont nous allons maintenant préciser l'argumentation visent ainsi à faire précéder toute logique (objective et subjective) par le lien, médiatisé par la nature, à Dieu, qui la rend seulement possible : la pensée est religieuse, reliée à l'infini qui la donne à elle-même. Tout le problème de Baader dans ces fortes pages va être de préciser comment est possible cette « donation à elle-même » de la pensée, qui à la fois l'offre et la libère : comment le don donne-t-il, et donne-t-il vraiment une donnée présente à soi (jusqu'à instituer un sujet transcendantal) sans pour autant se supprimer comme donation et différence ?

L'être et la connaissance finis seront ainsi caractérisés comme étant libres (*frei*) à l'intérieur de la relation ou religion, mais non pas sans (*los*) celle-ci. Une telle position, comme il se verra également, va entraîner Baader à radicaliser son opposition à la dissociation kantienne de l'intelligence pratique et théorique, mais aussi à dépasser implicitement un thomisme qui peine à unifier les éléments formels, pourtant corrects, de sa théorie de la connaissance.

On l'aura compris, la notion de « philosophie religieuse » qui court à l'arrière-plan de l'œuvre baadérienne, et plus particulièrement des pages que nous allons commenter, est à prendre au sens large : elle connote globalement la notion de « relier à un englobant », c'est-à-dire d'une relation à un premier ou à un transcendant. L'homme est ainsi « relié » à la vie, à la nature, aux autres hommes, il ne commence pas par lui-même, moins encore par le Moi absolu qui devrait seulement alors s'opposer un Non-Moi. Le champ sémantique de la « philosophie religieuse » s'étend néanmoins aussi, et même d'abord, au concept habituel de Religion: sous l'être-relié naturel et sociétal joue plus fondamentalement la grâce liée à la

Révélation du Dieu trinitaire et rédempteur. Néanmoins, on ne peut à nouveau isoler la religion dans la sphère du seul sentiment, comme le fait Schleiermacher, ni dans celle de la seule représentation à l'instar de Hegel[343] : elle prend l'homme tout entier, de sorte que les médiations religieuses de la nature et de la société ne sont nullement à déconsidérer, mais au contraire à maintenir comme les ligaments sans lesquels la Révélation ne disposerait d'aucun espace mondain : la religion est, pourrait-on gloser un peu facilement, une manière d'existential qui caractérise l'homme, non seulement comme ouvert à ce qui le transcende, mais plus fondamentalement comme se recevant lui-même de ce qui s'est ouvert à lui. L'homme qui pense, mais aussi veut et agit, est constitutivement relié au Dieu créateur et révélé, à travers le médium de la nature et de la société, de sorte qu'aucune pensée, volition ou action humaine n'est possible en dehors de cette « religion » : telle est la leçon principale dégagée par Baader dans les pages que nous allons maintenant commenter.

Le plan général adopté par Baader dans ces *Leçons sur la philosophie religieuse* est relativement clair malgré les nombreux apartés ou parenthèses plus ou moins exogènes qui grèvent la démonstration. *Grosso modo*, les leçons 1 à 5 campent l'allure « polémique » que prend selon Baader son ouvrage, et la justifient eu égard au contexte culturel dans lequel ce dernier est publié. Les leçons 6 à 19 esquissent une histoire raisonnée de la philosophie religieuse, depuis la perte originaire de la Tradition primordiale jusqu'à l'opportunité ambiguë qu'offre la philosophie moderne de la conscience. Des leçons 20 à 54, Baader expose sa métaphysique de la connaissance, qui est une déduction, médiatisée par la nature sensible et le rapport aux autres hommes, de la connaissance humaine finie à partir de l'automanifestation divine.

343 BW I 155.

1. LA FORME POLÉMIQUE DE LA PHILOSOPHIE RELIGIEUSE (LEÇONS 1-5)

Dans cette première section, Baader s'enflamme à vrai dire un peu artificiellement – comme il l'avait déjà fait à la première page des *Fermenta cognitionis* lorsqu'il prévenait que ceux-ci allaient être une «œuvre [...] de nature surtout polémique [...] contre Hegel[344] », alors que ces « ferments » étaient rien moins qu'iréniques à l'égard de Hegel, et se trouvaient plutôt dirigés contre Kant.

Dans les *Leçons sur la philosophie religieuse*, comme dans les cahiers rédigés à Memel, le lecteur trouvera certes des prises de distance, voire de nettes oppositions – mais rien qui justifie le ton dramatique de l'annonce préliminaire. Aussi bien ne faut-il pas accorder trop de sérieux au ton dramatique de ces bravades baadériennes, lequel assure vouloir mener ici une œuvre de « désinfection de la pensée[345] » : un exposé de philosophie religieuse aurait nécessairement selon lui « une nature polémique[346] », puisqu'une « *ecclesia militans* » vit nécessairement sur le mode du combat sans lequel elle n'aurait plus de sens[347]. Une certaine violence est ainsi requise. La charité pour les hommes ne signifie pas en effet qu'il faille ménager l'erreur elle-même – d'où l'adage augustinien : « *Interficite errores, diligite homines*[348] ». La paix n'est pas la meilleure des choses, mais la pire lorsqu'elle est le fait d'un refus de témoigner et d'un mutisme coupable[349]. La société ne vivra que d'une fausse paix tant que n'aura pas été extirpée l'erreur qui la mine en même temps que la vérité l'éclaire. Pour ce faire, le champion de la vérité ne doit pas adopter une attitude

---

344 FC 29.

345 BW I 155, en français dans le texte.

346 BW I 155.

347 BW I 156.

348 « Fuyez l'erreur [des hommes], aimez les hommes [qui sont dans l'erreur]» (BW I 157).

349 BW I 157.

défensive, mais bien offensive[350] afin que le vrai puisse s'établir de manière « universelle, ou catholique, cosmique[351] ».

Qui sont donc les adversaires que vise la nature polémique et salvatrice de la philosophie religieuse ? La leçon 4 désigne[352] en fait, non les ignorants (*die Unwissenden*), mais ceux qui raillent le savoir (*die Wissenverächter*), les indifférents (*die Undifferenten*) ou bien ceux qui sont insolents vis-à-vis de la spéculation (*Die Wissenfrechen*). Les railleurs et les indifférents n'ont tout simplement pas besoin du savoir pour leur praxis. Par rapport à ces petits-bourgeois railleurs et bornés à leur « sens des affaires », les « insolents » connaissent au contraire le besoin de connaissance, mais

> s'efforcent avec zèle de s'opposer le plus possible à l'influence de la théorie du bien par la disposition contraire des théories et de systèmes du non-bien. Mais puisque le mensonge et le crime n'ont aucune raison ferme, nous avons vu depuis longtemps ces insolents d'autant plus empressés à rendre solide une telle raison, qu'ils sont de fait parvenus à faire valoir sous le nom des Lumières et de l'Illuminisme un système de l'obscurantisme (dans la doctrine de la religion et contre elle) en Europe et dans le monde entier, et à entricoter partout la pensée avec cette toile d'araignée venimeuse[353].

Si ces premières cibles de la philosophie religieuse sont des hommes sans piété, Baader vise également ceux qui craignent le savoir (*die Wissenscheuen*), parce qu'ils sont des esprits pieux et veulent rendre objective leur maxime subjective contre la science ; il y a enfin les paresseux (*die Wissenfaulen*), la race des poltrons ou des pusillanimes (*die Wissenkleinmüthigen*) à l'égard du savoir. La désignation de l'adversaire piétiste permet ici à Baader de prendre position contre Jacobi : celui-ci s'est opposé à raison contre la fausse

---

350 BW I 168.

351 BW I 168

352 BW I 164.

353 BW I 164-165

spéculation, mais il s'est dressé par un « sophisme paresseux » (en français dans le texte) contre l'authentique rationalité en prétendant que l'homme cesse de sentir et d'éprouver – de croire donc – dès qu'il commence à penser[354]. Baader en appelle ici à saint Thomas contre Jacobi et Rousseau : l'Aquinate n'avait-il pas effet prévenu leurs arguties en suggérant que la connaissance et l'amour sont indissolublement liés (*ex vi cognitionis homo inducitur ad magis diligendum, quia, quanto Deus magis cognoscitur tanto et magis diligitur*[355]) ? (BW I 166). Baader s'enflamme ainsi contre cette fausse piété qui rend le travail des adversaires de la religion si aisé et offre « au diable un jour de fête[356] ». L'ensemble de ces adversaires de la nature religieuse de la philosophie constitue ce que Baader, dans la dernière leçon, appellera du nom générique de l' « hérésie » contemporaine[357].

Bien plus impressionnante que ces annonces tonitruantes d'un *Dies irae* (qui ne se produira pas en réalité dans les pages suivantes avec l'éclat ni la violence militaires promis), est dans ce contexte la répétition du thème de *l'amour salvateur* comme mobile de la pensée religieuse. La polémique, nous explique en effet la leçon 3[358], a pour but d'opposer à une réalité (l'erreur) une réalité supérieure. Il s'agit de prendre l'erreur à bras le corps et de faire de cette fausse position une vraie négation. La conséquence de la polémique est donc de renforcer la vérité par le moyen d'une « dépotentialisation » de l'erreur, d'une réaffirmation victorieuse de ce qui est premier et principiel. A l'image du Sauveur qui, dans la Passion, se charge de la faute, le penseur religieux doit donc endosser l'erreur de celui qu'il aime, et non pas la laisser aller ou la contourner. Cette possibilité de

---

354 BW I 166.
355 St Thomas, *Ad Ephesios*, lect. 5 (3.24).
356 BW I 167.
357 BW I 308.
358 BW I 158-164.

devenir un « sauveur » (*Erlöser*[359]) est une dot de l'amour divin lui-même[360]. Il y a là un *admirabile commercium* que Baader médite avec un évident enthousiasme (« Heureux qui comprend ce mystère du christianisme ! Plus heureux encore celui qui l'expérimente ou en emplir sa vie ! » s'exclame-t-il[361]): l'amour divin qui sauve l'homme appelle en retour que l'homme le sauve. Les lecteurs d'Etty Hillesum ne seront pas dépaysés par une telle saillie :

> De même en effet que Dieu (le cœur de Dieu) s'expose librement à la passion de la créature finie, c'est-à-dire de l'homme, et condescend à souffrir avec lui ('*amor descensus*'), ainsi Dieu met-il en revanche l'homme en état de libérer, par l'appropriation de cet abaissement de l'amour qui le sauve, le cœur de Dieu de cette suspension volontairement assumée, c'est-à-dire également de sauver son sauveur. [...] Nous verrons du reste par la suite que l'affirmation selon laquelle le libérateur devrait libérer à son tour son libérateur, vaut pour l'homme, non seulement dans son rapport à Dieu, mais également dans ses relations à la nature et aux autres hommes ou en général aux créatures intelligentes[362].

---

359 BW I 161.
360 BW I 161.
361 BW I 162.
362 BW I 162.

2. LES CHEMINS HISTORIQUES DE LA PHILOSOPHIE RELIGIEUSE (LEÇONS 6-19)

« La philosophie avait un sens et une signification religieuse à l'origine[363] » assure Baader. Il explique immédiatement cette proposition énigmatique en précisant que « l'amour de la sagesse » veut dire la même chose que la reconnaissance de l'existence objective d'une sapience à laquelle l'homme est appelé à se soumettre. Le penseur participe ainsi à une raison qu'il ne se donne pas lui-même, mais reçoit en don, la divine Sophia, qui est la pensée de Dieu. Ce n'est donc pas sur le caractère inaccessible de celle-ci, en tant qu'objet de désir idéal, qu'insiste Baader dans sa définition de la philosophie, mais au contraire sur sa donation effective au philosophe. Celui-ci

> ne crée rien du tout, mais poursuit seulement un donné (*Vorhandenes*) préliminaire. Sa pensée (*Denken*) est une pensée rétrospective (*Nachdenken*), son agir effectuant un don qu'il reçoit seulement par la soumission reconnaissante au donneur. Penser n'est pas prendre de manière ingrate[364].

Le fait que la pensée soit une pensée reconnaissante ou rétrospective, c'est-à-dire reliée à une vérité qui la précède et qu'elle doit chercher, est ce qui définit proprement la philosophie comme « religieuse ». Cette épithète n'ajoute rien en fait à la définition de la philosophie, mais en est plutôt l'attribut analytique le plus essentiel, au point que la philosophie irréligieuse est « non-vraie, fausse, une philosophie menteuse » de l'orgueil et de la bassesse[365]. Seule la philosophie religieuse correspond à la nature de la pensée, elle seule entre dans l'amour qui correspond authentiquement à la sagesse, c'est-à-dire qu'elle est une œuvre d'humilité et de dignité[366].

---

363 BW I 169.

364 BW I 170.

365 BW I 170.

366 BW I 170.

Le fait que la véritable pensée soit rétrospective de la pensée de Dieu n'exclut pas pour autant que la pensée soit en même temps par soi-même (*Selbstdenken*). Ce qui est réfuté est seulement la pensée autocratique qui se prend elle-même pour objet et s'autodivinise[367] :

> La pensée par soi-même n'est fausse qu'au sens d'un auto-éclaircissement, mais pas à celui d'une intention de participer à la lumière et la vision divines[368].

Pour Baader, la philosophie religieuse a surgi d'abord chez des nations — Phéniciens, Egyptiens — qui accueillirent cette sagesse originaire que de Saint-Martin appelle Tradition-mère. Toutefois, ils la reçurent « non pas pure et de première main, mais déjà altérée[369] ». Baader ne précise pas davantage en quoi cette archi-Tradition avait pu être corrompue, mais il affirme que les premiers philosophes (religieux) « partirent du besoin d'une purification et d'une réformation de cette tradition[370] ». Selon le théosophe de Munich,

> On a remarqué de bonne heure dans cet acte réformateur une aberration, conséquemment à laquelle la spéculation (au lieu de séparer dans cette Tradition corrompue le vrai du faux), se désolidarisant de toute tradition, posa le fondement premier comme un contraire absolu ou comme une protestation contre celui-ci. Par-là aussi alors le destin et le danger de la spéculation se sont décidés pour la suite des temps. Mais par-là la libre évolution de l'intelligence s'est elle-même entravée et gênée[371].

Pour Baader, on doit appeler « révolutionnaire » cette direction aberrante qu'a prise dès lors la spéculation

---

367 BW I 170.

368 BW I 170.

369 BW I 170.

370 BW I 170.

371 BW I 171

philosophique[372], et qui s'est accentuée lors d'une seconde grande rupture historique avec la Tradition. Pour Baader en effet, la philosophie a aggravé sa tendance récessive en se séparant, par la dissolution de la scolastique, de la Révélation chrétienne grâce à laquelle la Tradition originaire avait été restaurée dans sa plénitude[373]. C'est la séparation, introduite par les Réformateurs, entre raison et foi, qui est l'origine de cette nouvelle « révolution » contraire à l'évolution positive normale de la philosophie religieuse. Baader s'oppose ici aux historiens « progressistes » de l'histoire de la philosophie, au premier rang desquels il cite Degerando, pour lesquels la séparation opérée à la Renaissance a constitué au contraire une avancée de la philosophie[374].

La philosophie qui serait restée religieuse aurait consisté en « une spéculation tirée d'un principe qui la fonde[375] » et capable de reconnaître, derrière ce principe, son producteur qui en reste « le fondateur », « le directeur », « le confirmateur » et « le conservateur[376] ». Le don d'un principe de connaissance au penseur est en effet de l'ordre de la *génération*, d'une action d'*engendrement* et non pas d'un simple délaissement ou événement. Le don de la vérité est *génératif*, de sorte que la pensée est dans la situation de l'enfant qui se reçoit de son père. A l'inverse cependant du processus naturel de reproduction, dans lequel les parents disparaissent avant leurs enfants, ici la disparition de l'origine parentale signifierait la disparition de l'enfant lui-même[377]. La véritable génération métaphysique des principes de pensée, de vouloir et d'agir dans la nature, la société, la religion, suppose donc que l'engendrant demeure d'une certaine façon dans l'engendré, qu'il lui reste immanent par son action et habite

[372] BW I 172.
[373] BW I 175.
[374] BW I 175.
[375] BW I 175.
[376] BW I 172.
[377] BW I 172-173.

en lui. C'est pourquoi il y a dans le don une présence réelle (*praesentia realis*[378]), et non pas un retrait pur et simple du donateur. Il ne faut pas pour autant s'en tenir à des principes purement mondains et disponibles entièrement à la raison, comme lorsque l'on réserve l'appellation de « science exacte » à la connaissance des choses matérielles ou lorsque l'on se confie entièrement à la technique[379] : la connaissance parfaite, celle qui est vraiment filiale et cherche à correspondre au générateur de la vérité, est d'un ordre immatériel et plus précisément religieux. C'est parce qu'elle ne s'est pas tenue dans la lumière de la sagesse paternelle, c'est-à-dire dans l'essence religieuse de la philosophie, que celle-ci a périclité en une fausse révolution qui est l'inverse de la rétrospection religieuse, ou vraie révolution[380], vers le générateur du savoir.

Par essence, cette philosophie religieuse était plus libre que ne l'est celle qui s'est émancipée de son lien à la vérité transcendante et donnée : en réalité, l'homme irréligieux se « désintègre », il perd l'intégrité constitutive de son être qui est pour la vérité. L'homme qui se sépare de la donation est un homme tronqué à qui manque l'assistance offerte par la religion. Et parce qu'il est incomplet, l'homme ne peut être libre[381]. Ce n'est qu'en étant libéré de l'erreur que l'homme est vraiment libre, et non par cette fausse indépendance. L'homme est donc libre en étant « l'atelier de la manifestation » du vrai, son agent, et non son maître[382].

La vision dramatique et « révolutionnaire » qu'a Baader de l'histoire de la philosophie n'est pour autant tragique. Au contraire, selon lui, l'idéalisme allemand, au

378 BW I 173.
379 BW I 174-175.
380 BW I 172.
381 BW I 177.
382 BW I 178

sommet de la philosophie irréligieuse, est parvenu miraculeusement à renouer avec l'enseignement religieux grâce à sa capacité de découvrir la différence au cœur de l'identité. Dans la mesure avant tout

> où la dernière philosophie allemande (depuis, et à travers Fichte) a dirigé son attention d'abord et avant tout vers la nature et l'essence de la conscience de soi (c'est-à-dire de l'esprit), elle a rendu possible de saisir le concept du connaître de meilleure manière et de façon plus déterminée que jusqu'à présent[383].

Avec la doctrine de la conscience de soi comme un être manifeste à soi-même, la philosophie critique parvient en effet

> à l'intuition d'une différence nécessaire, interne, immanente ou d'une formation de l'esprit ; par là également à l'intuition que puisque l'Absolu (Esprit) est la substance unique ou le se-substantiant (*der Sich-substanzirende*), il est identiquement *eo ipso* le Se-formant (*der Sich-formirende*)[384].

La récente philosophie de la conscience de soi a ainsi

> ouvert la voie à l'intuition de l'Originarité ou de la Divinité de celle-ci, ou à l'intuition de l'identité de la négation de Dieu et de la négation de l'esprit[385]

C'est pourquoi Baader peut affirmer que malgré son orientation irréligieuse, « cette philosophie ramène en partie à son origine[386] » dans la mesure où elle ouvre à nouveau la philosophie à la possibilité du religieux, sans toutefois affirmer suffisamment que le « se-savoir-soi-même » de l'esprit fini est « non-primitif ou secondaire[387] ». Les idéalistes ne sont en effet pas entièrement parvenus à la

---

383 BW I 178.

384 BW I 195.

385 BW I 198.

386 BW I 199.

387 BW I 193.

véritable théorie de la connaissance, dont la leçon 15[388] expose les linéaments.

Baader commence par rappeler que dans la conscience de soi, la différence entre le connaissant et le connu semble tout d'abord supprimée. Mais, comme Hegel l'a montré, cette identité se rapporte à un tiers-terme qui est son altérité. Tout connaître, même la connaissance sensible et objective, se meut dans ce tri-un ou ternaire. On voit cette affirmation confirmée par le fait que l'on ne peut tout simplement pas atteindre à la connaissance de soi par la connaissance d'un autre si on ne pose pas cette dernière comme primitive (au lieu de la connaissance de soi) ; c'est d'ailleurs pourquoi la philosophie a pu hésiter entre deux unilatéralités, à savoir celles qui opposent l'idéalisme subjectif et le réalisme objectif. Toute connaissance, ainsi que les scolastiques l'avaient vu, n'est selon Baader qu'une conséquence d'une manifestation qui se produit à travers une certaine figure ou forme, laquelle informe le connaissant[389]. Dans la connaissance, est première la manifestation de l'autre, et seconde l'identification à cet autre. C'est pourquoi

---

388 BW I 183-193.

389 « Les scolastiques ont appelé, avec Aristote, ce par quoi ou avec quoi le connaissant connaît, une forme (formation) de ce dernier (de même que tout agent n'agit que moyennant une telle formation de soi-même) – ce qu'exprime aussi le terme "*informatio*", à savoir que le connaissant se conforme au connu dans le connaître » (BW I 260).

> Tout connaître (conceptuel) primitif et accompli est un savoir génétique[390].
>
> Tout connaître est une naissance, une façon de se rendre reconnaissable au-delà, un mouvement de ce qui est engendré vers le connaissant. […] C'est cela « concevoir »[391].

Baader conclut de cette nature générative de la connaissance que l'identité idéaliste de ce qui se donne à connaître (ou connu) et du connaissant n'est ainsi rien d'autre que l'identité du *Genitor* et du *Genitus* :

> Le concept de l'identité du connaissant et du connu se laisse ramener à cette identité de l'engendrant et de l'engendré. Cette identité se produit du reste tant dans la génération immanente que dans celle qui est émanente[392].

Selon Baader, c'est dans la doctrine de la figuration éternelle du vouloir dans la Sagesse éternelle que l'on trouve le fondement le plus profond de cette identité du connaître et de la génération imagée[393]. C'est dans la vie divine déjà que l'unité du vouloir et de la pensée se fonde, qui permet de caractériser la connaissance comme un engendrement. C'est pourquoi Baader dénonce la séparation de la connaissance pratique et théorique comme « une mauvaise abstraction des deux[394] » :

[390] BW I 183.
[391] BW I 184.
[392] BW I 185.
[393] BW I 186-190.
[394] BW I 191.

> Car une théorie sans praxis est aussi mauvaise qu'une praxis sans théorie. La vérité des deux est plutôt dans leur caractère concret. Dans la connaissance, une pensée sans vision est aussi absurde qu'une vision sans pensée est aveugle[395].

C'est précisément dans ce cercle du vouloir et de la pensée que s'enracine l'unité du savoir et de la foi[396] qui est au fondement d'une philosophie religieuse authentique. Celle-ci est existentielle, au sens où penser correctement demande un sens spirituel et moral adéquats, c'est-à-dire l'amour ample qui correspond à la geste d'engendrement de la connaissance véritable ; c'est pourquoi Baader affirme qu'avec « des sens spirituels corrompus, on ne peut pas venir à Dieu ou à la vérité[397] ».

En posant ce cercle de la connaissance et de la volonté, de la sagesse et de l'amour, Baader anticipe clairement sur le blondélisme, mais aussi sur le néothomisme hegelien et blondélien du XXème siècle[398]. En appuyant d'ailleurs expressément sa démonstration sur l'Aquinate, qui était pourtant à l'époque interprété dans un sens conceptualiste, Baader se montre d'ailleurs un précurseur de Rousselot, Maréchal, Siewerth, Puntel ou Kern – sans bien évidemment que sa démonstration porte exclusivement sur l'interprétation de saint Thomas, qui vient plutôt en appui de ses propres développements.

Néanmoins, même en regard du thomisme le plus avancé, il faut reconnaître à la doctrine de Baader une originalité métaphysique sans précédent et sans représentant ultérieur. Si plusieurs en effet ont entrepris, contre Kant, de réconcilier raison pratique et raison théorique, nul ne l'a fait comme Baader en chevillant cette solidarité à la vie trinitaire elle-même. Certes, l'enseignement de saint Thomas sur le

---

395 BW I 191.
396 BW I 191.
397 BW I 193.
398 Voir E. TOURPE, « Thomas et la modernité ».

« verbe mental » discerne une analogie entre le concept et la génération intra-divine, mais il ne pousse pas son investigation jusqu'au fondement ontologique d'un tel symbolisme. Baader au contraire arrime le cercle de la pensée et du vouloir dans une compréhension approfondie du lien de l'amour et de l'image dans la vie divine. Il monte, pour ainsi dire, la théorie thomiste de la connaissance et du concept à la note de la mystique boehméenne. Ce faisant, il offre à l'épistémologie thomasienne le fondement métaphysique le plus enveloppant qui ait jamais été pensé. Ainsi, au cœur même des développements sur la génération dans l'identité cognitive[399], trouve-t-on dans les *Leçons sur la philosophie religieuse* de Baader un commentaire éloquent de la théorie boehméenne du miroir trinitaire. Selon lui, cette dernière constitue la « clé la plus profonde[400] » du lien de l'idée et de la réalité dans la connaissance générative.

Nous ne rapporterons certes pas ici cet exposé, qui sera amplement développé dans la suite du présent ouvrage notre exposé. Il fallait néanmoins prendre d'ores et déjà en considération la fondation de l'épistémologie baadérienne, qui est *une théorie générative de la connaissance unissant distinctement foi et savoir, dans l'amour intradivin se donnant à soi-même une image pour se manifester.* Le rapport de manifestation à formation n'est donc correctement envisagé qu'à partir du procès sophiologique et ternaire divin, qui conditionne à vrai dire la suite des leçons que nous étudions.

---

399 BW I 186-190.
400 BW I 186.

3. LA MÉTAPHYSIQUE BAADÉRIENNE DE LA CONNAISSANCE (LEÇONS 20 À 54)

Au fondement de la philosophie religieuse de Baader, on trouve donc une théorie métaphysique de la connaissance « comme génération ». Nous l'avons pour l'instant considérée *in nuce* à travers l'avertissement polémique du cours de Baader (1), puis comme son critère dans le cadre de la brève rétrospective historique (2). Les leçons 20 à 54 vont maintenant expliciter cette épistémologie dans laquelle foi et savoir nouent une indissoluble alliance.

Notons-le, on voit ici à l'œuvre très concrètement la méthode baadérienne de « fermentation », qui s'embarrasse peu des redites ou des anticipations onéreuses mais cherche seulement à laisser mûrir un germe présent dès l'origine. D'une certaine manière, nous avons déjà tout dit de cette épistémologie baadérienne dans les deux parties qui précèdent; d'un autre point de vue, nous n'en avons eu, si l'on nous permet cette image, qu'une échographie intermédiaire, laquelle laisse deviner l'évolution future mais ne présume pas complètement du fruit mûr de la parturition.

1. Expression divine intra-trinitaire et création

Nous le savons déjà, la connaissance est un don de Dieu : c'est par Sa lumière que nous voyons la lumière. Néanmoins, cette illumination n'est pas immédiate, comme dans le modèle augustinien : elle est médiatisée par une génération qui se présente comme libération d'une forme de la manifestation, le concept. Cela n'est à vrai dire possible, tel sera le fil conducteur de ces nouvelles leçons, que si nous réfléchissons rigoureusement *au rapport de l'infini au fini*. Il nous faut en effet tenir à la fois le fait que la conscience créaturelle est une conscience « secondaire[401] », et que « la

[401] BW I 202.

créature ne connaît [...] qu'en Dieu[402] ». La solution qui est à trouver doit ainsi permettre ce paradoxe fondamental que

> La philosophie religieuse doit justement maintenir à ce point la différence de l'acte créaturel et de l'acte créé (dans le connaître, le vouloir, l'agir), qu'elle doit s'opposer à leur séparation[403].

Or, l'interprétation de la création *ex nihilo* qui doit être à la base d'une compréhension générative de la connaissance ne peut être que celle d'une production, qui n'est pas confondre avec « l'éduction » extrinsèque, ni avec « l'émanation » panthéiste[404]. Ces deux dernières oblitèrent en effet le véritable caractère de l'agir créateur, qui n'est à comprendre ni comme le façonnage extérieur de l'artisan, ni comme une dilatation de l'essence.

Par « production », Baader vise très exactement un laisser-surgir des créatures qui n'est rendu possible que par la vie trinitaire dans son rapport à sa propre image (BW I 202) : c'est dire que « seul l'enseignement du christianisme selon lequel 'Dieu est esprit et trine' » peut « rendre son inspiration » à la philosophie (BW I 220). Dans le Dieu Trine en effet

> Il ne se produit pas de causation immédiate (au sens de la *causatio* ou de la *factio*), mais seulement une *generatio* qui est médiatisée par une production ou une naissance internes. La même chose vaut de la connaissance de son autre par rapport à la connaissance de soi-même[405].

C'est la raison pour laquelle

> Dans l'expression bien connue : *Causa sui*, le terme *causa* ne peut signifier la même chose que dans l'expression : *Causa alterius (factio)*, de même que le terme : *Cognitio* en

---

402 BW I 229.
403 BW I 207.
404 BW I 205.
405 BW I 214.

tant que *Cognitio sui* ne veut pas dire la même chose que dans *Cognitio alterius*[406].

Selon l'enseignement de Boehme, que reprend ici Baader[407], la vie trinitaire est vie par l'engendrement interne d'une parole exprimée, la *sophia*, par laquelle Dieu naît à lui-même. Cette sophia n'est pas Dieu, ni la Trinité, mais un quatrième-terme, la pure image de la divinité, que l'amour manifestatif de Dieu forme en soi. Cette image est l'autre de Dieu, sa pure expression au-dehors, son concept formel ou plutôt son noème. C'est par elle que Dieu est Esprit, puisqu'elle est l'Idée dans laquelle Dieu se projette lui-même pour s'aimer, et se donner ainsi à lui-même une loi au désir naturel de soi (qui serait sinon un divin égoïsme dans lequel Dieu s'effondrerait sur son amertume et se consumerait dans son propre feu). Dieu, en Lui-même invisible, se manifeste visiblement dans sa propre forme ou figure qui est sa sagesse, son « idée, sophia, ou pensée[408] ». L'identité de Dieu est donc différenciée réellement dans son essence (les hypostases) grâce à une différence de raison (l'essence réelle de Dieu face à son idée).

La compréhension adéquate du rapport qu'entrevoit Baader entre Ternaire et Quaternaire ne peut être tirée des quelques allusions rapides qui émaillent les leçons que nous lisons. Il nous importe ici seulement, et pour l'instant, de vérifier que Baader enracine l'acte créationnel dans l'acte génératif intra-trinitaire d'une manière qui, à vrai dire, est seulement une prise au sérieux et un développement de ce que à la fois Bonaventure et Thomas avaient admis : il ne suffit pas d'affirmer cette unité de la création dans la génération, il faut encore rigoureusement la penser. Or, selon Baader, les scolastiques ne pouvaient en fait atteindre à cette spéculation, car leur manquait l'instrument conceptuel

---

406 BW I 212.

407 BW I 212 s.

408 BW I 213.

de la Sophia, cet autre imaginaire de Dieu en Dieu qui est le socle instrumental de son altérité réelle hypostatique[409]. Baader nous suggère ceci, qu'avec seulement la sophiologie mystique de racine boehméenne il devient possible de déployer un réalisme intégral dans lequel l'être comme amour effectif prend les dimensions de l'idée, sans du tout se dissoudre en elle : la sophia en tant que telle, ou idée, ou sagesse, n'est que l'instrument du désir réel et non pas une entité adverse ni une nouvelle hypostase.

Mais peut importe ici pour l'instant le détail de cette affaire sophiologique plus ou moins orthodoxe. Ce qui compte est seulement que Baader a trouvé le lien métaphysique entre engendrement et création, et ce *nexus* est l'idée extérieure à Dieu par laquelle Dieu se réfléchit réellement à travers une « forme » qui est le milieu extérieur de la manifestation essentielle à l'être. Par cette figure, Dieu est vraiment « montré » à toute altérité envisageable, un espace de possibles s'est instauré dans la vie purement effective, océan de substance, divine. Pour Dieu, voir, c'est se voir, et se voir c'est voir tout autre. Exister pour Dieu c'est se connaître et connaître par l'idée qui est celle de tout autre : c'est donc générer à travers la forme, c'est intelliger, d'une intellection qui est « l'acte du Ternaire[410] ». Il y a donc cette identité du « se substancier » et du « se former[411] », dont

---

409 L'interprétation qu'a donnée Gustav Siewerth du thomisme « comme système d'identité » exemplaire, à partir d'une lecture mettant en valeur le rôle médiateur de l'être comme « idées des idées » dans la métaphysique de s. Thomas, dément cette assertion de Baader. En réalité, il apparaît bien que chez l'Aquinate déjà se trouve ce que Baader essaie plus ou moins adroitement de conceptualiser avec sa « sagesse » formant Quaternaire, sous la notion de l'être comme « idée des idées » ou « première création ». Néanmoins, la force de Baader reste sa capacité à penser un tel « idéalisme » à partir de la vie trinitaire elle-même, et non en théologie naturelle. Cf. à ce sujet notre volume E. Tourpe, *Siewerth après Siewerth*.

410 BW I 204.

411 BW I 195.

nous avions parlé plus haut. C'est pourquoi Baader peut intituler la leçon 25 avec cette formule qui n'est que faussement absconse :

> L'esprit qui est pour soi ou objet (*Objekt*) pour soi en tant que résolu à soi, est et reste un mystère sans sa manifestation de soi (*selbstisch*) à tout autre, et il se distingue en cela de la nature sans soi, qui se trouve exposée et assujettie (*subjicirt*) sans sa participation au connaître[412].

L'acte créé de connaître est à penser à partir de cette génération intra-divine, laquelle est pourtant déjà parfaite et ne nécessite aucunement un monde pour s'accomplir : rien ne manque à l'échange trinitaire, organisé sur son quart-terme idéal qui est la sagesse. C'est d'abord la différence et l'immiscibilité[413] de Dieu au créé qui doit être pensée, c'est-à-dire la

> Différence entre cet engendrement, dans lequel l'engendré est saisi par et dans l'engendreur et demeure assujetti à celui-ci, et de celui-ci dans lequel cette saisie et subordination persistante n'a pas lieu, ou encore différence de l'engendrement primitif de celui qui est secondaire[414].

Ainsi ne faut-il jamais poser comme identiques la production immanente (la génération éternelle ou auto-naissance) et la production émanente (la création[415]), ce serait placer « trop haut en Dieu[416] » l'origine de la créature. De même, on ne peut admettre l'erreur gnostique et idéaliste qui fait de la création une chute (*Abfall*) de l'Idée, c'est-à-dire le premier péché[417]. Néanmoins, ce n'est pas la séparation absolue qu'il s'agit de mettre en place, mais la distinction

---

412 BW I 220.
413 BW I 205.
414 BW I 254.
415 BW I 205.
416 BW I 206.
417 BW I 206.

appropriée[418] : si Dieu n'est pas miscible avec les créatures, il n'en est pas non plus séparable[419]. De même, ce n'est pas de confusion, mais d'unité authentique qu'il s'agit[420].

Pour éclairer ce rapport entre la génération éternelle et la création, il faut bien comprendre qu'il s'agit pour Baader d'une relation d'*action*, et que la penser en dehors de l'action mène aux interprétations erronées que l'on vient d'écarter. Lorsque par exemple c'est la pensée qui est première, l'on en vient à faire de la création une nécessaire déchéance de la pure idéalité.

Cette action dans la création comme production s'exerce d'abord de l'extérieur, mais elle pénètre également au cœur de la créature et finit par se confier à celle-ci :

> La créature intelligente se tient d'une manière continuelle dans une relation triple vis-à-vis de son Créateur et Conservateur : celle du pur être-agi et devenir par et à travers ce dernier (c'est le chœur) ; celle (la nef) de son agir en commun avec Dieu ; et finalement (c'est le parvis) de son agir-seul au nom de Dieu, comme son représentant[421].

C'est à travers ces trois relations que créature et créateur s'unissent et se distinguent. En fait, il faut penser la création comme, non seulement une action, mais bien une action dynamique dans laquelle la créature est d'autant plus unie à Dieu qu'elle lui est moins soumise (*subjicirt*[422]) comme à une influence externe, mais devient en quelque sorte Dieu par subsidiarité. La première relation peut être dite une fondation (*Begründung*) en Dieu, la seconde une conduite (*Leitung*) avec Dieu, la troisième et plus éminente une prise de force (*Bekräftigung*) en Dieu[423]. Cette triple relation active

418 BW I 207.
419 BW I 205.
420 BW I 207.
421 BW I 209.
422 BW I 210.
423 BW I 210.

et dynamique dans la création trouve son origine dans la vie trinitaire[424], qui est également un vie agissante dans laquelle le Père est fondateur (« atelier » secret) en tant que désir se donnant une loi, où le Fils collaborateur (« assistant ») en tant qu'il est cette loi désirée, et l'Esprit le corps expressif et singulier de leur amour.

Ces réflexions de Baader sont à l'origine du fait qu'il fut le premier philosophe d'envergure à développer — à la suite certes des impulsions théologiques de Oetinger[425] — le thème d'une histoire évolutionniste, que l'on a pu d'ailleurs comparer à l'entreprise teilhardienne[426].

La leçon 48[427] cherchera ultérieurement à préciser encore la différence entre l'occupation (*Durchwohung*) d'un agent dans ce qui lui est inférieur, et l'inhabitation effective (*Innewohnung*). L'inhabitation, troisième et suprême degré de la présence d'un agent dans un patient, est mutuelle car le patient y devient un agent associé, un co-agent. La simple occupation extérieure ne permet pas cette réciprocité, elle est seulement « unilatérale[428] ». La leçon 47[429] souligne enfin la liberté qui est à l'œuvre, tant du côté de l'agent fondateur et généreux que de l'agent associé, inférieur et possédé par l'action plus élevée du premier :

---

424 BW I 210.

425 Voir E. BENZ, *Les sources mystiques…*, p. 33 s.

426 I. FRANZ, « Evolution als Kern der Geschichtsauffassung Franz von Baaders (1765-1841) », in *Freiburger Zeitschrift für Philosophie und Theologie*, 3 (1995), p. 329-345. La doctrine de Baader ne peut cependant être comparée qu'avec prudence à celle que recèle *Le phénomène humain.* La pensée baadérienne est moins téléologique qu'archéologique, elle révèle davantage l'énergie d'un « champ alpha » divin originaire que celle d'un un point oméga final.

427 BW I 283-285.

428 BW I 283.

429 BW I 282.

La possession légitime les libère tous deux : tant l'agent qui possède au plus haut point, que le moins élevé, le possédé, l'asservi .[…]
L'agent supérieur, possédant, est rendu libre par la possession de l'inférieur dans sa manifestation, parce qu'il s'empare par cette possession des puissances de manifestation qui lui sont nécessaires. De même, l'agent possédé est rendu libre par-là qu'il est fondé dans son être-possédé par l'agent supérieur, et est rendu indépendant par-là. Même cette proposition peut être appliquée au connaître, dans la mesure où là aussi il est question d'une subordination (par exemple de l'enseignant et de son élève[430]).

2. Donation et liberté dans la connaissance

Ainsi donc, la liberté de l'homme co-agissant est-elle la manifestation définitive de Dieu dans la création. Mais cette liberté ne signifie nullement pour Baader une autonomie purement spirituelle : elle n'est que le dernier développement d'un processus total, enraciné dans le procès de la vie divine, où la nature n'est nullement un résidu à éliminer, mais la base même de l'esprit[431]. La liberté est donc à la fois la nature réalisée et la présence la plus intime de Dieu à l'être créé. C'est pourquoi Baader se dresse contre les tenants d'une autonomie qui néglige cette médiation de la nature et cette immanence du transcendant dans l'acte libre. C'est évidemment Fichte qu'il vise plus particulièrement[432] : l'agir de la créature est un prolongement, une dot de l'agir divin, et non pas une auto-position du Moi.

---

430 BW I 282.

431 On voit ici que Baader, loin de la réfuter, anticipait les vues sur l'évolution créatrice qui allaient bientôt faire voler en éclats un schéma créationnel statique, déjà miné par le théosophe de München plusieurs décennies avant Darwin et d'une manière bien plus profonde métaphysiquement.

432 BW I 211.

L'acte de connaître est qualifié par cette suspension de l'amour créateur dans son créé : c'est pourquoi aussi il est un développement dans lequel les trois relations du fini à l'infini apparaissent. La connaissance humaine sera d'abord également et intégralement fondée en Dieu, elle coopérera ensuite à son action et s'achèvera dans l'affirmation propre de son pouvoir subsidiaire. Elle a une nature, une fonction et une destination, qui toutes trois sont les étapes toujours plus libres de la manifestation concrète de Dieu dans la créature. On est là devant le paradoxe que « la créature ne se connaît dans sa vérité (dans son prototype (*Urbild*)) qu'en Dieu, de même que l'aimé ne se connaît que dans son amant[433] » et qu'en même temps « en connaissant un objet (*Gegenstand*) je me trouve séparé (différencié) de lui, et dans cette mesure, libre (*frei*) de lui[434] ». Mais cela est possible en raison du fait que « la libération (*Befreiung*) du connaissant » est due au fait que « le connaître fonde intérieurement le connaissant, et que le connaissant se montre en lien organique avec le connu[435] ».

C'est ici l'occasion de suivre littéralement la courte leçon 27[436], consacrée précisément à cette idée de la « connaissance donnée » comme « liberté ». L'allure stochastique des démonstrations baadériennes, qui puisent allègrement à des sources hétérogènes entre elles et procèdent par allusions, s'y révélera d'ailleurs pleinement…

Baader commence par noter que la simple sensation, le sentiment pur, l'intuition, la représentation ou même la pensée ne permettent pas de se distinguer de l'objet senti, éprouvé ou intuitionné. A ce niveau, on ne peut parler d'une pleine liberté. En effet, il ne s'agit là que de ce qui informe le *contenu* de notre conscience. Or, ce contenu, en tant qu'objet,

433 BW I 229.
434 BW I 227.
435 BW I 233.
436 BW I 227-229.

reste le même et paraît donc (comme Hegel l'avait remarqué), être distinct de ces formes elles-mêmes, puisque les déterminations de ces formes anéantissent le contenu lui-même (en le réduisant au point de vue particulier de chaque faculté). Il en va de même selon Baader que pour les modes d'être matériels, spatio-temporels et donc imparfaits d'une créature comparés à son existence parfaite, libérée du temps et de l'espace (dans la survie éternelle posthume) puisque ce n'est pas une autre créature mais toujours la même qui est dans l'une et l'autre manière. Comme l'affirmait Maître Eckhart, convoqué à dessein par Baader, celui qui délaisse toute chose (y compris donc soi-même), celui donc qui s'en sépare et les considère comme rien, les retrouve et les possède parce qu'elles lui sont foncièrement unies et inscindées. Chaque connaissance qui va vers le bas (et qui ne serait qu'un assujettissement au connu) est dépassée dès que je considère que c'est moi qui connais le connu et non l'inverse.

Mais cela ne vaut pas moins, à envisager selon notre théosophe le cas où la connaissance et l'assujettissement sont réciproques. Cela vaut jusque pour cette connaissance éminente de Dieu, dans laquelle ma connaissance m'est donnée par mon connu et où il me donne librement de le connaître : « ainsi l'amant rend-il son aimé indépendant avant tout de lui-même[437] ». Dans cette dernière situation, le connu m'élève librement à soi par son propre don, il ne m'éloigne pas de lui ni me « déprime » (ainsi par exemple que dans la conscience morale du criminel qui est forcément dépressive). Toute élévation (*Eleviren*) est libération (*Befreiung*), expansion (*Expandiren*) et développement (*Entwickeln*), alors que toute dépression (*Deprimiren*) est enchaînement (*Binden*), compression (*Comprimiren*) et

[437] BW I 228, n.

embarras (*Verwickeln*[438]). Là seulement où le Seigneur (le libre absolu) souffle comme Esprit, dit l'Ecriture, là seulement est la liberté et par conséquent aussi celle de la connaissance. Mais le Seigneur libère les enchaînés, veut nous faire remarquer Baader, « puisqu'Il enchaîne l'enchaînement[439] », puisque aussi Il rassemble et unit ce qui a été dispersé (« il disperse la dispersion[440] »). Maître Eckhart, une nouvelle fois appelé à la barre, témoigne d'ailleurs dans ce sens de la libération de la connaissance « à son niveau d'application le plus élevé », c'est-à-dire à Dieu : « c'est justement parce que Dieu est libre de toutes les choses, qu'Il les connaît toutes, et est toutes choses ». Cela signifie, selon l'interprétation qu'en donne Baader : toutes choses tirent leur existence et leur vérité, non d'elles-mêmes, mais de Dieu ; d'autre part, Dieu les connaît non en elles-mêmes, mais en Lui-même en tant qu'Il est leur auteur. C'est pourquoi le mystique rhénan ajoute, selon Baader, que Dieu seul n'est dépendant de rien et que rien n'est suspendu à Lui. Pour Baader, on peut éclairer ceci par l'analogie de l'artiste qui ne connaît pas vraiment son œuvre dans sa réalisation finale, mais plutôt en soi, c'est-à-dire dans l'idée qui habite son esprit d'artiste et qu'aucune réalisation n'égale en réalité. De même, les créatures qui se connaissent elles-mêmes dans leur vérité ne prennent cette connaissance d'elles-mêmes, mais seulement de Dieu : c'est une connaissance qui est un talent (*Talent*) ou encore un don (*Gabe*).

La leçon 32[441] ajoutera à ces réflexions que

> La libération de l'intelligence n'est certes pas sans une détermination ou délimitation légitime de celle-ci, mais

[438] On retrouve le même thème à la leçon 50, qui s'intitule justement : « Une intelligence peut agit sur une autre en l'éclairant (en l'édifiant), ou en l'obscurcissant (en la déprimant) » (BW I 289).
[439] BW I 228.
[440] BW I 228.
[441] BW I 241-243.

> cette dernière ne suffit nullement à l'effectuation de cette libération[442].

En effet, l'intelligence a un fondement au-dessus d'elle-même qui la donne à elle-même. Cette fondation se présente en un sens comme une loi, c'est-à-dire une détermination, qui fait voir ce qui est fondé comme une négation ou une limite d'une perfection participée. Mais ce n'est pas en tant que « loi » que la fondation institue la liberté de l'intelligence : la liberté est don en tant que participation positive à ce qui la fonde, et non pas comme une limite seulement. L'essence de l'homme n'est donc pas, pourrait-on ici gloser en termes scolastiques, une participation par limitation seulement à la plénitude de l'être, mais une communication effective de celle-ci. Pour Baader, l'oubli de la dimension positive de la participation est à l'origine du mauvais concept de liberté qui nous est servi depuis Pelage, selon lequel la morale devrait se détacher, comme doctrine indépendante, de la religion.

3. Typologie de la connaissance créée

Nous sommes parvenus désormais au cœur de la problématique baadérienne, qui consiste à montrer que l'assujettissement le plus intime au don de Dieu est en même temps libération et émancipation la plus profonde du sujet libre : il y a coïncidence entre « le don de la connaissance » et « le fait de laisser libre l'esprit non-absolu ou créaturel[443] ». Si l'on voulait traduire cette préoccupation de Baader en termes contemporains, l'on pourrait dire par emprunt paradoxal à J.-L. Marion que l'adonation du donné à la donation, loin de supprimer le règne du sujet, en est la source même. Il n'y a pas chez Baader cette opposition, entretenue par les post-heideggeriens, entre le don de l'être et le sujet

---

442 BW I 241.
443 BW I 243.

transcendantal. Au contraire, le don se donne effectivement dans le sujet. Ce n'est pas là pour autant se confier à l'idéalisme moderne : au contraire, Baader insiste constamment sur le fait que la créature ne connaît et ne se connaît que dans son « prototype[444] ». La présence de l'esprit humain à lui-même n'est nullement supprimée par la différence originaire du don, pas plus que celle-ci n'est annulée par l'indépendance du sujet donné à lui-même : le don, en lui-même différant, s'identifie pleinement dans son donné, selon les trois degrés signalés de la simple fondation, de la conduite et de la prise de force. Les théories de la connaissance qui ont été proposées jusqu'ici, affirme ainsi Baader dans la leçon 34[445], sont encore insuffisantes, dans la mesure où on n'y a jamais pris en considération « la loi, valant pour la vie et l'agir de chaque créature, d'une double sujétion[446] », à savoir premièrement celle de la créature à un agent plus élevé dont elle dépend, et celle de cette même créature aux agents qui lui sont inférieurs. En effet, du fait que je soumets le mode de fonctionnement de mon acte à un supérieur, je perds par rapport à dernier mon immédiateté mais j'obtiens la faculté que ce qui est immédiat sous moi se soumette à moi ou s'élève à moi. « En d'autres mots », « ce n'est qu'en servant que je peux régner, ce n'est qu'en régnant que je puis servir[447] ».

Cela signifie aussi, comme nous l'avions annoncé en introduction, que les médiations naturelles, rationnelles et sociétales ne sont nullement supprimées dans le rapport mystique, ou originairement religieux, de la créature au Créateur. Pour la connaissance, la conséquence en est que celle-ci se développera nécessairement à travers ces médiations, qu'il n'y aura donc aucune place chez Baader

444 BW I 229.
445 BW I 246-248.
446 BW I 240.
447 BW I 246.

pour une séparation de la nature et du sujet d'une part, de la raison pratique et théorique de l'autre : l'action de Dieu traverse les médiations par lesquelles le sujet connaissant est institué dans sa liberté. Une telle conviction est au fondement de la nature de la connaissance telle que Baader nous la décrit dans la suite des leçons que nous lisons, sous l'idée (qui ne restera pas sans descendance, puisque Schelling et Ravaisson se l'approprieront) d' « empirisme supérieur » :

> On doit ainsi dire, dans un sens différent de celui dont a l'habitude, que l'esprit ne connaît que ce qu'il voit et qu'il ne connaît rien d'autre que ce qu'il a devant les yeux : ainsi la connaissance dite empirique a une dignité supérieure que celle qui lui a été attribuée jusqu'ici : le sens se montre constamment avec la pensée[448].

Le contexte métaphysico-religieux de cette théorie de la connaissance doit être d'abord rapidement évoqué.

Pour Baader la connaissance humaine est un prolongement de la manifestation intra-divine, dans laquelle la forme idéative (Sophia) apparaît comme outil central. C'est cette action sophiologique qui est infusée dans le créé, et imprime la « forme de l'intelligence[449] » humaine. De sorte qu'il n'y aurait aucune connaissance de Dieu, si Dieu ne la donnait lui-même immédiatement, mais également qu'il n'y aurait pas de connaissance du tout sans cette Idée qui fait participer la créature à la manifestation imagée qui est le secret de la vie d'amour dans le Dieu trinitaire.

Rien n'est plus opposé à la critique kantienne que cette doctrine, renouvelant l'enseignement de saint Thomas par celui de Boehme, que nous offre ainsi Baader. Pour ce dernier, la connaissance est non seulement une participation à l'idée divine, mais l'impression de cette idée même par

---

448 BW I 305.
449 BW I 262.

l'action de Dieu : la participation n'est pas seulement passive, mais vraiment une sigellation dynamique de la part de Dieu qui génère en nous son image mentale. Le connaître effectif précède ainsi les conditions de la connaissance, de sorte que Baader peut affirmer avec fermeté :

> La tentative de Kant d'apprendre à connaître d'abord d'une manière critique le connaître, avant qu'il ne soit encore question avec lui du connaître effectif, est à compter également parmi les vaines entreprises de la philosophie contemporaine[450].

En effet, argumente Baader,

> Puisque, à travers tout connaître et reconnaître (*Kennen und Erkennen*), je dois nécessairement être par moi-même et savoir moi-même, puisque je ne peux rien connaître sans en même temps me reconnaître (différenciant), cette reconnaissance en tant que mienne d'un Autre distinct de moi, doit intégrer cette relation de moi à cet Autre. C'est pourquoi Thomas d'Aquin a raison de dire : « Omnis intelligentia scit, quod est *supra se*, in quantum est causata ab eo, et quod est *sub se*, in quantum est causa ejus[451] ».

Toutefois, il est capital pour comprendre Baader de saisir que selon lui une approche seulement métaphysique de la connaissance est impossible. Le lien originaire de l'agent divin à son associé a été brisé par le péché. De ce fait, pour Baader,

> Toute doctrine de la connaissance qui ne sait rien, ou ne veut rien savoir du besoin, né de la chute de l'homme, d'une aide d'en haut pour la faculté de connaître, demeure et se maintient dans les ténèbres[452].

De même en effet qu'il n'était donné à Adam aucune loi pour orienter son action, sans qu'en même temps la force pour la réaliser lui soit octroyée, et qu'il ne lui reste dans l'état peccamineux actuel que cette loi sous l'aspect d'un

---

[450] BW I 259.
[451] BW I 256.
[452] BW I 248.

impératif pour la réalisation duquel il ne possède plus la force nécessaire, ainsi en va-t-il pour l'impératif de la connaissance et le « manque d'éclaircissement[453] » qui l'accompagne présentement.

L'on ne peut correctement développer d'anthropologie ou d'épistémologie sans intégrer cette rupture d'ordre primitive, qui vient fausser toutes les données. Ainsi, par exemple, l'homme est-il illusoirement rapporté à sa sensibilité suite au péché, il s'y trouve embarrassé au lieu de se laisser subjuguer comme il le devrait par la divine Sophia :

> L'intégrité […] de la partie sensible et de la partie non-sensible de notre fonction de connaissance est appelée dans l'état considéré [*i. e.* actuel] de l'homme celle qui est normale, elle doit être désignée comme anormale dans la mesure où cet état lui-même est anormal, c'est-à-dire où en lui la relation du sensible au non-sensible est corrompue. L'initiative, qui devrait avoir la fonction non-sensible, exerce celle qui est sensible, et au lieu que celle-ci la serve on trouve la relation inverse[454].

Aussi bien faudra-t-il toujours distinguer entre la nature authentique de la connaissance (celle qui relève de la création), son exercice corrompu par le péché, et la restitution de l'état originaire par la grâce rédemptrice[455]. Baader, ici comme dans les *Fermenta* cognitionis, a en ligne de mire la théorie kantienne du mal radical, qualifiée par lui de « philosophie irréligieuse[456] ». La signification de l'arbre de la connaissance du Bien et du mal, donnée à la leçon 35[457], est de ce fait tout à fait inverse de celle que donne Kant dans *La religion dans les limites de la simple raison*. Alors que pour le penseur de Königsberg l'arbre de la connaissance donne

453 BW I 248.
454 BW I 268.
455 BW I 246-248.
456 BW I 248.
457 BW I 249-253.

« toujours de bons fruits », Baader excipe de l'interprétation boehméenne selon laquelle au contraire l'interdiction divine de manger du fruit de l'arbre visait à empêcher que l'homme tombe sous le joug, dans la sujétion à la « région terrestre de la nature[458] ». Le péché a consisté à se soumettre par soi-même au « principe de la région matérielle » (BW I 253).

Ce qui compte ici est seulement l'idée que la théorie de la connaissance exprimée par Baader ne concerne nullement la connaissance peccamineuse, mais son état originaire, lequel est restitué dans la rédemption. Le Christ est en effet la pierre angulaire d'une connaissance rectifiée, il lui est comme le « soleil » (BW I 248) qui vient éclairer à nouveau la pensée selon le mode normal dont le péché l'a destituée.

L'empirisme « supérieur » que veut mettre en place Baader a pour chiffre dominant la *foi*, au sens général d'une ouverture du connaître au don qui la précède. C'est le sens de la leçon 31[459], dans laquelle Baader affirme ce qui suit :

> Tout connaître de la créature, pour autant qu'il procède d'un don et d'un accueil (*einen Empfangen*) (on doit entendre ce terme jusqu'à son acception d'exigence (*das Verlangen*)) et se trouve médiatisé par cet accueil, procède de la foi, et sur ce point Anselme de Cantorbéry a raison quand il dit : « credam, ut intelligam », de même que Thomas d'Aquin a raison quand il dit : « oportet eum, credere, qui discit. »[460]

On a là la raison pour laquelle Baader parle d'une « priorité de l'optative[461] », c'est-à-dire de l'option de foi, dans le processus de la connaissance. Ce n'est pas là tomber dans le fidéisme, bien évidemment. D'ailleurs Baader a recours d'une manière significative à l'Aquinate (rapproché

458 BW I 249.
459 BW I 238-240.
460 BW I 238.
461 BW XV 169.

de Saint-Martin et de Hegel) pour étayer sa proposition dans les leçons que nous étudions[462]. L'idée précise de Baader est qu'entre foi et savoir il n'y a qu'une « apparence » de contradiction[463] : « l'esprit fini libre, en tant qu'activité pensante, est croyant par rapport au donateur », mais c'est dans le sens de l'accueil d'un donné *à* la connaissance[464].

Cette « priorité de l'optative » est valable jusque dans la connaissance scientifique, puisque aucun physicien ne procède à une expérience sans la « foi » qu'à lui, « le questionnant rationnel », une « réponse rationnelle » sera également donnée en partie[465]. C'est ainsi que Hegel, conclut Baader, a remarqué que seule la foi profonde (et notre auteur ajoute ici : également la foi religieuse) dans le fait qu'il y a de la rationalité dans notre système solaire peut être considérée comme le principe des découvertes éblouissantes du grand Kepler[466].

Cette fondation de la connaissance dans la foi signifie de toute évidence que

> La raison théorique et la raison pratique ne sont pas, comme elles semblent l'être conséquemment à la présentation qu'en a donnée Kant, deux puissances séparées l'une de l'autre, mais toutes deux sont une et identique raison[467].

Mais cela implique également que « la différence de l'entendement (*Verstand*) et de la raison (*Vernunft*) » qui prévaut « dans la philosophie allemande contemporaine[468] » est entièrement à revoir. Comme l'expliquent les deux importantes leçon 43 et 44[469], la connaissance rationnelle

---

[462] BW I 239-240.
[463] BW I 238.
[464] BW I 239.
[465] BW I 240.
[466] BW I 240.
[467] BW I 285.
[468] BW I 270.
[469] BW I 268-278.

s'appuie en effet sur la sensibilité et le sentiment, vecteurs de la foi, pour y trouver l'intelligence. De la même manière que saint Thomas, dont il cite ici expressément la théorie de la *conversio ad phantasmata*[470] Baader considère donc la sphère imaginative comme « signe accompagnant » (*begleitendes Zeichen*[471]), donatrice de sens, source de l'intelligence que recueillent les facultés supérieures. Le sens est pour la raison, et la raison par le sens, c'est là un « *nexus* (lien) indissoluble[472] » :

> « Notre pensée peut conséquent être certes libre de l'imagination (*imaginationsfrei*), mais non pas sans l'imagination (*imaginationslos*)[473].

Il y a ainsi une forme de complétude et d'achèvement, voire de rationnel dans la nature spatio-temporelle, qui nous induit même dans la tentation de la considérer comme un « sabbat[474] » de notre connaissance. Néanmoins, la tendance de notre esprit à connaître de manière intégrale, universelle, nous fait immédiatement un devoir d'aller au-delà de la dimension sensible transie par l'imagination :

> L'homme peut si peu se reposer par la connaissance dans cet existant (*Dasein*) matériel [... qu'il] éprouve la résistance d'un reste ou d'un irrationnel qui n'a pas totalement éclos dans la raison. En d'autres mots : l'homme s'aperçoit de la vanité (la vacuité substantielle) et de la non-totalité de tels existants encore imparfaits, non encore délivrés de cette non-totalité et conséquemment de cette division interne – de tels existants encore soumis à la fuite (*die Flucht*) de l'être enclos en soi et donc à la malédiction (*der Fluch*) – dans

[470] BW I 269.
[471] BW I 269.
[472] BW I 269.
[473] BW I 269.
[474] BW I 270.

> la tentative même de vouloir concevoir celui-ci comme une perfection, c'est-à-dire ce qui est vrai. […]
> Dans la matière, la raison ne se retrouve pas dans ses propres éléments[475].

Il y a donc un processus de dialectisation normale dans l'intellection, afin que la « différenciation » originaire de la créature matérielle vis-à-vis du Créateur ait lieu, mais aussi que la « réintégration » de la connaissance à l'idée divine se produise[476]. Le moment de la réintégration correspond à une forme de « suspension » de la matérialité, et à l'élévation au « moment éternel » de la « région supranaturelle[477] ».

Chacun aura compris que Baader ne prétend ici que restituer le profil de l'épistémologie thomiste, à laquelle il a seulement donné les fondations qui lui manquaient grâce à la notion boehméenne de vie divine et de Sophia. Il prolonge d'ailleurs cette référence à l'Aquinate en opposant ensuite la distinction thomiste de l'*intellectus* et de la *ratio*, à la différence moderne du *Verstand* et de la *Vernunft*.

En effet, après Kant l'on a interprété le passage épistémologique de la zone d'incomplétude ou d'inquiétude (*Unbefriedigend*) à la sphère de la perfection cognitive, par l'introduction d'une différence entre la connaissance selon l'entendement et selon la raison[478]. A vrai dire, il n'y aurait rien en soi à contester dans cette différenciation, si elle signfiait

> Que l'entendement se rapporte à la raison comme le connaître incomplet, par-là encore non libre, encore pris dans la contradiction ou tenu dans le domaine de la différence réciproque [des catégories], au connaître libre, élevé par-dessus cette différence, la pénétrant et l'ayant surmontée et par-là en étant délivrée. En d'autres mots : que le premier mode de connaissance se rapporte au

---

475 BW I 270-271.

476 BW I 271.

477 BW I 272.

478 BW I 273.

> second, comme le purement naturel à celui qui est supranaturel ou véritablement spirituel[479].

Mais le malheur est que Kant a absolument nié le caractère réalisable de cette liaison : il a reconnu la différence entre les degrés du connaître, mais c'était pour la transformer en un abîme infranchissable du point de vue de l'effectivité du connaître. Des rapports réels ont été transformés par lui en liaisons strictement formelles. Pour Kant, nous rappelle Baader, la connaissance rationnelle est un « titre vide » « sans moyen pour le réaliser », « une illusion radicale et un caractère mensonger constitutif de notre nature intelligente[480] ». Par-là encore Kant se montre comme le représentant par excellence de la « philosophie irréligieuse » qui suggère une rupture radicale de Dieu et de sa créature[481].

Les scolastiques, quant à eux, avaient certes mis en lumière une telle différence « entre une connaissance naturelle et une connaissance supranaturelle[482] », en distinguant également entre « *intellectus* » et « *ratio* ». Mais il est remarquable que précisément ils inversaient la préséance reconnue par les modernes, dans la mesure où ils plaçaient l'*intellectus-Verstand* au-dessus de la *ratio-Vernunft*[483] :

[479] BW I 273.
[480] BW I 273.
[481] BW I 273.
[482] BW I 273-274.
[483] BW I 274.

> Sous la fonction de la raison (*ratiocinari*) ils entendaient en fait le connaître discursif, qui se rapporte au comprendre [...] comme le vouloir non-accompli à celui qui est accompli, comme le mouvoir au repos, comme le désir du fondement à sa découverte ou à sa possession[484].

Pour saint Thomas, que cite une nouvelle fois Baader[485], la raison est en effet le pouvoir proprement discursif qui mène à l'intuition intellectuelle. C'est une fonction essentiellement *négative* qui est dévolue à la *ratio*, celle par laquelle la pensée se meut vers le repos d'une claire vision vers le fondement vérace et indépendant à partir de ce qui ne l'est pas[486]. Ici encore, néanmoins, la dialectique authentique vers la liberté et le voir intuitif peut se voir substituer en régime peccamineux une « mauvaise dialectique » qui œuvre au contraire à l'obscurcissement et à l'enchaînement du concept : c'est la dialectique moderne proprement kantienne, qui durcit le doute en scepticisme.

> On doit ainsi se décider entre une bonne dialectique, qui mène à la vérité, et une mauvaise, qui en détourne., de même que l'on doit se décider entre le mouvement vers la vie et celui qui mène à la mort. Car la pensée mensongère [...] n'est pas moins une pensée, que celle qui reconnaît la vérité, de même que l'acte de plonger dans les ténèbres n'est pas moins un acte que celui de mettre en lumière[487].

En réalité, la dialectique à laquelle songe Baader soumet le processus de réfutation ou de négation de l'inférieur à une logique d'élévation : mais cette élévation au sens Baader n'est pas la sursomption hegelienne, comme on le verra encore : c'est plutôt l'ascèse, l'emportement de ce qui est en bas vers ce qui est en haut. La négation dialectique

---

484 BW I 275.
485 BW I 276.
486 BW I 276.
487 BW I 277.

n'est pas contradiction, mais purification : c'est ce que veut signifier le renvoi à la doctrine scolastique de l'*intellectus*, laquelle n'exprime nullement une *Aufhebung* de la ratio, mais son *Erhebung* (élévation) – nullement sa contradiction nécessaire mais son apurement libérateur.

Ces réflexions sur raison et intellection sont directement en lien avec celles que développent la leçon 53[488], laquelle est intitulée :

> Le connaître systématique, qui seul mérite le titre de philosophique, se rapporte à l'agrégat sans concept des connaissances (souvent appelée aussi la connaissance instruite) comme le connaître effectif à l'inorganique[489].

Il suit de fait des remarques précédentes, que la connaissance est d'ordre profondément organique : loin d'être un processus d'abstraction, la connaissance est un rapport vivant de penser à voir, de raison à intellection, c'est-à-dire de mouvement à repos. Baader avait même osé, à la leçon 44, la formule selon laquelle l'identité de l'être et du savoir « se réduit à celle du voir et du penser[490] ». Il précisait d'ailleurs immédiatement ceci, que ce processus d'intériorisation n'était en rien distinct du mouvement général de la vie (« par exemple le fait de s'alimenter[491] »). C'est pourquoi il développe si naturellement neuf leçons plus tard la notion de « connaissance organique », qu'il lie à celle de système : il est heureux, nous dit-il[492], que l'Allemagne contemporaine ait sorti le terme de « système » de la connotation pédante que ce mot avait prise au cours des siècles. Grâce à Hegel, lequel a compris que la pensée libre et véritable est en soi concrète, comme l'est l'Idée, l'on a pu saisir que la connaissance est nécessairement « système »

488 BW I 302-305.
489 BW I 302.
490 BW I 276.
491 BW I 276.
492 BW I 302.

> Parce que le vrai (le véritable) est concret, parce qu'il ne se développe qu'en soi-même, qu'il ne se tient et ne se contient que dans l'unité, c'est-à-dire qu'il n'est que comme Totalité – et parce qu'il ne peut être la liberté du tout et la nécessité de ses différences, que dans la différenciation (l'articulation) et de la détermination de celles-ci. Chaque partie d'une telle connaissance systématique (de la philosophie) est ainsi (comme tout membre d'un organisme) un tout, un cercle tournant en soi, mais son idée y est dans une déterminité ou dans des éléments spécifiques[493].

La notion de système ne fait donc qu'exprimer la nature organique ou vivante du connaître, dans la mesure où ce n'est pas à l'*unicitas* abstraite qu'elle s'assujettit, mais « au concept de l'unité comme plénitude et intégrité », « à l'unicité concrète », « à l'*unum*[494] ». Dans ce système authentique, comme dans l'organisme hiérarchisé et monarchique, chaque individu est à sa place, et n'est remplaçable par aucun autre, et où en même temps tous servent à l'unité de l'ensemble : « un pour tous, tous pour un[495] » ! De ce point de vue, le simple « agrégat » de connaissance dans lequel « la forme n'est pas essentielle » est en soi inorganique, non-vivant, ce n'est pas la connaissance authentique, laquelle ne peut être que systématique.

---

493 BW I 302.

494 BW I 303.

495 BW I 304.

Baader évoque encore dans ses *Leçons* les dimensions langagières (contre la doctrine kantienne de la prière[496]) et communautaire[497] de sa théorie « déductive » de la connaissance. Ces deux annotations n'ont pour finalité que de renforcer la doctrine exposée tout au long des autres leçons par Baader, à savoir que la connaissance vient de Dieu, est médiatisée dans le créé, et retourne à Dieu. L'inhérence de Dieu au connaître se fait sur le mode de l'agir : c'est un agir réflexif, conséquent à l'auto-position en Dieu même de sa propre idée-sophia spéculaire. Ce « retour à soi » de Dieu à travers la connaissance créée n'est cependant pas un mécanisme à la manière de la Logique hegelienne. L'action de Dieu dans la créature est un don libérateur, qui institue progressivement un authentique vis-à-vis, et non pas seulement un « atelier » ni un « collaborateur » extérieur, mais un véritable vicaire. La connaissance est donc médiatement liée à Dieu, elle est « religieuse » par nature. Ce lien, dans la mesure même où il est médiatisé, enracine la connaissance dans la possibilité (ou l'effectivité) du péché, mais aussi dans la foi. Néanmoins, la connaissance est sujette à la grâce rédemptrice, de même que la sensibilité et l'imagination, mais aussi la raison, sont orientées (comme la vie elle-même) d'une manière organique vers la réintégration

---

[496] Leçon 51 (BW I 291-301) : « Tout langage est opposition (*Einsprache [= Einspruch]*) en tant que *descensus* d'une intelligence supérieure dans une intelligence inférieure, mais toute opposition n'est pas éclaircissement. Ainsi, par exemple, la question ou la demande ne sont pas des éclaircissements. Cette dernière sorte d'opposition monte de l'intelligence inférieure à la supérieure, et rend effectif l'éclaircissement (l'opposition qui est du haut) » (BW I 291).

[497] Leçon 52 (BW I 301-302): « De même que les hommes ne peuvent venir à la concorde — ni la conserver — par eux-mêmes, abandonnés à eux-mêmes, sans aide, assistance, sanction, autorité supérieure et divine (parce que Dieu se tient au-dessus de l'homme), ainsi en va-t-il aussi de leur compréhension, c'est-à-dire que celle-ci, comme toute union en général, ne provient que d'une sujétion (*Sujétion*) au niveau communautaire » (BW I 301).

au savoir divin : c'est là une marche dialectique positive d'éclaircissement par élévation, dans laquelle l'inférieur se reçoit du supérieur et est élevé auprès de lui. La conscience n'est donc nullement l'égalité de soi à soi, mais le regard sur soi dans le regard de Dieu : la connaissance est une identité donnée, elle est altérée, c'est-à-dire assoiffée de sa source libératrice.

CHAPITRE IV

ATTRACTION DE L'ÉTERNEL ET PESANTEUR DE L'HISTOIRE : LE TEMPS SELON BAADER

« Le problème fondamental de la philosophie », remarquait Franz von Baader en 1818, est « celui de nous donner une Théorie complète du tem[p]s[498] ». Voilà une affirmation dont chacun reconnaîtra volontiers qu'à défaut d'emporter l'adhésion, elle permet au moins de déterminer avec une grande précision ce qui fait le tourment de la philosophie religieuse de son auteur. Loin donc que le thème du temps apparaisse, dans l'œuvre du théosophe de Munich, comme un surgeon adventice, il en est au contraire la ligne flexueuse et constitue de ce fait un accès privilégié à l'intérieur de la philosophie religieuse de Baader. Il fascelle celle-ci de l'intérieur — lui permettant de se présenter, non dans le désordre apparent par lequel elle épouvante beaucoup de ses lecteurs depuis deux siècles, mais comme une gerbe liée et un système puissant face notamment à l'archéologie schellingienne des puissances absolues.

Nous nous fixerons dans l'étude qui va suivre sur le stimulant petit essai de Baader intitulé, dans une graphie française du XVIIIème siècle, « Sur le tems[499] ». Il s'agit d'un document de la maturité (1818), qui fait affluer et accomplit l'ensemble des réflexions de Baader sur ce thème. Il pourrait s'agir aussi d'une charge contre les premières versions des *Weltalter*, dont l'ancienne amitié avec Schelling ne se relèvera pas. Ce texte est à mettre en rapport avec les autres écrits de Baader sur le même thème, à savoir surtout celui de 1833 *Sur le concept de temps et la fonction médiatrice de la forme ou de la masse*[500] et l'important essai de 1834 *Sur l'évolutionnisme et le révolutionisme*[501].

Baader présente dans ces réflexions sur le temps une haute stature spéculative, qui combine la droite figure de

498 BW II 50.

499 BW II 47-68.

500 *Ueber den Begriff der Zeit und die vermittelnde Function der Form oder des Maasses*, BW II 517-534.

501 *Ueber Evolutionismus und Revolutionismus*, BW VI 73-108.

l'*actus purus* scolastique avec l'ample silhouette de la potentialité absolue, laquelle révèle l'idéalisme. Dans le « temps » baadérien, fermente une métaphysique parfaitement inédite et toujours prometteuse du présent mouvant et vivant de l'être. Ce qui court dans cette doctrine inoffensive apparemment du temps éternel archi-ternaire, désiné et rédimable, n'est rien moins qu'un réalisme supérieur qui fait afférer dans les veines collapsées de l'actualisme aristotélicien le sang neuf de l'idéalisme - à partir d'une méditation renouvelée sur l'esprit concret divin, lequel repose, comme le dit élégamment Baader, « dans son mouvement toujours » et toujours se meut « dans le repos[502] ».

Un commentaire classique de cet essai avait déjà été offert par E. Susini dans le chapitre sur le temps de son *Franz von Baader et le romantisme mystique*[503]. Nous l'aborderons néanmoins ici dans une perspective plus directement philosophique que celle offerte par le grand romaniste. D'autre part, nous insisterons surtout sur la question de l'éternité, réservant à une section conclusive les quelques rappels nécessaires concernant le temps mondain selon Baader. Nous ne manquerons pas enfin d'éclairer, si du moins on peut ainsi parler pour une pensée aussi foncièrement absconse, cet écrit sur le temps par plusieurs aphorismes tirés des *Fermenta cognitionis* — lesquels demeurent l'œuvre majeure de Baader.

Nous ne nous attarderons pas ici sur les questions d'ordre historico-critique de cet opuscule, dédié au prince Galitzin et édité à Munich chez Thienemann en 1818. Il suffit de savoir qu'en même temps que paraissait ce texte en français, une variante allemande était publiée dans les *Blätter*

---

502 BW II 51.

503 E. SUSINI, *Franz von Baader...*, t. I, p. 406-417.

fur hörere Wahrheit. Si l'hypothèse de Susini est exacte[504], le texte germanique est le premier à avoir été rédigé. Plusieurs termes y sont précisés avec davantage d'exactitude, certains jeux de mots y trouvent leur explication… Toutefois, pour des raisons éditoriales que rapporte également Susini, la littérature s'est le plus souvent penchée sur le texte français qui est ainsi devenu la version classique sur laquelle nous nous appuierons également. Le texte allemand n'est d'ailleurs plus accessible commodément, puisque l'édition Hoffmann ne comprend pas le texte allemand original.

---

504 E. SUSINI, *Franz von Baader…*, t. I p. 407 n. 1.

1. UNE PHILOSOPHIE RELIGIEUSE DU TEMPS

Si le lecteur de notre premier chapitre veut bien s'en rappeler, Hegel avait suggéré que la pensée de Franz von Baader présente surtout l'originalité de « faire accéder aux honneurs scientifiques » des matières habituellement abandonnées à leur nature intuitive. Parmi celles-ci, il faut compter principalement la religion et la mystique, dont, toujours avec Hegel, on peut convenir que Baader a cherché a en exprimer « l'Idée scientifique[505] » latente.

Dans les *Fermenta cognitionis*, notre auteur avait lui-même défini en ce sens son programme, en forme d'appel lancé à la conscience allemande de son temps : « Tant que l'on n'aura pas procuré de nouveau à la religion », y affirme-t-il, « un respect, du point de vue de la science », « tant que l'effort en vue de cette réalisation ne sera pas l'affaire la plus pressante de plusieurs penseurs de talent », « vous n'arriverez pas [...] avec vos édits et interdits, ou plutôt avec toutes vos paroles et tous vos actes, ou plutôt avec tous vos gestes concernant la religion [...] à porter remède au mal ». « En d'autres termes », précisait-il,

> si vous voulez que la pratique de la religion recommence à prospérer, ayez soin que nous parvenions à une théorie raisonnable de cette religion, et n'abandonnez pas le champ libre à vos adversaires (les athées) en affirmant de manière déraisonnable et blasphématoire qu'il ne faut pas du tout songer à une pareille théorie religieuse parce [...] que la religion est exclusivement chose du cœur.

Car, concluait-il enfin,

> par de telles affirmations vous faites le travail de vos adversaires qui ne manqueront pas de les utiliser pour eux et contre la religion[506].

---

505 G.W.F. HEGEL, *Encyclopédie des sciences philosophiques. I La Science de la Logique*, p. 135.
506 FC 169.

Ceci explique une citation de Claude de Saint-Martin qui est mise en exergue dans l'opuscule sur le temps. Selon celle-ci

> Tous ceux qui entrent dans la carrière sainte par de simples velléités et non point par les profondeurs des grands principes et de l'Intelligence, se jettent sur les Ecritures, et de préférence sur les évangiles et les livres sapientiaux, parce qu'il y trouvent des fruits tout venus, et qu'ils n'ont pas la peine de les cultiver pour les faire naître[507].

Le message qui serpente sous ces mots est limpide : Baader entend bien mettre à jour ce dont est grosse notionnellement la foi chrétienne, en arracher le fruit conceptuel des entrailles. La question philosophique du temps doit trouver, dans l'expérience théologique de la Révélation, une réponse satisfaisante qui configure nouvellement le discours et les solutions habituelles, comme celles qui font du temps le nombre de l'avant et de l'après, une forme apriori de la sensibilité, ou encore une nostalgie de l'Origine.

Bref, le temps baadérien résorbe l'abîme qui prévaut entre mystique et philosophie, foi et concept — le Dieu incarné et le Moteur immobile. En ce sens, Baader résout la tension qu'a récemment rappelée E. Brito entre la tendance latente du Dieu thomiste immuable à être pensé comme vie coulant « dans la compacité de la Substance », et la circularité de l'Idée hégélienne[508]. Baader pousse les lecteurs du premier à laisser jaillir dans le concept philosophique de Dieu l'inquiétude essentielle de l'amour intra-divin, et les disciples du second à contempler l'enfance paisible du Verbe, c'est-à-dire le repos en soi-même de l'être absolu.

En même temps, il ne faut pas majorer d'une manière unilatérale la dimension « chrétienne » de la pensée baadérienne. Si les œuvres du théosophe de Munich sont

---

[507] Cl. DE SAINT-MARTIN, *De l'Esprit des choses*, cit. in BW II 49.

[508] E. BRITO, *Dieu et l'être d'après Thomas d'Aquin*…, p. 157-180.

bien écrites principalement sur les deux tables de l'Ecriture et de la Tradition catholiques, plusieurs passages sont rédigés sur les marges de la *Tabula smaragdina* (*Table d'Emeraude*) hermétique et ésotérique, quand ce n'est pas sur le bord du mesmérisme et de l'irrationalisme contemporain.

Susini a souligné de son côté

> l'importance qu[e Baader] attachait, ainsi que Schelling et Ritter, aux expériences magnétiques d'un Campetti. Phénomènes électriques, phénomènes magnétiques de tout ordre (magnétisme terrestre, magnétisme animal, cures magnétiques), somnambulisme, hypnose, phénomènes de divination, rabdomancie[509], nécromancie [BW IV 303ss.] [...] Baader a tout étudié passionnément, tout pratiqué. [...] De là son mépris pour tout esprit incrédule ou pour toute pensée platement rationaliste qui se refuse à comprendre la portée philosophique de pareils phénomènes[510].

Voilà qui explique que nous trouvions en liminaire de l'écrit sur le temps une évocation des « somnambules » lesquels prouveraient selon Baader « l'action sensible de l'esprit surmontant plus ou moins les bornes du tems et de l'espace[511] ». Le somnambule serait en effet susceptible de transcender l'espace dans lequel il se trouve, et surtout le temps puisque des cas sont attestés où de telles personnes sont capables de vision à distance. Baader songe très précisément ici à un témoignage qu'il avait recueilli chez Von Meyer, selon lequel une personne en état somnambulique aurait déclaré :

---

[509] NB : L'art de la rabdomancie consiste à découvrir l'emplacement des mines, trésors et sources cachées mais aussi à débusquer voleurs et assassins.

[510] E. SUSINI, *Franz von Baader*, I, p. 362.

[511] BW II 49.

> Je vois l'histoire tout entière de l'humanité comme un tableau devant moi. Passé, présent et avenir y sont minutieusement rangés et condensés[512].

Mais il suffit avec ces questions de méthode et de détermination. Les premières lignes de l'écrit sur le temps semblent, par leur densité même qui les gonfle d'un pouls impatient, urger des analyses plus consistantes et conceptuelles.

---

[512] BW IV 23 (cit. in E. SUSINI, *Franz von Baader...*, I, p. 410).

2. LE TEMPS ÉTERNEL TRIADIQUE COMME ACTION

« Dieu », commence Baader, « est représenté dans l'Ecriture comme l'Etre qui est, qui a été et qui sera toujours ». « C'est donc avec erreur », remarque alors Baader,

> qu'on a représenté jusqu'ici l'Eternité comme une présence immobile et glacée, ne voyant pas que dans cette présence les autres tem[p]s (le passé et l'avenir) doivent y être compris[513].

On aura remarqué que Baader n'oppose pas au Dieu scolastique la *process-Theology* d'une divinité en déroulement, mais qu'il s'inscrit bien dans une logique de la présence éternelle comme fondement : le mouvement en Dieu ne saurait supprimer le repos. Il poursuit par cette incise de grande portée :

> Tout ce donc qui est dans l'éternité, c. à. d. tout ce qui est reçu dans la vie accomplie (parfaite ou absolue [...]) doit se reconn[a]ître comme existant toujours, comme ayant existé toujours, et comme devant exister à jamais, et par-là reposant dans son mouvement toujours et toujours se mouvant dans le r[e]pos, ou comme toujours nouveau et cependant toujours le même[514].

Si donc la conception de Baader ne le conduit pas à penser une divinité en procès et en devenir, puisque le présent éternel manifeste la tenue à soi de Dieu, il ne s'agit pas non plus pour Baader de penser seulement un « présent éternel » absolu.

Dès les premières lignes de l'essai sur le temps, le lecteur est ainsi contraint à la plus grande contention d'esprit, et à repousser les schémas aprioris qu'il serait tenter de plaquer sur le texte de Baader : pour ce dernier, il y a nouveauté perpétuelle dans l'être divin, c'est-à-dire surprise, ou si l'on veut, « eucharistie » éternelle en termes d'anamnèse, de louange et de doxologie unies dans l'action

[513] BW II 51.
[514] *Ibid.*

de grâce intradivine ; mais cet événement en Dieu n'est nullement dissolvant, comme si se déroulait en lui une apparition croissante et un succession du passé en futur : le temps de Dieu est un dans sa différence, présent à soi. Comme le préciseront plus tard les *Fermenta cognitionis*, en lui « le commencement et la fin coïncident » dans une « véritable présence[515] ».

En poursuivant la lecture de l'essai que nous commentons, nous constatons que derrière l'affirmation d'une identité éternellement différenciée du temps divin est impliquée une théodramatique, une logique morale ou de l'action en Dieu : passé, présent et futur ne représentent pas pour Baader trois « états » de la vie divine, mais trois manières d'agir en celle-ci : le passé est l'acte pour Dieu de produire l'être, d'en être l'origine ; le présent consiste en la permanence par conservation de l'être ; le futur est la « rentrée » dans l'être, autrement dit sa réintégration ou réascente.

Ainsi donc, pour Baader le « temps accompli » de la vie « roule »-t-il

> sur ces trois points de l'origine, de la permanence et de la rentrée, ou en d'autres mots, la production (la descente), la conservation et la réintégration (réascente). C'est *dans ce sens* [nous soulignons] que Dieu est représenté dans l'Ecriture comme l'Etre qui est, qui a été et qui sera *toujours*[516].

---

515 FC 68 n. l.

516 BW II 51.

3. L'ARRIÈRE-PLAN THÉOSOPHIQUE BOEHMÉEN : LA VIE DIVINE COMME FEU ET AMOUR

Le lecteur peu familiarisé avec Baader sera sans doute surpris de cette succession d'allusions assénées sans contexte ni développement. Car les quelques lignes que l'on vient de rappeler sont, dans l'essai sur le temps, les seules qui soient consacrées directement à l'éternité — alors même que dans la suite du texte, ce temps de Dieu sera considéré comme le centre de gravité du temps mondain. S'il est facile de saisir l'idée sous-jacente d'un présent vivant et différencié en Dieu, surgissant d'une action intime à la substance éternelle, Baader ne nous indique en rien le fondement de cette idée, ni même à quoi il fait référence implicitement.

Pour entrer dans le sens de son auteur, il faut éclairer ces premières lignes de l'essai sur le temps à deux niveaux. Le premier concerne l'arrière-plan théosophique, essentiellement emprunté à Boehme, auquel songe Baader lorsqu'il écrit sur l'éternité comme contemporanéité et action. Le second niveau a rapport à la figure formelle spécifique qui est ici engagée sous l'aspect de la « triade » du temps. Ces deux plans — théologique et logique — sont d'ailleurs liés puisqu'ils caractérisent l'interprétation originale que Baader offre de la tradition boehméenne, eu égard notamment à celle que présente à la même époque Schelling. Pour le dire d'avance en une formule : en Dieu il n'y a pas d'avant ou d'après, pas de nature avant l'esprit ni l'inverse : leur rapport est co-éternel, ce qu'atteste leur sigillation dans le *medium* qui est le tiers-terme. La nature, par exemple, n'est pas « avant » l'esprit : le oui n'a pas à surgir du non, l'acte de la puissance, le réel de l'idée. Pour le Dieu de Baader, l'être et l'esprit sont co-effectifs, ce qui ne signifie pas qu'ils sont dans une situation de polarité surmontée, mais bien de trinité d'emblée.

Tournons-nous maintenant vers la théosophie boehméenne telle que la reprend Baader. Celle-ci est toujours exposée à partir d'un registre imaginal foisonnant, rarement sur le mode immédiatement conceptuel. Parmi les symboles que Baader affectionne il y a ceux qu'il prend dans le champ lexical du feu : combustion, lumière, éclair, flamme, chaleur… Baader s'inscrit ici dans la tradition du cordonnier de Görlitz, dont il reconnaît par ailleurs expressément que c'est lui,

> Jacob Boehme [, qui] a étendu avec plusieurs naturalistes anciens cette idée du feu (conçu comme vie) […] à la vie spirituelle et divine (à la vie éternelle).

Tous les écrits de Boehme, selon Baader, ne seraient que

> des tentatives pour expliquer ce texte fondamental de l'Ecriture : « Dieu est une lumière[517] ».

« On peut dire de Boehme », assure plus loin Baader,

> qu'il a été en Allemagne le premier qui ait eu le courage tel Moïse ([Exode][518] 3, 2-3) de considérer au plus près *la grande vision du buisson ardent qui pourtant ne se consumait pas*[519].

La remarque qui suit ce passage est pour notre lecture d'un grand intérêt : « C'est ainsi », continue de fait Baader,

---

[517] FC 219.

[518] Corriger ici FC qui renvoie à tort au livre de la Genèse.

[519] FC 220.

> que la théorie du feu, de la lumière et de la vie chez cet écrivain conduit directement à l'idée que la vie véritable (éternellement heureuse) ne peut se reposer que dans le mouvement et ne peut se mouvoir que dans le repos, et que ce n'est pas le mouvement conçu d'une manière abstraite qui peut être opposé au repos conçu également d'une manière abstraite [...] : c'est seulement le mouvement tranquille (le mouvement fondé en lui et non en dehors de lui) qui peut être opposé au mouvement agité.

Baader peut donc affirmer avec une formule faussement mystérieuse :

> Ce qui demeure (ce qui est repos) dans le mouvement [...] est en effet partout le contenu et la figure que manifeste ce mouvement, car ce que la figure est extérieurement, le contenu [...] l'est intérieurement[520].

La méditation du feu[521] « qui brûle et ne se consume pas » mène en effet Baader, lecteur de Boehme, à mettre en relation dialectique deux éléments rarement distingués et donc rapportés l'un à l'autre : d'une part, la combustion ou « racine du feu[522] » qui est « le processus central du feu, immanent, enfermé en lui-même[523] » s'anéantissant lui-même afin que la lumière naisse ; d'autre part, le feu proprement dit, qui est justement cette « lumière[524] » ou encore ce « feu déchaîné[525] ». Le feu effectif consiste dans ce passage du feu immanent à la lumière émanée qui est une

---

520 FC 220-221.

521 Nous suivrons ici pour la cohérence de l'exposé la leçon des *Fermenta cognitionis.* C'est toutefois dans l'écrit saisissant de 1815 *Sur l'éclair père de la lumière* (*Ueber den Blitz als Vater des Lichtes*, BW II 27-46) que Baader a exposé de la manière la plus complète sa théorie du feu élémentaire. Le lecteur intéressé n'hésitera pas à parcourir le rapport très complet qu'en a offert E. SUSINI, *Franz von Baader...*, I p. 308-325.

522 FC 227.

523 FC 219.

524 FC 227.

525 FC 219.

« subordination[526] » de la combustion secrète à l'éclat exprès. En tout feu, affirme ailleurs Baader, « Orphée arrête la roue d'Ixion[527] », c'est-à-dire que la rotation produite par l'antagonisme de l'attraction et de l'expansion du feu en lui-même est surmontée dans la lumière où la combustion s'anéantit.

Le premier moment — celui de la combustion sombre — est l'image de la *nature* en Dieu. Le second, celui de la lumière incapable de briller par elle seule sans enraciner sa clarté dans son fonds obscur de combustion, est celui de la *parole* ou l'expression (de l'esprit au sens du *logos* opposé à la *physis*). Le troisième moment est celui de leur co-appartenance, autrement dit celui de « la réalisation de l'*esprit*-lumière[528] ». La vie de Dieu est de même ce repos dans le mouvement et ce mouvement dans le repos par lequel ce qui est intérieurement immobile vient à la manifestation dynamique en surmontant sa propre négativité, et où ce qui est extérieurement manifeste laisse apparaître son fondement intime au cœur de son éclat. Il y a en Dieu une éternelle dialectique du fond et de la figure, de la nature et de la parole, de la combustion et de la lumière. Cette dialectique est scellée dans un tiers-terme qui, comme « substantialisation[529] », corrobore la réciprocité du centre et du mouvement périphérique (de la nature et de l'expression).

Baader met régulièrement cette analectique du feu en rapport avec les images érotiques qui affleurent dans la tradition ésotérique en général et chez le *Philosophus teutonicus* en particulier. Cette charge érotique est même caractéristique de la philosophie baadérienne depuis au moins ses remarques coruscantes *Sur l'analogie entre le désir de connaissance*

---

526 FC 227.

527 BW V 33 n.

528 FC 227.

529 FC 227. On peut aussi rendre par « substanciation ».

et d'engendrement de 1808[530]. C'est pourquoi, la part du feu élémentaire ne fait pas nombre chez Baader avec la part de l'amour au sens le plus concret : ce feu doit être pris littéralement pour ce qu'il est, à savoir l'ardent abandon, la « descente » éternelle de la puissance paternelle masculine dans la douceur féminine, matricielle. C'est ainsi, pour revenir explicitement aux *Fermenta cognitionis*, que pour Baader il y a dans le feu, analogue premier de la vie divine, une intériorité « amère » de renoncement à la colère qui est « le mâle » ; une extériorité « douce » et féconde qui serait « l'être femelle », et la lumière qui serait « la synthèse des deux[531] », ou leur réalisation.

Nous reviendrons de manière approfondie sur la lecture de Boehme par Baader dans notre dernier chapitre. Ce que nous avons exposé, par une sorte d'avance d'hoirie, suffit à comprendre que, dans le boehmisme de Baader, la vie de Dieu n'est pas histoire au sens d'un développement linéaire mais contemporanéité circulaire : le repos supprimé qui est production, le mouvement restitué, l'unité conservée. On retrouve ici les trois considérants que Baader nous signalait dans les premières lignes de son essai sur le temps : production, conservation, reddition. Le passé et le futur s'embrassent dans le présent qui est leur baiser éternel. C'est pourquoi – il faut ici de l'attention car, si cette remarque est brève, elle a son importance – Baader note :

---

530 *Ueber die Analogie des Erkenntnis- und Zeugungs-Triebe,* BW I 39-48.

531 FC 219. Sur la philosophie érotique de Baader, voir R. J. BETANZOS, *Franz von Baader's Philosophy of Love.*

Jacob Boehme ne commence pas sa construction comme on le croit d'ordinaire par cette nature éternelle, qu'il fait toujours précéder de l'éternelle et insondable volonté de révélation[532].

[532] FC 224.

4. VIS INTEGRA IN TERRAM… LA TRIADE MÉDIATISÉE COMME LOGIQUE FONDAMENTALE DE L'ONTOLOGIE BAADÉRIENNE

L'éternité divine agissante, interprétée par Baader à travers l'imaginal du feu élémentaire monté à la note de l'amour sexué, se présente comme une triade, ou plutôt comme ce que Baader appelle un « archi-ternaire » (*Urternar*[533]) : une triade originaire de la nature venant à la parole, du verbe manifestant la nature, et de leur réalisation réciproque et différenciée comme esprit réel. Pour comprendre la nature profonde du temps selon Baader, il importe maintenant de mettre en lumière cette canonique ternaire pour elle-même. Nous ferons provisoirement l'économie de la logique quaternaire qui surdétermine en réalité constamment la triadologie baadérienne[534].

Ternaire, la pensée et la réalité exprimées par le théosophe de Munich le sont en effet indéniablement : « Père, Fils, Esprit » en Dieu, « principe, organe,

---

533 Voir *Ueber den Urternar oder die Vierzahl des Lebens*, BW VII 29-38.

534 « Les exposés de Baader sur Paracelse, St. Martin et Boehme, débouchent cependant sur un certain 'balancement' dans sa compréhension de la triade : une triade complète n'est, en fait, jamais simplement une trinité mais une quaternité. La résolution de cette apparente contradiction repose sur le fait que le quatrième élément n'est pas au même niveau que les autres ; c'est plutôt le fondement des trois autres, la base de l'unité triadique (BW II 243). Un modèle peut en être trouvé dans l'affirmation de Paracelse selon laquelle trois éléments — le mercure, le souffre, le sel — sont tous constitués en tant qu'unités vivantes par le moyen d'un quatrième élément, l'air (BW VIII 252 ; IX 127 ; XV 190). L'analogue suprême, cependant, est la divine Trinité des Personnes dans une Nature unique. Baader fait sien l'axiome de St Martin : *Quand on est à trois, on est à quatre, c.à.d. à un* ; en d'autres mots la trinité réduit la dualité à l'unité, elle surmonte la dualité (voir BW I 205 ; II 205 ; VII 159 ; XII 505 ; XV 447) » (R.J. BETANZOS, in *Franz von Baader's Philosophy of Love*, p. 88). Voir surtout E. SUSINI, *Franz von Baader*, t. I, p. 256-266. Nous analyserons ceci plus en détail au chapitre suivant.

instrument », « Dieu, âme, monde », « pensée, volonté, réalisation », « âme, esprit, corps » etc. ne sont que quelques exemples de cette structure triadique que l'on retrouve à tous les niveaux de la doctrine baadérienne. En affichant une telle organisation ternaire de son discours et de l'être, Baader s'inscrit bien sûr dans le paysage idéaliste et romantique de son temps. Mais sa conception de la triade est d'une originalité et d'une force si évidentes que l'on peut s'étonner de la voir si peu évoquée alors qu'elle prétend tout bonnement surmonter l'adversité des dialectiques schellingienne et hegelienne.

La manière en particulier avec laquelle Baader désigne d'emblée dans son écrit sur le temps sa conception triadique peut même être considérée, à la suite des travaux de M.E. Zovko, comme une critique radicale des *Weltalter* au nom de la contemporanéité des âges divins[535]. Bien qu'il soit à remettre dans le contexte d'un délitement bien antérieur de leurs relations intellectuelles et humaines, ce texte enfonce d'une façon si radicale le coin dans leur amitié que celle-ci ne s'en remettra plus[536].

Mais il s'agit ici de comprendre la logique ternaire de Baader dans sa spécificité. Pour commencer, cette trinité de relations substantielles et contemporaines sur laquelle repose l'ontologie baadérienne n'est nullement, comme l'a bien noté F. Kümmel dans sa longue analyse du temps chez Baader[537], une triangulation de termes indifférents. Le schéma ternaire repose en effet sur une « doctrine de la fondation », ou plutôt de la « médiation[538] » : la force ou la dynamique n'est complète que dans la réalisation, l'incarnation, de pôles

535 Sur tout ceci voir M.E. ZOVKO, *Natur und Gott…*, spécialement p. 264 s.

536 *Ibid.*, p. 269.

537 F. KÜMMEL, *Über den Begriff der Zeit*, p. 87-121 (6. Franz v. Baaders Theorie der Zeit). Voir surtout p. 97-10 (Der Begriff der 'Mitte').

538 *Ibid.*, p. 88.

enchaînés dans une médiation qui les fait prendre figure et les substantialise.

Cette médiation n'est pas en effet considérée du tout comme le point de neutralisation de deux forces antagonistes. Celles-ci sont hiérarchisées, la première dominant la seconde et s'anéantissant humblement pour qu'elle surgisse, la seconde cherchant sa « noblesse » ou ses lettres de patentes ontologiques au-dessus d'elle-même dans son origine. Le processus de médiation est celui par lequel est manifestée comme une réalité effective, la synthèse de 1. l'acte par lequel une proto-puissance s'assujettit à une force subordonnée et 2. de l'acte par lequel celle-ci s'élève à l'origine. « *Vis integra in terram* » comme Baader aime à le scander à la suite de la Table d'Emeraude… Sans cette préoccupation fondamentale de Baader pour la médiation « corporisante », que lui reprendra plus tard Seydlmayr[539], la triade essentielle serait incompréhensible.

On l'aura compris : le troisième terme médiateur est le témoin et le garant de l'unité des deux pôles auxquels il conserve la distinction et dont il recueille aussi le mode d'unité (par « humilité et noblesse »). Dans ce troisième terme, la thèse opposée à elle-même et l'hypothèse qu'elle fait naître sont élevées à leur vérité réciproque et distincte. Comme l'exprime le quatrième cahier des *Fermenta cognitionis*, « l'être vivant ne s'unifie qu'en se distinguant et se ne distingue qu'en unissant et n'existe donc qu'en tant que *milieu* ou *synthèse* de ces fonctions[540] ». Ainsi, poursuit le même

---

539 H. SEDLMAYR, *Verlust der Mitte…* ; « Der Gedanke der Mitte bei Franz von Baader », p. 309-318.

540 FC 137. On trouve cette idée dès 1796, dans le texte déjà cité, consacré à *La déduction kantienne de la raison pratique et à l'absolue cécité de cette dernière* (*Ueber Kant's Deduction der praktischen Vernunft und die absolute Blindheit der letzeren*, BW I 1-23). Pour Baader, « les deux pôles, étant eux-mêmes à proprement parler des régions, ne se trouvent pas l'un à côté de l'autre, mais l'un au dessus de l'autre et l'un dans l'autre et se recouvrent

texte en originant dans la vie divine une telle médiation transcendentale, « cette articulation, séparabilité ou scission première de l'être vivant n'est pas seulement, ainsi qu'on l'admettait jusqu'à ce jour, dualiste (moteur et mû), mais tripartite : moteur non mû, moteur mû, et mû simplement, autrement dit, *principe* [...], *collaborateur* et *acteur-instrument*. Cette fonction de partition, J. Boehme en démontre d'ailleurs l'existence dans le feu, parce que dans le feu tout devient vivant, séparable, spontané et spirituel, et par suite capable de représenter grâce à une conjonction réciproque une *unité actuelle*[541] ».

Toujours dans les *Fermenta*, Baader cherchera à situer avec précision sa méthode ternaire, en particulier dans son application à l'éternité divine, entre celles de Hegel et de Schelling — celles-ci négligeant « l'éternelle supposition réciproque de l'esprit et de la nature » et manquant « par suite leur véritable identité » qui ne serait « pas fermement maintenue » comme elle l'est chez Boehme[542]. Ni Hegel, ni Schelling, n'auraient « parfaitement compris le rapport de la nature au Logos en Dieu, ce qui est au contraire le cas chez J. Boehme[543] ».

---

mutuellement [...] ; c'est ainsi que le pôle A domine le pôle B, et telle la fleur qui sort de l'obscure raison ou la lumière qui sort de l'éclair, ce pôle A apparaît toujours dans ce pôle B [...]. Or donc, bien qu'en soi ces deux pôles ne se combattent en aucune manière, étant donné au contraire que l'un ne pourrait sans l'autre atteindre à la réalité et subsister, bien que ce soit une seule et même chose qui se manifeste en eux en se divisant, en se développant, ils s'opposent néanmoins dans leur révélation particulière en un seul et même troisième terme, en ce sens que l'un de ces pôles en s'affirmant dans ce troisième terme nie par là même l'autre pôle » (BW 17 n. Trad. in E. SUSINI, *Franz von Baader*, I, p. 312). Voir sur le même sujet J.J. WUNENBURGER, « Antagonisme et polarité de Kant à Franz von Baader ».

541 FC 137.

542 FC 214.

543 FC 214.

A Hegel, Baader reproche d'avoir confondu la nature éternelle de Dieu avec ce que Boehme nomme la créature périssable et d'avoir de ce fait manqué « le mystère profond de la divinité »[544]. On doit certes reconnaître à Hegel selon Baader

> le mérite d'avoir démontré que l'esprit n'est pas quelque chose d'immédiat, mais qu'il n'apparaît et ne subsiste que grâce à une médiation [...], que l'esprit connaît de ce fait cette nature et acquiert un pouvoir sur elle, parce qu'il est séparé d'elle et qu'il est libre par rapport à elle mais non dépourvu de nature[545].

Mais dans la doctrine de Hegel « l'esprit apparaît comme quelque chose qui existe *après* la nature[546] », alors que dans la lecture baadérienne de Boehme, l'éternité ne permet aucune priorité effective de la nature sur l'esprit — mais seulement une supériorité dans l'ordre des principes. Se tournant ensuite vers Schelling, Baader lui reconnaît le mérite contraire « d'avoir réhabilité le concept de nature par rapport au concept moderne d'entendement ou d'esprit, dépourvu de raison parce que dépourvu de nature[547] ». Il a raison « de concevoir ici avec J. Boehme la nature comme productrice (en tant que forme, *physis*) et non, comme le fait Hegel, comme produit[548] ». Néanmoins, « dans la doctrine de Schelling la nature apparaît encore comme quelque chose qui existe avant l'esprit[549] ».

Ni Hegel ni Schelling selon Baader n'ont donc atteint à la contemporanéité, dans le feu originaire boehméen, de la combustion sombre et de la divinité claire, de la nature s'anéantissant comme esprit et de l'esprit manifestant la nature : ils conçoivent comme un devenir ce qui est toujours

---

544 FC 155.

545 FC 213-214.

546 *Ibid.*

547 FC 213.

548 FC 214.

549 FC 215.

déjà.

> Jacob Boehme a en effet clairement démontré comment, en même temps que l'éternelle naissance de la parole [...] apparaît la nature comme puissance de ce Verbe [...] et comment elle se subordonne à lui [...] ; enfin J. Boehme a démontré comment l'esprit qui naît et qui subsiste par la transformation ou l'appropriation de la force de la nature, ne crée pas à son tour (ne se réalise pas) d'une manière immédiate, mais seulement par l'intermédiaire de cette nature à nouveau suscitée par lui [...] comme sa base, laquelle n'est pas non plus, en tant qu'elle agit, quelque chose d'immédiat dans le sens de Hegel, mais dans la productivité effective quelque chose de médiatisé par l'esprit[550].

Les premières lignes de l'écrit sur le temps de Baader esquissent, on le voit, un grandiose panorama de l'éternité comme médiation, ou réalisation, ou encore conservation dans le présent de deux actions conjuguées et co-essentielles : l'auto-assujettissement de la nature fermée sur soi à l'expression manifeste d'une part, le ressourcement de la parole exprimée dans sa nature sous-jacente d'autre part. Cet anéantissement de l'égoïsme divin sombre par le Père est à proprement parler le passé en Dieu, présentifié dans son Esprit ; la référence ou restitution au-dessus de soi de la parole lumineuse — le Fils — à sa nature originaire est le futur en Dieu, présentifié dans le même Esprit. L'Esprit Saint est donc la figure incarnée de la manifestation divine comme temps : il est ce présent des siècles des siècles dans lequel l'archée et l'action de grâces éternelles sont médiatisées, c'est-à-dire reconnues comme identiques dans leur différence. C'est dans l'image du feu, et du feu de l'amour fécond, que cet enseignement spéculatif est énoncé par prédilection, parce que dans toute ignition la combustion interne s'anéantit dans une lumière qui se suspend à elle, de

[550] FC 214.

façon à ce que brille une clarté grave.

Voilà ce qu'il faut entendre derrière la formule inaugurant le traité sur le temps et dont la frappe nous est désormais familière :

> Tout ce qui est dans l'éternité, c. à. d. tout ce qui est reçu dans la vie accomplie […]) doit se reconn[a]ître comme existant toujours, comme ayant existé toujours, et comme devant exister à jamais, et par-là reposant dans son mouvement toujours et toujours se mouvant dans le r[e]pos, ou comme toujours nouveau et cependant toujours le même[551].

---

551 *Ibid.*

5. TEMPS VRAI, TEMPS APPARENT ET TEMPS FAUX

L'opposition de Baader à Schelling dans l'essai sur le temps ne porte pas sur la seule compréhension de l'éternité — Baader opposant la contemporanéité de la nature et du verbe dans l'esprit aux affres des « âges du mondes ». Si d'ailleurs Baader se permet d'être aussi allusif sur cette question du temps divin, c'est qu'il estime l'avoir exposée ailleurs sous des formes plus explicites, notamment à travers l'essai déjà cité sur « l'éclair, père de la lumière ».

Une autre différence, plus flagrante encore, entre la conception schellingienne et la vision baadérienne, est à trouver dans la suite de l'essai sur le temps. Nous n'avons en effet dans notre exposé commenté que les deux premiers paragraphes de ce texte qui compte 18 pages ! Or, celles-ci sont consacrées pour l'essentiel à caractériser le temps créé selon Baader en contraste avec l'interprétation qu'en donne Schelling. Celui-ci ne s'y est donc pas trompé en faisant de cet écrit apparemment anodin l'objet d'une sérieuse « rupture de confiance » (*Vertrauensbruch*[552]). Comme le résume Zovko,

> à la différence de Schelling, pour qui le temps de ce monde est une conséquences des âges du monde (à savoir du présent éternel) et par-là représente une partie du temps vrai ou authentique, selon Baader le temps que nous expérimentons *manque de présent*[553].
>
> La théorie du temps de Baader ne va pas comme celle de Schelling dans le sens d'une *grande analogie du temps*, mais plutôt dans celui du temps comme *Symptôme* ou *Réaction* au surgissement du mal, de même que comme la possibilité et la nécessité d'une réintégration de l'essence temporelle de ce monde[554].

---

552 M.E. ZOVKO, *Natur und Gott...*, p. 245.

553 *Ibid.*, p. 247.

554 *Ibid.*, p. 265.

L'essai en français que nous lisons cherche en effet à discriminer plusieurs strates de la temporalité, en associant chacune d'entre elle à une position dans un mouvement pour ainsi dire centrifuge.

Au centre, se trouve l'être seul capable de se porter lui-même[555], le principe, Dieu. Excentrés, mais encore situés au-dedans de la circonscription divine, se trouvent les êtres émanés : ce sont ceux qui, sans disposer en eux-mêmes de leur propre appui ontologique, « le trouvent pourtant en dedans » d'eux-mêmes grâce à leur potentialité à communiquer directement et entièrement avec l'axe de leur être ; tout à fait au dehors, se trouvent les êtres seulement « créés », lesquels sont donc susceptibles d'être séparés intérieurement de leur principe et de tomber continuellement par rapport à ce centre de gravité vital, céleste, vers leur lieu naturel[556].

Baader dissocie en effet à la suite de Boehme ces deux localisations mystiques : le centre de vie et le centre de la nature[557]. Quitter le centre de vie (esprit) revient à tomber dans le centre de la nature (désir) et donc à peser. On a alors l'image d'un mouvement périphérique qui va de « l'Immuable » au point extrême où une puissance opposée détache de son influence les éléments mobiles en une extériorité brute[558]. Plus le temps considéré par Baader se distingue de la contemporanéité éternelle, plus il est pesant et tombe, par un mouvement centrifuge, en dehors du point de référence. A l'inverse, plus il se soumet au centre vital originaire, plus il en subit l'attrait et s'en rapproche[559]. Pesanteur hors du principe ou attraction pour le principe : ce sont les deux critères qui permettent de déterminer le

555 BW II 65.
556 BW II 64-65.
557 BW II 53 n.
558 BW II 53.
559 BW II 66.

vecteur balistique des êtres et des temps. D'un côté, dans le contexte de la pesanteur, le temps est départ du centre de référence vers un « lieu naturel » qui est aussi « *periculum vitae*[560] » ; de l'autre, le temps est une charrue accrochée aux étoiles qui cherche à coïncider avec le présent vrai ou acte pur. « Ce penchant intérieur à tomber et à passer se fera donc remarquer », note Baader,

> dans tous les êtes temporels, mais d'une manière différente selon que ces êtres n'étaient destinés par leur origine qu'à une communication indirecte avec le principe générateur (ce qui s'applique à toutes les créatures proprement dites temporelles), ou selon que ces êtres, comme l'homme, étaient destinés par leur origine à une communication directe et entière avec Dieu[561].

C'est ainsi qu'il est possible, selon Baader, d'isoler trois moments temporels correspondant à trois manières de subir la pesanteur hors du centre éternel, ou au contraire son attraction. On peut ainsi, avec Cl. de Saint-Martin, distinguer[562] tout d'abord « le temps vrai » de Dieu, dans lequel passé et futur sont médiatisés dans le présent. Cette éternité contemporaine est le milieu des temps, le centre de gravité des êtres temporels.

Baader désigne ensuite le « temps apparent », celui de l'homme pécheur, dans lequel passé et le futur sont disloqués et luttent l'un contre l'autre. Dans ce temps qui « va et vient » mais ne demeure pas[563], le présent ne fait plus fonction de milieu médiatisant. Par « apparence » de temps, il faut entendre toutefois aussi la notion d' « apparition », de « phénomène[564] », de symbole du temps vrai : le temps « apparent » a pour essence de « manifester » et de faire signe

---

560 BW II 52.

561 BW II 64.

562 BW II 52.

563 II 520 n.

564 II 52.

vers le temps divin, malgré le défaut de présent et donc de milieu qui caractérise le premier.

Il existe aussi un temps qui n'est pas seulement « phénomène » de l'éternité – mais sa « négation absolue » : c'est le « temps faux » du mal. Celui-là marque une opposition radicale à la manifestation du présent vrai. « Si le temps vrai a trois dimensions », à savoir le passé et le futur dans le présent, « le temps apparent n'en a que deux » puisqu'il est « haletant et palpitant toujours » entre passé et futur, et le « temps faux » n'en a qu'une : le passé, c'est-à-dire la « réaction » et la « négation[565] ». Le temps apparent qui est le temps de l'homme se trouve « au milieu des deux extrêmes[566] » – temps vrai et temps faux.

Ces trois temps sont en réalité profondément imbriqués. Ainsi, le temps faux ne peut apparaître pour lui-même : il est toujours réprimé dans le temps apparent et ne se manifeste que négativement, comme absence. Le temps apparent est toujours fautif, mais dans la mesure où il est symbole du temps vrai, il reste dans la proximité de celui-ci et empêche « l'explosion[567] » du mal. « Mur mitoyen[568] » entre l'être et le non-être, ce temps apparent est donc le lieu du débat entre pesanteur et attraction, fausseté du mal et vérité de Dieu. Dans la mesure où il reste dans la zone de l'éternité, « dans la notion d'un temps apparent même se trouve comprise celle d'une rédemption ou réintégration possible[569] ». « Parce que le principe supérieur », c'est-à-dire « le centre de gravité ou l'orient », dans la mesure où il est « porteur ou élevant ou soutenant », « est en même temps » comme le note Baader « le principe unissant, substantant ou corporisant pour chaque être[570] ».

---

565 Voir BW II 52.
566 BW II 53.
567 BW II 52.
568 E. SUSINI, *Franz von Baader...*, I, p. 413.
569 BW II 56-57.
570 BW II 61.

Pour reprendre avant de conclure l'exemple frappant donné par Baader, une morale qui ne serait fondée que sur la loi ou « l'impératif » fait peser sur l'acte humain le poids de ceux-ci. C'est donc une morale qui correspond à une règle de pondération, d'extraversion hors du centre divin. Elle est sur la pente qui va du centre de vie, l'éternité qui soutient notre temps apparent, à la périphérie la plus extérieure à celle-ci, c'est-à-dire le temps faux. Au contraire, dans la logique de la grâce qui active la communication entre temps vrai divin et temps apparent humain, Dieu « nous remplit et soutient par l'amour[571] ». Ce n'est plus « l'impératif » pesant, mais « l'optatif » attrayant qui vaut alors[572].

Dans le premier cas, le temps apparent décline et « désine[573] », il est en situation de chute ; dans le second il suppose au contraire que le « centre générateur » devienne « centre régénérateur[574] » qui élève les êtres rédimés en les réintégrant. Si de fait le temps apparent est séparé intérieurement de son principe générateur, s'il est abandonné à soi-même et dans l'impuissance de se soutenir[575], c'est-à-dire qu'il est pesant, en même temps on doit voir que le centre originaire reste présent en lui, qu'il « s'abaisse et se déprime[576] » dans cette émanation de lui, en y descendant. « Expatrié[577] » dans son produit, Dieu est ainsi capable aussi de le réunir à lui et de contrer cette pesanteur qui l'éloigne de lui en annulant la présence spécifique de l'éternité. Le temps vrai est donc présent comme un « germe », une « semence[578] », dans le temps apparent, et se trouve donc susceptible d'y croître comme présence effective, germinée,

571 BW II 67.
572 *Ibid.*
573 BW II 55.
574 BW II 58.
575 BW II 59.
576 BW II 57.
577 *Ibid.*
578 *Ibid.*

qui vient re-médiatiser le temps[579].

La présence de l'éternité à l'histoire humaine n'est donc nullement chez Baader une exposition successive de ses puissances extrapolées, comme chez Schelling. Pas davantage, elle ne s'y développe *sub contrario latens* afin de surmonter, par un jeu spéculaire, sa propre négation ainsi que le concevrait Hegel. L'éternité selon Baader est le prototype du temps – et non seulement le modèle abstrait du temps symbolique, mais encore la source vive de régénérescence de celui-ci quand il sombre pesamment de l'apparence à la fausseté. Eternellement libre de toute nature, parce qu'éternellement celle-ci s'est elle-même anéantie dans la parole comme esprit, Dieu peut s'aliéner dans l'enfer de son absence pour restaurer le présent de lui-même.

« Mais regardez », s'exclame ici Baader, « regardez […] l'industrie de cet amour » :

> en descendant plus profondément dans son propre être, pour y puiser cette émanation régénératrice, il trouve par cela le moyen d'*entrer aussi plus avant dans les êtres à régénérer*, de sorte que ceux-ci après leur régénération ou réintégration se trouveront plus intimement unis et plus élevés dans leur centre générateur qu'ils ne l'étaient avant leur chute […], et qu'ils se trouveront dorénavant inséparables (*illabiles*) de la vie du centre ; à peu près comme nous voyons la nature organisatrice fortifier toujours une partie blessée de l'organisme et la rendre moins vulnérable pour l'avenir. *Felix culpa* ![580].

---

[579] « En effet comme la communication indirecte de l'être encerclé dans ce temps se présente comme communication médiate, l'idée d'un médiateur nous rencontre, comme le fil d'Ariane, du moment lequel nous entrons dans ce temps » (BW II 57).

[580] FC II 58.

CHAPITRE V

BAADER LECTEUR ET CRITIQUE DE BOEHME

Tant A. Koyré[581] que N. Berdiaev[582] ont loué, en spécialistes, les lectures que Baader a données des écrits touffus de Jacob Boehme. Berdiaev, en particulier, a remarqué combien « c'est avec une clarté et une simplicité parfaites que Baader justifie la conception dynamique que Boehme se fait de Dieu, conception qui admet une genèse de la vie divine[583] ».

Il est vrai que le commentaire approfondi de Boehme et de son principal divulgateur au XVIIIème siècle, Louis-Claude de Saint-Martin, a occupé, comme on l'a dit, une partie importante des activités philosophiques de Baader. S'il puise à diverses sources, on l'a vu, c'est à travers principalement l'imaginal du cordonnier que Baader a forgé sa propre syntaxe et le vocabulaire de sa pensée personnelle.

Les leçons et éclaircissement que l'on retrouve en particulier au volume XIII des *Sämtliche Werke* constituent à cet égard un sommet de l'œuvre baadérienne : on le prend pour ainsi dire « sur le fait » de sa méditation boehméenne, constamment menée avec la préoccupation d'établir un débat avec Hegel et Schelling.

La rédaction de ces textes du volume XIII, auxquels il faudrait pour la bonne forme joindre les leçons sur « les théologoumènes et philosophèmes de Jacob Boehme » que l'on trouve au volume III, est étalée entre 1822 et 1833. Il s'agit donc d'une œuvre de la maturité, chargée des intentions autrefois dispersées de l'auteur et résolument disciplinée à son dessein.

Plutôt limpides, si on les compare à d'autres productions de Baader, ces textes sont une occasion exceptionnelle de récapituler ce que Baader retient de la

---

581 Voir A. KOYRE, *La philosophie de Jacob Boehme*, p. 314 n. 8, 319 n. 3, 381 n. 5, 410 n 1, 422, 429, 504, 505, 507.

582 N. BERDIAEV, « Deux études sur Jacob Boehme », in J. BOEHME, *Mysterium Magnum*, trad. N. Berdiaev, t. 1, Paris, Aubier-Montaigne, 1945, p. 23.

583 *Ibid.*

théosophie de Boehme, pourquoi il revient constamment à ce mystique – auquel Schelling allait de son côté bientôt donner peu à peu congé au nom de la science positive dans sa *Philosophie de la Révélation*.

C'est ainsi que nous ferons, pour conclure avec une étude vers laquelle toutes les précédentes convergeaient, une incursion patiente dans ces pages passionnantes où Baader nous révèlera sa passion pour la question de l'autre en Dieu – à travers sa propre version du tourment théologique qui habitait Boehme. Nous nous concentrerons ici sur les 18 leçons données en 1833 par Baader sur Boehme à partir du grand-œuvre qu'est le *Mysterium Magnum*[584].

Le dossier de l'interprétation de Boehme par Baader ne sera pas, de loin, complet avec ces quelques analyses, pour longanimes qu'elles soient. L'évolution interne à l'œuvre de Boehme, celle de la pensée baadérienne, mais aussi la distance précise entre la pensée propre du « philosophe de l'amour » et celle du mystique silésien, empêchent d'espérer un tel résultat à si peu de frais. Les quelques repères que nous placerons ici serviront néanmoins à encourager des ingressions ultérieures plus approfondies.

---

584 BW XIII, 157-236 (« Vorlesungen über die Lehre Jacob Böhme's mit besonderer Beziehung auf dessen Schrift : Mysterium Magnum »).

1. LE BOEHMISME DE BAADER

C'est au sixième cahier des *Fermenta cognitonis*, intitulé : « Spécimens de principes de philosophie religieuse d'autrefois[585] », que Baader a le mieux situé l'intérêt qu'il portait, et portera jusqu'à la fin de ses jours, pour l'énigmatique prose de Boehme. Cette « ancienne philosophie allemande » est requise dans le cadre d'une pensée consacrée à « la religiosité de la science » et « au caractère scientifique de la religiosité[586] », c'est-à-dire par une conception de la connaissance telle que celle révélée par les *Leçons sur la philosophie religieuse* parcourues dans un précédent chapitre.

Seuls des esprits prévenus contre le caractère rationnel de la pensée religieuse peuvent décliner l'invitation à penser que recèle, sous une « écorce rude et dure », la « moelle[587] » des écrits mystiques tels que ceux de Boehme :

> Plusieurs défenseurs de la religion à notre époque ne savent pas combien, par une semblable poltronnerie à l'égard de la spéculation (que Kant aussi bien que Jacobi leur ont apprise), ils font le jeu de leurs adversaires ; ils ne savent pas que par là ils sanctionnent à la fois la paresse dans l'acquisition de la connaissance des matières religieuses, et le caractère superficiel de cette connaissance[588].

En laissant plutôt venir au concept la doctrine religieuse de Boehme, l'on s'aperçoit que cette « philosophie ancienne » se distingue de « la philosophie moderne » sur plusieurs points d'importance.

Tout d'abord, la pensée de Boehme maintient indemne la transcendance divine, *i.e.* « l'impossibilité

---

585 FC 205.ss.

586 FC 207.

587 FC 207.

588 FC 209.

éternelle de confondre le créateur avec la créature[589] ». En même temps, Boehme anticipe la découverte, opérée par Hegel[590], du cercle de la représentation objective de Dieu et de l'acte subjectif de penser :

> Il ne croit pas que l'on puisse *trouver* Dieu dans l'homme et rencontrer en ce dernier un esprit de *recherche* autre que celui qui vient également de Dieu[591].

Pour autant, Boehme ne tombe pas selon Baader dans l'autonomie radicale du sujet moderne :

> La première fonction de l'homme n'est pas de se poser, mais de s'anéantir en Dieu et dans et par cette affirmation de Dieu seulement, d'attendre d'être affirmé, d'être exprimé ou fondé par Dieu lui-même et en Lui[592].

La doctrine de Boehme s'oppose également à l'optimisme métaphysique absolu de la pensée moderne, par cela qu'il affirme une chute originelle. En effet, « une philosophie » « qui ne reconnaît aucun 'déficit', ni dans l'homme, ni dans la nature » ne peut admettre non plus « de religion[593] ». Au contraire, bouillonne chez Boehme une anthropologie dynamique qui parie sur « la régénération de l'homme » dans l'ordre de « la restitution » de son « intégrité[594] ».

Boehme propose aussi, remarque Baader, une doctrine du mal qui garantit l'altérité de la créature libre, mais explique la possibilité de la tentation dans laquelle elle est effectivement tombée à travers son effort pour exister sans Dieu, au lieu de vivre du sacrifice de soi à Dieu qui seul correspondait au dessein divin pour l'homme[595].

---

589 FC 211.
590 FC 208.
591 FC 211.
592 FC 212.
593 FC 212.
594 FC 213.
595 FC 217.

Le point le plus important est qu'en toute contrariété à l'opposition moderne de l'être et de l'esprit, J. Boehme

> se défendant à la fois contre la confusion et la séparation de l'esprit et de la nature, se prononce pour l'identité de l'un et de l'autre, en tant qu'ils représentent l'identité de l'*activité intelligente* et *inintelligente*[596].

J. Boehme « démontre en outre que nature et esprit sortent *de* l'unité et reviennent l'un à l'autre à l'unité » ; « il résout ce faisant la tension de la polarité des deux demeurée en quelque sorte fixée dans les autres doctrines[597] ». C'est ici que Baader inscrit Boehme au cœur du débat qui lui était contemporain, avec cette proposition centrale que nous avons déjà rencontrée :

> Si Schelling a raison de concevoir ici avec J. Boehme la nature comme productrice (en tant que force, que physis) et non, ainsi que le fait Hegel, comme produit, ni Schelling ni Hegel n'ont parfaitement compris le rapport de la nature au Logos en Dieu, ce qui est au contraire le cas chez J. Boehme : il a en effet clairement démontré comment, en même temps que l'éternelle naissance de la parole (du verbe) apparaît la nature comme puissance de ce Verbe (comme son fiat) et comment elle se subordonne à lui[598].

Lorsque la philosophie moderne parvient à penser l'identité différenciée de l'être et de l'esprit, elle n'est cependant pas capable comme Boehme de réfléchir la « discorde » (qui n'est pas « la séparation »[599]), laquelle régit intérieurement cette identité.

De ce fait, Boehme s'est rendu capable, contre tout spiritualisme ou inversement tout naturalisme, de penser aussi l'unité dans le mal comme dans la régénération de la nature et de l'esprit. C'est ici que Baader évoque la doctrine

---

596 FC 213.
597 FC 214.
598 FC 214.
599 FC 214.

de l'androgynie primitive[600], corrélative à la restauration sponsale (« le but du mariage, en tant que sacrement, est une restitution réciproque de l'image intérieure céleste ou angélique dans l'homme et dans la femme[601] »).

600 FC 216-217.
601 FC 216.

2. LA « PEUR DIVINE DE L'OBJET » : AU SEUIL DU MYSTERIUM MAGNUM

En nous penchant, avec le Baader des leçons de 1833, sur l'ouvrage de Boehme intitulé « Mysterium Magnum ou Commentaire explicatif du premier livre de Moïse » (1623), nous nous attacherons donc ici à préciser parmi ces thèmes ceux qui ont rapport à la théologie philosophique. Le *Mysterium magnum*, œuvre de la haute maturité de J. Boehme (+ 1624), est une œuvre récapitulative qui se présente comme un commentaire exhaustif de la Genèse, jusques et y compris l'inhumation de Jacob en Canaan.

Ce n'est pas que le cours de Baader suive vraiment l'ouvrage de Boehme, au contraire. Néanmoins, il ne sera pas inutile de posséder au moins quelque idée grossière de ce qu'enseigne le *Mysterium Magnum* – en gardant à l'esprit que seul l'ouvrage de Koyré[602], plusieurs fois cité, fait autorité pour vraiment se donner une idée précise de l'intention boehméenne.

Présentant lui-même un « bref résumé » de son livre[603], Boehme insiste sur le reflet, dans les créatures, du rapport originaire en Dieu de sa volonté indéterminée comme acte, et de sa propre unité substantielle comme objet de volition.

Ce rapport de « fondation » intime s'explique à travers les trois « aspects » par lesquels Boehme éclaire l'Unité divine[604], à savoir la volonté en tant que telle (« le Père »), la force intérieure de ce vouloir faisant l'expérience de soi (« le Fils », que l'on pourrait dire « volonté voulante »), et la résultante une volonté voulue (« L'Esprit ») que Boehme nomme « le produit de la volonté et de

602 A. KOYRE, *La philosophie de Jacob Boehme.*

603 J. BOEHME, *Mysterium Magnum*, t. 2, trad. N. Berdiaev, Paris, Aubier-Montaigne, 1945, p. 507 s. (=MM2).

604 MM2 56.

l'affectivité[605] ». La volonté voulante s'éprouve, est affectée, comme faim de quelque chose encore indéterminé. Se voulant lui-même en tant qu'unité du vouloir et de l'affectivité, l'Un se réfléchit spirituellement et se connaît ainsi éternellement. La connaissance que Dieu a de Lui-même est donc une raison pratique : Dieu se connaît se voulant. Boehme poursuit sur sa lancée en déduisant que le vouloir originaire ainsi réfléchi se prend de ce fait lui-même intelligemment pour objet : « l'appétence se contemple et se saisit en un désir de prendre forme[606] », c'est-à-dire de se manifester. L'absolu vouloir de soi-même, qui est propre à la « scientia » divine et dans lequel l'Indéterminé originaire et le Moi divin sont parfaitement identifiés, laisse ainsi surgir en son sein une altérité nouvelle : celle de la nature et de l'esprit, que la vie divine résout en elle-même et pour elle-même éternellement. Parce qu'Il se connaît Lui-même comme autre en se voulant Lui-même, s'ouvre devant la volonté de Dieu sa propre science, mais aussi un objet radicalement adverse qui est la nature laissée à elle-même.

Ici s'ouvre pour Boehme le mystère du « cœur de l'homme », où se joue le combat de l'esprit divin parfaitement adéquat à sa nature et de la nature animale totalement adverse de l'esprit :

> Il nous est [...] extrêmement nécessaire d'apprendre à comprendre comment nous pourrons recouvrer l'Unité à partir de la personnalité que nous avons prise et dans laquelle nous subissons tourments, détresse et souffrances, c'est-à-dire rentrer dans le fond et l'origine du cœur, dans lesquels le cœur puisse reposer dans son fondement éternel[607].

Ceci expliquant au terme le long premier sous-titre de l'ouvrage :

---

[605] J. BOEHME, *Mysterium Magnum*, t.1, p. 58 (=MM1).
[606] MM2 508.
[607] MM2 509.

> De la révélation du verbe divin par les trois principes de l'être divin ainsi que de l'origine du monde et de l'acte créateur où l'on explique le royaume de la nature et le royaume de la grâce[608].

Ce bref « résumé » des 78 chapitres de *Mysterium Magnum* l'est en fait principalement des 4 premiers, sur lesquels il importe de porter notre attention – comme Baader le fera lui-même particulièrement dans ses leçons. Ces pages préliminaires sont de part en part consacrées à « expliquer », sous forme d'analogies et de symboles, « comment le Tout, l'intuition éternelle et immotivée, se révèle[609] ». Derrière le lourd rideau des images, il y a lieu de se rappeler que l'on affaire ici à une véritable « phénoménologie de l'esprit divin » accédant, à partir de la volonté, à la conscience de soi. Il ne faut pas certes

> entendre par-là que Dieu prenne ainsi un commencement ; mais le commencement éternel du Dieu révélé : c'est l'intuition divine se révélant avec la puissance dans la distinction et se transformant en royaumes, ce qui représente une génération éternelle. Nous parlons simplement de la manière dont le Dieu invisible et insensible se transforme en sensibilité et se révèle[610].

Cette révélation n'est pas néanmoins un procès gnoséologique. Au contraire, l'idée n'est que le milieu du mouvement volontaire. Il ne s'agit pas de passer du Dieu inconnu au Dieu mais de « L'immotivé au motivé[611] » qui se veut Lui-même et, pour se vouloir, se connaît.

Le premier chapitre traite précisément de « ce qu'est le Dieu révélé » – et non sans naïveté, précise « De la

---

608 MM1 45.
609 MM1 69.
610 MM1 72.
611 MM1 73.

Trinité[612] » bien qu'il ne s'agisse au mieux, dans l'évocation des Personnes divines, que d'appropriations. Dans ce chapitre, Boehme pose les bases de l'autoréflexion de la volonté divine. Il précise ici que le fruit, le produit, de la conjonction des trois aspects de l'Un est sagesse, ou Verbe « que la volonté éternelle prononce du fond de l'intelligence de l'affectivité, par l'organe de l'esprit[613] ». Dans ce Verbe, ajoute Boehme avec une belle emphase

> Toutes les forces, couleurs et vertus reposent en une seule qui est une harmonie articulée, bien accordée en elle-même et féconde.
>
> Un Verbe parlant puisque toutes les langues, forces, couleurs et vertus résident dans le Verbe ou parole et que, grâce au son ou parole, elles se développent en prennent visage ou vision[614].

Quoiqu'Il contienne par son Verbe toute altérité possible, le Dieu se voulant qui est aussi le Dieu se voyant est cet « Œil de l'Indéterminé » parfaitement transcendant à tout produit de Lui-même – puisqu'il est « le temps et l'éternité, la Cause et l'Absence de cause » :

> Nulle part il n'est loin ou près de quelque chose, il est par Tout et en Tout ; sa naissance est partout et en dehors de Lui il n'existe rien[615].

Le second chapitre s'approche du « Verbe ou cœur de Dieu ». Celui-ci n'a certes pas besoin, pour exister « en soi », du « monde extérieur », lequel ne saurait lui être identifié. Ce monde extérieur n'est rien plus que le support matériel grâce auquel et par lequel se configure « le monde intérieur » :

Tout cela n'est que le Verbe exprimé qui, en se ressaisissant lui-même (pour parler lui-même), s'est ainsi coagulé et reste coagulé avec les quatre éléments, grâce à l'esprit

612 MM1 55
613 MM1 56.
614 MM1 57.
615 MM1 57.

du désir (ou des étoiles) et pénètre dans une telle existence et vie[616] » : « le monde extérieur est exprimé [...] à partir du monde intérieur (par un mouvement du Verbe éternellement parlant[617]).

> C'est pourquoi aux yeux de Dieu rien n'est près et rien n'est loin, un monde est dans l'autre et tous ne représentent pourtant que le monde unique ; mais l'un est spirituel, l'autre est corporel. [...] Le monde spirituel à l'intérieur a un commencement éternel et l'extérieur un temporel : chacun a sa naissance en soi, mais le Verbe parlant règne par tout[618].
>
> Ce n'est pas que le monde extérieur soit la grammaire à laquelle l'expression du verbe soit contraint : il faut plutôt entendre ceci, que son propre ensaisissement déploie éternellement de manière latente l'extériorité matérielle des « quatre éléments »[619].

Le troisième chapitre cherche à faire comprendre « comment un mal est sorti du bien éternel[620] ». L'origine en est la « faim du désir » par lequel le Néant de l'indétermination cherche le quelque chose de la déterminité, parce que le vouloir divin est volonté de la libre joie de la contemplation, cette sagesse qui est force : en tant que manque, ce désir ou nature est et reste obscurité. C'est ici que se trouve un mythème théogonique célèbre :

616 MM1 60.
617 MM1 60-61.
618 MM1 61.
619 MM1 62.
620 MM1 62.

> Le désir sortant de la volonté éternelle de l'Immotivé est la première forme et représente le 'Fiat' ou 'Créa'. Et la force de la joie libre est Dieu qui mène à bien le 'Créa' et les deux réunis représentent le 'Verbum fiat', c'est-à-dire le Verbe éternel qui crée là où il n'y a rien et l'origine de la nature et de tous les êtres[621].

A la vigueur de la sensation désidérative, puis à la première impression que fait l'obstacle, succède l'angoisse ou douleur de la fixation de la forme[622]. La volonté s'éprouve alors non plus seulement comme désir mais comme force. Dans cette « volonté voulante » qui succède au vouloir indéterminé du désir originaire s'établit le règne des facultés distinctes afin que la joie voulue soit goûtée en elle-même.

> C'est pourquoi l'intuition divine se transforme en propriétés spirituelles, afin de se révéler à elle-même[623].

L'affectation de la volonté comme force développant ses sens n'éteint pas la puissance rémanente du désir agent pour la joie qui l'attire : « elles se combinent ensemble comme une roue qui tourne[624] », « car la dureté » du désir de nature « donne l'être et le poids » tandis que l'aiguillon « donne l'esprit et l'essor de la vie[625] ». Bref : le désir reste insatisfait, puisqu'il ne parvient pas à figer son objet, qui lui échappe : « Cela représente en soi une frayeur terrible[626] ».

Symboliquement, le désir subjectif est assimilé au « sel » alchimique, tandis que l'obstacle objectif est rapproché du mercure. La roue d'Ixion de l'angoisse dans laquelle le désir et son mobile tournent, forment la conscience divine, est assimilée au soufre du grand œuvre[627]. L' « huile » de la joie désirée comme objet « adoucit et

---

[621] MM1 64.
[622] MM1 65-66.
[623] MM1 66.
[624] MM1 67.
[625] MM1 67.
[626] MM1 67.
[627] MM1 67.

apaise » la colère de ces trois souffrances originaires dans l'être.

Boehme développe ensuite un plan imaginal qui lui est cher, et qu'il considère comme spécifique : celui du feu, à partir duquel se résout l'obscurité native en lumière et clarté. Le tourment originaire s'enflamme, produisant l'éclat qui apaise l'être angoissé de Dieu en un esprit auquel est définitivement assujettie la nature. Boehme décrit les « moments » de cette inflammation avec un luxe de représentations successives sensées décrire la libération progressive de la manifestation. La première étape est décrite comme « l'éclair » originaire[628], né de l'effroi que cause le premier contact effectif dans le désir de la « dure volonté » et de la « libre joie » : les ténèbres de la faim se frottent à la lumière mais se referment aussitôt sur elles-mêmes

> car dans la frayeur prend corps la sombre affectivité qui se redresse en elle-même comme une propriété, comme une grande crainte de la lumière ou comme une inimitié de la lumière : et c'est la véritable origine du monde ténébreux, de l'abîme dans lequel ont été bannis les démons, et que nous nommons 'enfer'[629].

Les deux « royaumes[630] » de l'amour et de la colère se font ainsi face dans la première étincelle de feu, née du contact initial de la volonté et de son objet dans une proto-figure de la conscience succédant aux formes subliminales de la sensation et de la perception divines. « Dans le feu se distinguent » donc « esprit et être », puisque dans la conscience divine tant la volonté subjective (ténèbres) que son objet réflexe (joie) sont désormais pénétrées réciproquement l'une de l'autre malgré la frayeur : un esprit et un être clairs du côté de l'amour, un esprit et un être

[628] MM1 70.

[629] MM1 70.

[630] MM1 70.

« rudes, durs et amers » dans « l'empreinte ténébreuse[631] ». En effet, dans la fulguration, pour la première fois, Dieu se veut lui-même comme substance (être) tandis qu'il n'était auparavant que volonté (esprit). La joie comme objet est l'être par lequel advient l'esprit réflexe et clair, la rude volonté comme acte est l'esprit distendu qui tend à l'être.

Le processus de « l'inflammation » se poursuit ensuite comme « fragmentation au feu de la consomption ». Les éléments encore indistincts du processus se clarifient peu à peu (Boehme use abondamment d'images alchimiques pour illustrer cette combustion), de sorte qu'au terme

> le premier désir, comme s'il mourait à son égoïsme [...] se trouve saisi et transformé en l'unique esprit qui s'est révélé ici au feu lumineux du royaume des joies[632]
>
> Et l'être mort dans le feu qui a coagulé le premier désir résidant dans la première libre joie et l'assombri sort à travers la vie ignée comme une huile spirituelle qui est la propriété du feu et de la lumière ; et dans le trépas est une eau, un être mort et insensible qui est en somme le réceptacle de l'huile, dans laquelle la force ignée ou esprit gouverne sa vie, qui est l'aliment de la force ignée[633].

Bref, ayant passé l'épreuve de la mort à soi dans la combustion (« car aucun esprit ardent ne pourrait s'adoucir sans le trépas de son propre droit[634] »), Dieu se veut désormais lui-même comme autre, dans une flamme subobjective où sa propre volonté est éclairée pour elle-même.

C'en est assez pour introduire au principe génératif du *Mysterium Magnum*. Nous pouvons désormais comprendre

> comment l'éternelle intelligence de l'Immotivé se transforme en motif et en êtres, éternelle génération et

631 MM1 72.
632 MM1 76.
633 MM1 76.
634 MM1 76.

consomption éternelle, où résident la révélation de l'Indéterminé et un éternel jeu amoureux où l'Indéterminé et son motif saisi luttent et jouent ainsi avec eux-mêmes. Il se donne en Quelque chose puis reprend en soi ce Quelque chose et en produit de nouveau un autre. Il se transforme en joie et en désir, puis en force, vigueur et vertu et dégage progressivement un degré de l'autre et par l'autre, afin qu'il y ait en lui un jeu éternel[635].

Une telle génération éternelle est au principe de la création dans la mesure où le créé ne représente en somme que les déclinaisons possibles des règnes qui s'affrontent dans le tourment divin. Non pas certes que Dieu ait besoin de créer pour se révéler à lui-même, mais la création est d'emblée, comme virtuellement présente à toutes les étapes de l'inflammation divine : univers angélique dans la libre joie, monde infernal dans les ténèbres du désir affamé, création intermédiaire dans le tourment. La création, c'est la révélation sous la forme du temps de l'automanifestation éternelle : le processus d'inflammation divine « produit trois mondes : en premier le monde igné des ténèbres soumis à la chaleur et au froid, qui est toute rudesse sans être », « le deuxième monde est le monde spirituel lumineux et angélique », « le troisième a pris son commencement avec celui du temps. De même que Dieu a mis en mouvement les deux premiers mondes intérieurs, il en a fait naître et créé ce monde extérieur et visible dans la forme d'un temps[636] ».

> Dans les ténèbres est un dieu courroucé et jaloux et dans le feu spirituel est un feu dévorant et dans la lumière est un dieu miséricordieux et bon et dans la force de ka lumière et s'appelle avant toute autre propriété : Dieu. Et pourtant ce n'est que le Dieu révélé [dans la nature créée] qui, grâce à la nature éternelle, se révèle en ses propriétés créées. Sinon je dis ce que Dieu

[635] MM1 76-77.
[636] MM1 74.

est dans sa profondeur, il me faut dire : Qu'il est hors de toute nature et de toute propriété, une Intelligence et origine de tous les êtres ; les êtres sont sa révélation [manifestation] et c'est de lui seulement que nous tirons notre pouvoir d'écrire et non du Dieu irrévélé qui, sans sa révélation, n'apparaîtrait pas à soi-même[637].

---

[637] MM1 80.

3. BAADER LECTEUR DE BOEHME : LES LEÇONS DE 1833 SUR LE MYSTERIUM MAGNUM

Chacun concevra aisément qu'une telle luxuriance visionnaire et imaginale ait eu de quoi littéralement bouleverser le cœur et l'esprit d'un être aussi profondément religieux, mais aussi pénétré de la culture philosophique de son temps que Franz von Baader.

Le don propre de Baader a été de rappeler à son époque quelle puissance d'interprétation s'est ouverte avec la théologie mystique de Jacob Boehme, et d'en souligner l'actualité pour ses contemporains. Lors donc qu'il commente Boehme, ce n'est jamais pour faire œuvre d'historien, ainsi que Boutroux ou Koyré plus tard : l'urgence, pour le munichois, est de montrer en quoi et comment la raison peut puiser dans cette expérience croyante et mystique pour penser l'unité de l'être et de l'esprit, du fini et de l'infini, du sujet et de l'objet. C'est donc en post-kantien, et en interlocuteur averti de Hegel et de Schelling, que Baader donne ses leçons sur Boehme. Ce n'est qu'en proportion des exigences les plus contemporaines de la pensée qu'il revient, le premier, à l'œuvre si profusive du cordonnier de Görlitz.

La lecture qu'il en donne est ainsi toujours marquée au sceau de l'idéalisme, qu'il s'agit de dépasser à travers une analyse attentive des directions spéculatives germinales de la mystique boehméenne. Cette lecture est « bénévole » et généreuse très clairement, puisqu'elle délaisse les possibilités les plus gnostiques pour ne retenir que les indications appropriées à la grande tradition catholique. C'est pourquoi Baader encadre régulièrement ses commentaires par des garanties prises à saint Thomas d'Aquin.

Ainsi donc, le commentaire que l'on va suivre est-il nettement orienté dans le sens d'un débat avec l'idéalisme allemand, et caractérisé par un souci d'orthodoxie, ou du moins de tradition, par contraste avec la potentialisation sabellienne de Dieu chez Schelling. Baader nous renverra assez peu aux textes de Boehme lui-même, toujours supposés à l'arrière plan, mais va chercher à montrer l'actualité et la pointe spéculative de leur signification.

Dans la première leçon de 1833[638], Baader souligne en ouverture le besoin, à une époque de « décadence » (*Verfall*) tant pratique que théorique du christianisme, d'une nouvelle et plus profonde assise. Les écrits de Boehme répondent à cette nécessité d'une fondation scientifique à nouveaux frais des doctrines foncières du christianisme.

Boehme a travaillé en maniant la « gnose chrétienne ancienne[639] », à partir des données concrètes de la philosophie de la nature et des perspectives physiologiques comme l'avait fait en son temps Paracelse. Depuis Leibniz, ajoute Baader, tous les philosophes allemands à l'exception de Kant (« qui, comme on le sait, s'est interdit de pénétrer dans les choses mêmes[640] ») ont repris à Boehme des choses et d'autres, souvent sans le citer, voire même en se donnant des grands airs à son égard. « Mais aucun, à mon sens, ne l'a compris[641] ».

C'est une longue fréquentation du « *Philosophicus teutonicus* » qui a pourtant acquis à Baader la conviction que les théologoumènes et les philosophèmes de J. Boehme sont capables de donner une impulsion décisive à la théologie et à la philosophie de son temps, qu'il juge « réellement à la peine » (« *wirklich ins Stocken gerathen*[642] »).

Non certes, concède Baader, qu'il faille se faire disciple du cordonnier de Görlitz, ou s'affirmer « boehmiste » : Boehme n'a rien fondé ni voulu instituer, et

---

638 BW XIII 161-164.
639 BW XIII 161.
640 BW XIII 162-163.
641 BW XIII 163.
642 BW XIII 163.

de plus l'imprécision de sa terminologie rendrait fort problématique l'établissement d'une telle « école ». Il y a lieu néanmoins de s'appliquer avec « patience et résignation[643] » à l'étude de ce penseur difficile. L'on recueillera bientôt avec émotion de ces écrits des lumières sur l'enseignement fondamental du christianisme.

Le risque pris en compagnie de Boehme n'est pas nié par Baader : à mesure qu'on approfondit la connaissance de la vérité, reconnaît-il, l'on risque la superficialité de l'erreur et du mensonge. Il faut s'armer d'un esprit de vaillance pour parvenir au but qu'on s'est fixé, à savoir ce trésor d'autant plus prestigieux qu'on l'a cherché plus loin et avec plus d'énergie, sans s'en laisser conter par l'obstacle.

Jacob Boehme, conclut ici significativement Baader, a surtout permis de penser ensemble l'idée, que les « anciens mystiques » appelaient *Sophia*, et la nature – c'est-à-dire le lien « de l'idéalité à la réalité[644] ». C'est pourquoi sa pensée peut tout aussi bien être dite une philosophie de la nature qu'une philosophie poétique au sens le plus noble du terme. C'est, glisse mystérieusement Baader, que

> cette 'archipoésie' de l'idée en tant que sagesse est maintenue, dans l'ancienne comme dans la nouvelle Alliances, en relation avec la nature et la créature, comme par exemple tout le mystère du christianisme se meut autour du concept de la nourriture (*coena*) et du festin ou du mariage[645]…

Jacob Boehme, poursuit Baader dans sa deuxième leçon[646], ne cherche nullement à construire l'idée de l'être ou de Dieu à partir de rien. Il ne saisit pas Dieu comme une abstraction, ou comme un « être en puissance » qu'il s'agirait de conduire à l'existence (*Dasein*) : il saisit d'emblée cet être

643 BW XIII 163.
644 BW XIII 164.
645 BW XIII 164.
646 BW XIII 165-170.

divin comme existant, en même temps qu'il laisse indemne son concept du Dieu vivant de toute « infection[647] » du temps (de la non-simultanéité) ou de toute confusion avec le créé. Le concept boehméen de Dieu est donc tout à fait en opposition avec celui de Spinoza ou même de Eckhart qui rendent Dieu dépendant du créé –

> une dépendance que Hegel ne transmet [pour sa part] qu'à l'Intelligence puisqu'il a affirmé que les créatures intelligentes, à savoir les hommes, auraient seulement à penser Dieu dans l'histoire[648].

Un Dieu qui aurait ainsi besoin du monde en serait à mendier sa propre perfection. Le Dieu de Boehme n'est pas pour autant sans vie. C'est ce que suggère Baader en soulignant que dans le concept du Dieu parfait, son progrès et devenir sont en même temps un retour en soi (*ein Regress*) et un dé-devenir (*ein Entwerden*) : « une altération, qui n'est pas en même temps un Etre et un Demeurer, et vice-versa, n'est qu'une représentation abstraite sans fondement[649] ».

Le progrès temporel que nous connaissons manque justement d'une telle régression ; c'est pourquoi en affliger Dieu revient à Le nier.

> En ce sens, Kant a eu [...] raison lorsqu'il n'a accordé au temps aucune existence objective mais n'y a vu qu'une manière subjective de concevoir l'Eternellement existant et conséquemment qu'un mode d'apparition particulier de ce dernier[650].

Boehme, au contraire de tous ceux, tel Newton, qui sont tombés dans le travers de confondre l'infinité avec l'indétermination, accède au sens du mouvement circulaire (*die Kreisbewegung*) de l'être dans lequel début et fin peuvent

---

647 BW XIII 165.
648 BW XIII 165-166.
649 BW XIII 166.
650 BW XIII 166.

être pensés de concert : « le mouvement circulaire est sans début ni fin, comme le divin[651] ».

Il en va, persifle Baader, des philosophes et des physiciens, comme de ce paysan de la fable qui cherchait partout l'âne qu'il était en train de monter : ils ne sont pas capables de distinguer les trois types de mouvements circulaires que sont : 1/ le mouvement circulaire éternel, bienheureux, « où le repos est dans le mouvement et le mouvement dans le repos[652] » ; 2/ le mouvement circulaire temporel ; 3/ le mouvement circulaire éternel, malheureux, qui est chez Boehme la « roue d'Ixion » déjà évoquée. Nul mieux que Boehme, parmi les philosophes de la nature, n'a été capable de comprendre de manière plus vivante et correcte ce concept de « mouvement circulaire » sans début ni fin qu'il ne l'a fait à travers sa « roue éternelle de la nature ». En effet, Boehme décrit le mouvement circulant comme une spirale entre la fondation (ou immobilité) intérieure et la fondation (ou immobilité) extérieure.

Il n'y a donc pas de sens à décrire cette roue à travers des catégories de « début » et de « fin », comme si Dieu avait à surgir de quelque chose qu'il ne serait pas – que ce soit le néant (« Ex nihilo nihil fit[653] ») ou la *potentia* originaire (« ce qui est seulement en puissance et n'est pas en même temps acte n'est rien de véritable[654] », « il n'y a que dans l'existence temporelle [...] que la puissance et l'effectivité se distinguent l'une de l'autre »). Baader vise ici évidemment, sans avoir besoin de le préciser, les théogonies de Hegel et de Schelling, lesquelles ne voient pas selon lui que dans l'existence éternelle, « où l'acte pose la puissance, de même que la puissance pose l'acte », vaut l'adage traditionnel : « la force se nourrit par l'action ». Schelling en particulier (il s'agit encore

651 BW XIII 167.
652 BW XIII 167.
653 BW XIII 167.
654 BW XIII 167.

du Schelling de la philosophie négative, s'entend) « mélange ce qui ne peut être mélangé et sépare ce qui ne peut l'être[655] ». Boehme, note pour sa part Baader, permet donc de revenir à ces « anciens théologiens[656] » qui identifiaient en Dieu l'acte pur et la substance la plus parfaite.

Le théosophe de Munich poursuit sa réflexion « à l'occasion » de Boehme, en notant derechef que c'est l'existence (*Existenz*) qui caractérise le mieux l'être (*Sein*). Baader précise que c'est l'existence entendue au sens actif, spirituel de « mener quelque chose à l'existence » – ce qui mène à parler, pour l'Absolu qui seul se rapporte de manière immanente à soi-même, d'une extériorité simultanée à l'intériorité, d'un être-agi simultané à un agir. C'est pourquoi l'on peut parler d'un être « ésotérique » (logos inféré, l'*Ensoph* cabbalistique) comme d'un être « exotérique » (logos proféré) de Dieu. Boehme a bien montré que cet envers et cet endroit de l'être divin vivant ne sont en aucun cas liés à la création comme pour les philosophes panthéistes qui voyaient Dieu comme le « centre », et le créé comme une « périphérie[657] ».

Dans sa troisième leçon[658], dont on reconnaîtra rapidement l'importance particulière, Baader reprend la proposition faite précédemment : être, c'est être conduit ou se mener soi-même à l'existence. Pour Boehme, une telle dynamique se traduit également par l'idée de « se former » (*sich formieren*) ou de donner une « formation » (*Formation*) : « être et être figuré (*Gestaltsein*) sont une et même chose[659] ». En effet, un être qui est sans figure, indéfini, est abstrait et n'a pas l'existence.

---

655 BW XIII 168.
656 BW XIII 168.
657 BW XIII 169.
658 BW XIII 170-174.
659 BW XIII 170.

La « figure » de l'être, c'est-à-dire ce que classiquement on appelle son essence, se présente pour Baader, lecteur de Boehme, comme il le sera plus tard pour Ehrenfels et von Balthasar : à savoir comme une « apparition » médiatisée, c'est-à-dire comme une venue à la forme et non comme une dation immédiate. Dans les termes de Baader, la forme et ce qui est à former (le *formatum*) ne se rapportent l'un à l'autre que par le milieu d'une opération formatrice (le *formans*), c'est-à-dire par l'esprit.

Une telle spiritualité dans l'être apparaissant, c'est-à-dire tout bonnement dans l'être existant, suppose un « ternaire », composé du *formatum*, de la *forma* et du *formans*. Appliqué au vocabulaire de Boehme, la « parole » en Dieu est ce donne forme (*formans*), l'idée ou sagesse ce qui est formé (*forma*), et la nature ce qui est à former (*formatum*).

Hegel et Schelling ont retrouvé l'intuition de cet archi-ternaire, témoignant par-là de ce que

> la philosophie, qui s'est démarquée depuis longtemps de la théologie, est ramenée [...] toujours à nouveau comme par un instinct archaïque à cette théologie, dans la mesure où [...] elle procède toujours des concepts d'un être tri-unitaire ou d'une trilogie[660].

Néanmoins, critique Baader, puisque par-là ils ne rendent ni l'un ni l'autre justice au caractère concret, effectivement existant de l'être, leurs constructions ontologiques sont « inadmissibles[661] » – Hegel construisant l'existence (*Dasein*) à partir de l'être (*Sein*) et du Non-être (*Nichtsein*), Schelling faisant selon Baader convenir le vouloir- ou pouvoir-être avec l'existence dans l'être du voulant- ou pouvant-être. Dans ces deux conceptions, l'être est reconnu comme articulation (*Glied*[662]) à l'intérieur d'un ternaire, mais sans que l'être effectivement existant soit au fondement. On ne s'arrêtera pas ici sur la question de savoir si

660 BW 172-173.
661 BW XIII 173.
662 BW XIII 172.

l'interprétation baadérienne rend justice aux doctrines qu'il cite, en particulier à celle de Schelling qui échappe dans ses ultimes versions au reproche ainsi formulé.

Néanmoins, et pour notre auteur, lorsque Hegel et Schelling parlent d'un Dieu « venant hors de soi et à soi[663] », ils ne font que retrouver en partie l'intuition ancienne que J. Boehme avait eue des moments par lesquels le Dieu inessentiel et ésotérique se « forme » en tant qu'esprit venant vers soi et en soi-même. Boehme, comme nous le verrons encore, conçoit en Dieu l'état originel du principe éternel de Nature, de même qu'il a la notion de « la fonction qui renvoie elle-même à ce principe de Nature comme auto-manifestation, devenir-essentiel ou sensibilisation de Dieu comme esprit[664] ».

L'accusation de naturalisme et de panthéisme portée contre Boehme, note encore Baader, démontre aussi et surtout une méconnaissance de ses textes : le *Philosophus teutonicus* ne confond jamais Dieu et la création, ni « l'éveil de l'actualisation[665] » de la créature à travers sa nature avec celui de Dieu. De plus, le « système[666] » de J. Boehme est indemne de tout dualisme de l'esprit et de la nature, puisqu'il pose l'esprit de Dieu comme absolument libre de toute nature (mais non sans nature), dans la mesure où l'esprit infini a élevé en soi la nature sur laquelle il règne. Sont par contre « dualistes », tous les systèmes qui voient ce principe de nature, soit comme posé à côté de Dieu, soit comme équivalent à l'esprit en Dieu. Dans ce dernier cas, on fait de Dieu l'image de l'homme terrestre chez qui de fait, du moins avant la résurrection où l'âme aura toute puissance sur la chair, l'âme et le corps sont deux composants juxtaposés.

---

663 BW XIII 172.
664 BW XIII 173.
665 BW XIII 173.
666 BW XIII 173.

Boehme nous montre encore, continue Baader, comment la venue à sa propre essence (*Sichinswesensführung*[667]), qui est en même temps une illumination intérieure, se produit pour Dieu à travers cette advenue à partir de soi (*jenes Aussichgewendetsein*[668]) de sa nature éternelle, de même que par l'advenue en soi (*das Insichgewendetsein*[669]) de soi-même comme esprit. Dans la seule créature cette double direction peut être corrompue, lorsque la vie naturelle tourne sur elle-même ou que l'esprit sort de soi-même. Une telle rupture du mouvement circulaire constitue dans la créature alors une contradiction de Dieu.

Les relations, découvertes par Boehme, de la nature éternelle de Dieu à lui-même en tant qu'esprit, à son idée, puis de cette dernière à nouveau à sa propre nature, mais également le rapport qu'a normalement la créature avec ce double mouvement, constituent vraiment pour Baader une « clé » pour ouvrir « le mystère de notre religion[670] ». Baader de conclure en notant que la philosophie de Boehme a pour caractéristique distincte de ne pas exagérer, ni de sous-estimer d'ailleurs la vie ou le processus vital mais d'y trouver le « milieu » même. De sorte que l'on peut vraiment, à condition de bien comprendre ce terme, parler du système « biologique[671] » du cordonnier de Görlitz.

La leçon suivante[672], sur laquelle nous passerons rapidement en raison de son caractère plus directement théologique que lié à la philosophie même religieuse, nous montre que pour Boehme le mal constaté dans un univers créé bon ne vient pas de Dieu même mais de la créature

---

667 BW XIII 174.

668 BW XIII 174

669 BW XIII 174.

670 BW XIII 174.

671 BW XIII 174.

672 BW XIII 175-179.

« autonome et intelligente[673] ». L'homme a été créé pour devenir « enfant de Dieu[674] », c'est-à-dire pour « fixer » en lui l'image de Dieu, pour tenir de lui son être et se rapporter à lui. Cette puissance a été offerte librement, comme « don et grâce[675] » et a été refusée. Elle ne nous est « regagnée et capturée[676] » que par le Christ.

La cinquième leçon[677] poursuit sur cette lancée en répétant que si la vie de l'homme a ses racines dans un principe de nature propre (*i. e.* au lieu d'un principe de nature lié à l'image de Dieu) et donc dans une forme d'étroitesse, son état normal est bien de se déraciner, c'est-à-dire d'aller vers « ce qui est vaste, vers la lumière et l'air[678] ». La leçon suivante[679] traite également de cette anthropologie religieuse, en développant les notions de « mariage avec l'idée[680] ».

C'est avec la septième leçon[681] que l'on revient à la théologie boehméenne telle que Baader l'interprète dans le cadre de sa philosophie religieuse. Notre auteur se dresse contre la confusion, qu'il juge habituelle, entre la liberté ou aperture (*Uneingehülltheit*) vide d'un étant avec sa liberté, ou « aperture déterminée, pleine ». La conséquence de cette confusion en est que tout commencement de détermination ou d'enveloppement est considéré comme une caption ou un recouvrement complets : or, orienter une liberté n'est pas l'annuler. C'est là négliger la distinction essentielle entre le déterminer positif, et l'obscurcissement de la liberté. C'est là

---

673 BW XIII 175.
674 BW XIII 177.
675 BW XIII 177.
676 BW XIII 178.
677 BW XIII 180-183.
678 BW XIII 181.
679 BX XIII, 184-187.
680 BX XIII 185.
681 BX XIII 188-192.

s'empêcher de pénétrer la loi de tout développement, de tout découvrement, manifestation ou expansion, selon laquelle une liberté, c'est-à-dire une aperture vide, a besoin de la médiation d'une fondation, que Baader nomme encore un enveloppement, ou une saisie, pour parvenir à la pleine liberté déterminée.

La manifestation de soi d'un étant libre n'est donc pas contradictoire avec sa propre fondation : où l'on retrouve l'idée du ternaire originaire. J. Boehme seul est parvenu à une telle compréhension de l'automanifestation reposant sur un fondement, à savoir qu'elle a besoin de la saisie de soi comme condition. On notera cependant que l'absolue automanifestation médiatisée par l'absolue saisie de soi ne puisse, au sens strict, être affirmée que de Dieu.

Il y a ici en jeu trois agents, trois actions et trois patients (*Wirker / Wirken / Gewirkte*[682]) : le Père, en tant que liberté elle-même non-agie et sans genèse ; en soi agit le Fils, le Verbe, en tant qu'enveloppement ou saisie qui conditionne le découvrement du Père : c'est le second agent, et le premier patient, parce que lui-même œuvre comme une force dans laquelle le Père se concentre et qui contient en soi la pluralité comme la totalité des puissances ; c'est avec, ou en lui, puisque cette saisie de soi ou enveloppement n'est pas une emprisonnement, que le Père agit l'Esprit, second patient et troisième agent, car l'esprit, en tant que « centre de la pluralité des forces[683] », produit l'idée ou la sophia (le déploiement des forces). Celle-ci est un troisième patient, quoique elle ne soit pas un agent, parce que cette idée est l'image commune (*Ebenbild*[684]) du ternaire et n'a donc rien de propre à soi. Boehme nomme l'idée la Vierge [*i. e.* une matrice ou un reflet purs sans subsistance] qui, par rapport à Dieu (le Ternaire) est sans vouloir et sans soi-même, par

682 BW XIII 190.

683 BW XIII 190 n.

684 BW XIII 190.

quoi cependant le retour, le tour à partir de soi, et à nouveau en soi (die *Aufsich-* und *Insich-Wiedergekehrheit*) ou encore l'immanence du progrès dans la manifestation peut être compris.

Dans cette contemplation, idée ou sagesse divine, « le ternaire se visualise ou devient évident pour lui-même. A travers elle, le ternaire joue (*divina comoedia*) en tant que force unie en soi-même, avec les forces qui ont été produites à l'intérieur de la force une du Fils ou du Verbe, et avec cet Esprit venant à travers ces forces, en tant qu'opérateur ou formateur[685] ». Mais cette idée n'a pas seulement un rôle de reflet ou de miroir, elle est également le modèle (*Fürmodelung*[686]) puisque l'image modelante est le désir de la contemplation divine, même s'il ne faut pas entendre pas là une image conçue de manière créaturelle mais bien le produit de l'imagination divine en tant que fondement de la « magie » divine.

Boehme, conclut Baader, distingue nettement la venue à l'essence créaturelle (*Inswesenführung*) du procès divin. En ce sens, et pour prendre une illustration spatiale traditionnelle, Dieu n'est pas seulement le « centre » et le créé une périphérie, car Dieu est indépendant de la création.

En effet, comme le précise opportunément la huitième leçon[687], de telles conceptions panthéistes mettent le monde créé « à la place » du Verbe éternel, de sorte que le créé y est pensé comme « consubstantiel[688] » à Dieu. Fondé sur Boehme, Baader s'en prend ici à Tertullien, accusé d'avoir suggéré que le Verbe en Dieu n'a d'être personnel que dans l'acte de création, et que le monde avait été silencieusement pensé avant d'avoir été agi comme si le Dieu

---

685 BW XIII 190-191.

686 BW XIII 191.

687 BW XIII 1

688 BW XIII 192.

non créateur n'était qu'un Dieu pensant et non agissant ; en quoi, note Baader, Thomas d'Aquin a eu raison de rappeler que les idées de Dieu ne sont pas distinctes de son Essence effective. Avec le même argument, Baader rompt également une lance contre Origène, contre Spinoza, ou Baumer, mais surtout contre Hegel qui est accusé de réduire logiquement l'être de Dieu à une « pure pensée » (*ein blosser Gedanke*[689]). Son Dieu doit, afin de s'élever de la pure pensée à l'existence réelle, d'abord se désapproprier en tant que nature en créature, et ainsi déchoir de soi.

Ces penseurs, en particulier les contemporains de Baader, sont ainsi loin d'atteindre à la juste conception des choses à laquelle avait atteint Boehme. « On doit de ce fait regretter », affirme Baader de manière caractéristique, « que la philosophie dont la définition est de protéger la religion et la poésie dans leur libre mouvement », « aille contre sa définition par de telles représentation antireligieuses ou non-poétiques[690] » : religion et poésie enseignent en effet que la relation de la créature à Dieu n'a rien de « servile ». Il s'agit de service, et non d'une contrainte ou d'un besoin. Le libre amour de Dieu provient d'un « cœur » (« *Gemüth*[691] ») riche, complet, se suffisant à lui-même. Décrire l'état de la créature à partir d'une autre cause que l'amour de Dieu revient à nier Dieu lui-même.

Dans la neuvième leçon[692], Baader revient à la question fondamentale de la vie en ce Dieu qui est Esprit et Existence indéfectiblement. Le Dieu vivant et spirituel est essentiellement, sans pour autant être contraint à l'essence créée ; il existe effectivement, sans être lié à l'être créé ; il est agissant sans être nécessité par un acte créateur. Dans la

---

689 BW XIII 194.
690 BW XIII 195.
691 BW XIII 195.
692 BW XIII 196-199.

Bible, comme dans la tradition d'Oetinger, on évoque cet être spirituel de Dieu en parlant d'une « corporéité spirituelle » : c'est l'esprit incorporel, ou nature, qui possède au plus haut degré « de liberté, de concentration et d'unité » les « forces sensibles de la chair[693] ». Le rationalisme ne voit pas cela qui parle d'un « esprit insensible, c'est-à-dire dénué de sens[694] ». L'esprit « élève » (*erhebt*) ou « clarifie » (*verklärt*) la chair-nature, et non pas, comme le veut Hegel, la « laisse tomber[695] » : « *vis ejus integra si fuerit in terram seu corpus*[696] », comme le répère à l'envi Baader.

On le voit, si l'esprit s'accomplit par la libération de la nature, ce n'est pas néanmoins sans s'achever également dans cette nature qui lui est à la fois un ornement et une arme. Pour reprendre avec Baader l'image du cercle, cela signifie que l'on peut penser l'être « ésotérique », silencieux, inessentiel de Dieu en faisant abstraction de l'être essentiel et périphérique en tant que celui-ci représente également un centre à son tour ; centre et périphérie ne peuvent être pensés que conjointement et dans leur concrétion. Si l'on veut gloser ici Baader, il faut affirmer que la création libre et autonome tire son fondement de cette position de la nature dynamique en Dieu, certes spiritualisée, mais comme un fondement énergique qui permet à Dieu de s'exprimer ou de se manifester à partir d'une altérité en lui-même.

C'est ce que le théosophe de Munich précise à partir de J. Boehme : si les forces en jeu dans la vie divine n'étaient pas depuis l'origine dans une forme de distinction, le Dieu irrévélé ne serait que dans l'essentialité silencieuse, en soi et toutes les essences ne formeraient qu'une seule essence. De sorte que l'on ne pourrait dans ce cas pas vraiment parler d'essence en Dieu, mais seulement d'un désir de révélation

693 BW XIII 197.
694 BW XIII 197.
695 BW XIII 1A97.
696 BW XIII 198.

« étant en soi, silencieux et caché, inessentiel[697] ». Il n'y aurait pas en Dieu cette scission (*Scheidung*), ou cette articulation (*Gliederung*[698]) qu'exige la révélation de soi. Ce concept d'organisation ne renvoie pas à un sens minimal qui serait celui d'une juxtaposition ou d'une composition des forces en présence, mais bien plutôt à cette nécessité pour toute vie d'être rendue possible et effective à travers des organes et des forces qui sont réciproques les unes autres.

Une telle articulation différenciée dans la vie divine est fondée sur la séparation effective à l'intérieur du désir de manifestation, ce qui revient à se demander comment tout en préservant l'unicité, la pluralité et la totalité procèdent de l'unité

> et comment la *potentia* en Dieu va incessamment à l'*actum*, et comment cet *actus* pose pareillement à nouveau cette *potentia* comme faculté. Car précisément l'être éternel se sépare de l'être temporel, par cela que dans ce dernier les deux [*sc.* acte et puissance] s'excluent et se dissolvent[699].

Baader conclut avec pénétration :

> Si cependant Dieu, comme les anciens théologiens le disaient avec raison, est *actus purissimus* et *totalissimus*, mais en même temps aussi *potentia absolutissima*, cela veut dire que les philosophes leibniz-wolffiens tirent un verrou sur cette liberté absolue de Dieu avec leur *principio rationis sufficientis*. Par-là en effet, au lieu de poser l'absolue acte-de-fondement [*Begründend*] dans l'absolu avant son principe-de-fondement [*Grund*], ils le posent après : c'est là réduire le *principium* au *principiatum*[700].

C'est ici l'occasion de rappeler que la position adoptée par Baader, à travers son interprétation assez généreuse de Boehme, se situe entre la tradition de l'acte pur et la tentative idéaliste de penser Dieu comme esprit vide

---

697 BW XIII 198.
698 BW XIII 198.
699 BW XIII 199.
700 BW XIII 199.

ayant à s'accomplir. Dieu est existant, être, qui manifeste cet être à lui-même spirituellement en réfléchissant sa propre essence et en voulant celle-ci comme son propre « corps » ou être réfléchi dans la volonté par l'intelligence.

On est là devant une tentative prototypique et inédite (n'était peut-être celle, historiquement discrète, de Ravaisson) de « réalisme transcendantal » tel que nous l'avons, en d'autres lieux, requis à partir des insuffisances de l'idéal-réalisme siewerthien.

La dixième leçon[701] prolonge les thèses précédemment exposées, en commençant par réfuter tant les « naturalistes » qui nient le Dieu présent dans la nature que ces « théistes » ou « déistes » qui nient que la nature soient une force en Dieu. J. Boehme au contraire a développé le concept d'une nature éternelle qui existe en Dieu et est inséparable de son Essence. Elle est la condition de la venue à l'essence de Dieu. A défaut de ce « *motus intestinus*[702] », pensé en rapport avec un milieu et non comme une extériorité, on ne comprend rien à la vie elle-même. Le concept de la vie comprend en soi diverses sources d'action ou *centra* dans un centre commun ; la vie se montre d'autant plus vivante et unifiée qu'elle porte un contenu ou une diversité plus riche en soi.

> On ne peut penser rien de vivant sans contenu, sans intériorité, c'est-à-dire sans intensité et sans être-dans-un-autre[703].

L'idée n'existe et ne se déploie comme forme existante qu'en s'appuyant sur un centre. Il en va comme dans le feu, qui est transformation de l'intensité en lumière.

Notre auteur s'attarde ensuite sur les « trois moments » qu'il distingue en toute figuration (*Gestaltung*) ou

---

701 BW XIII 200-202

702 BW XIII 200.

703 BW XIII 201.

en toute venue à l'existence (*ins Dasein führung*) créée, à savoir la création, la formation et la faction[704]. Il reconnaît tout d'abord que Boehme lui-même n'a « pas toujours été clair[705] » par rapport à ces trois principes du vivant. Baader met également en rapport ces trois moments avec la vie trinitaire (« le Père comme créateur, le Fils comme Lumière et forme référente [...] ou sagesse, l'Esprit comme facteur[706] »), de façon à montrer que la spiritualité divine est toujours à la fois principe, idée, et action scindante qui distingue et sépare sans disloquer. C'est pourquoi analogiquement l'on retrouve en tout jugement une structure de connaissance dans laquelle le moment critique de la judication est celui d'un acte qui est à la fois une formation d'idée et une subordination :

> Aucune potentialisation sans dépotentialisation, aucun maître sans serviteur[707].

Le cours suivant[708] reprend sur un plan différent ce qui vient d'être précisé concernant la fonction de contenu ou d'intériorité qu'exerce la nature dans le déploiement expressif de l'être, et sur le rôle critique, scindant, de l'esprit opérateur pour cette mise en forme essentielle. Pour Baader, la vie n'existe donc que dans une telle « plénitude et pluralité[709] », à partir d'une source mobilisatrice ou d'action qui reste unique. Ainsi, la vie propre de ces « organes » ou forces uniques de la vie (que l'on peut nommer des « esprits vitaux ») ne peut pas demeurer dans l'unité immédiate, ou dans ce que Baader nomme encore sur un registre ésotérique la « température » (*Temperatur*[710]) comme telle, mais doit en

---

704 BW XIII 201.
705 BW XIII 201.
706 BW XIII 202.
707 BW XIII 202.
708 BW XIII 203-205.
709 BW XIII 203.
710 BW XIII 203.

sortir pour y revenir. C'est que l'unité vitale ne peut pas parcourir les différents moments de son développement sans l'aide d'un « diviseur » (*Divisor*[711]) :

> A doit ainsi d'abord se tirer et venir à soi à partir de b et c ; b à partir de a et c, c à partir de a et b de sorte qu'ils puissent tous les trois à nouveau, mais en tant que séparés et ayant obtenu leur vie propre, revenir à l'unité[712].

Seule l'unité complète, de ces interactions et scissions de forces revenues à l'unité, donne le corps réel, l'existant en tant que tel ; la représentation du conflit et de l'embarras réciproque étant une abstraction. Seule l'incarnation (*Leibwerdung*) ou la prise de chair (*Beleibung*[713]) du processus est un accomplissement et demeure. Baader veut dire ici que les distinctions opérées par Boehme ne doivent pas être isolées du tout de la vie, ou pensées comme des phases selon l'avant et l'après (comme y tend le Schelling du *Freiheitschrift* et des *Weltalter*).

L'on peut néanmoins distinguer avec Boehme les moments (abstraits) suivants : 1. l'idée non sensible, sans corps et sans vie dans la sagesse ; 2. son enssaisissement (*Infassung*[714]) dans « la nature, la science ou la convoitise, qui est commencement de la sensibilité ou de l'essenciation (*Essentiation*[715]) » ; 3. l'introduction dans la forme de lumière et 4. l'introduction dans l'essence accomplie ou Substanciation[716]. La conception boehméenne sous-jacente de la nature, reconnaît Baader, est proche du *Tsimtsoum* du Zohar ; elle signifie que la nature est « l'atelier (*Werkzeug*) de l'autotransformation de l'unité silencieuse »[717].

---

711 BW XIII 204.
712 BW XIII 205.
713 BW XIII 204.
714 BW XIII 205.
715 BW XIII 205.
716 BW XIII 205.
717 BW XIII 205.

L'ipséité dynamique de l'être est, dans ce contexte, « le don d'une tâche » (*Gabe eine Aufgabe*[718]), puisque l'unité ou température est au principe comme au terme du processus vital.

Dans ce contexte, Baader revient à la leçon 12[719] notamment sur une grave mésinterprétation de Boehme, telle celle de Daumler[720], qui reviendrait à considérer la nature en Dieu comme un être numériquement distinct de Dieu. C'est aussi l'occasion pour Baader de réfuter dans le même sens la conception de Hegel qui prend l'immanence du principe de nature pour une « création émanente[721] ». La nature est plutôt à concevoir comme un « arrêt » interne, la « terre » ou la surface de cette transition [*Uebergang*[722]] qui caractérise la vie divine et toute vie.

Au tout début de cette leçon, Baader a montré qu'il en allait également ainsi pour le créé, à qui est accordée une ipséité puisque l'acte créateur se fonde sur le principe de nature en Dieu et sur la pluralité d'essences à l'intérieur de la vie divine à partir de la scission de l'unité. Cette ipséité créaturelle doit également avoir un commencement et une fin, non parce qu'elle serait mauvaise et pervertie, mais parce qu'elle n'est pas l'Ipséité divine elle-même, ou plus exactement parce qu'elle n'est pas « encore » revenue à Dieu. L'ipséité créaturelle doit en effet non seulement venir de, mais retourner à Dieu

> afin, par cette libre demande et ce pacte conclu avec Dieu, d'avoir part vraiment à la nature de Dieu et d'y demeurer – et par-là d'obtenir la substanciation

---

718 BW XIII 205.

719 BW XIII 206-209.

720 Sur Daumler, voir la note de l'éditeur in BW XIII 178-179.

721 BW XIII 209.

722 BW XIII 208.

[*Substanciation*] éternelle, ou corporisation pérenne [*bestandhaltendes Beleibung*] en Dieu[723].

On doit donc penser le temps comme un balancement [*Schwebe*] entre le commencement et la fin de l'être créaturel, dont l'accomplissement de soi dépend néanmoins du « pacte » conclu avec Dieu. Ce temps n'est donc qu'en puissance, il ne devient un temps véritable et objectif (comme nous l'avons déjà observé à l'occasion de l'écrit *Sur le temps*) : « le temps de la créature est de ce fait une durée à l'extérieur de la sempiternalité (*Sempiternalität*[724]) » dont il est seulement en puissance ; il en est une « suspension[725] ». Il en va de même pour l'espace, « suspension de l'ubiquité[726] ». L'actualité ne touche le temps, ou l'espace, créés, que par le retour de la créature à la nature en elle, en elle et pour elle.

Dans la curieuse treizième leçon, Baader approfondit cette « renaissance » (*Wiedergeburt*[727]) qui est retour spirituellement médiatisé à l'unité de nature. Le concept de renaissance, affirme tout de go Baader, suffit à distinguer Boehme de tous « les théologiens et philosophes[728] ». C'est en effet « le concept central du christianisme lui-même[729] ».

Baader assure que Boehme a rendu « le plus grand des services[730] » en montrant qu'il y a dans la « naissance ou « procréation » littérale de l'homme la clé pour la compréhension de la naissance éternelle du Ternaire et pour la notion véritable de la renaissance de l'homme.

---

723 BW XIII 206-207.
724 BW XIII 207.
725 BW XIII 207.
726 BW XIII 207.
727 BW XIII 210.
728 BW XIII 210.
729 BW XIII 210.
730 BW XIII 210.

L'explication de Baader commence par rappeler que la tâche de l'homme est de s'accomplir en fixant en lui-même l'image de Dieu. Les impératifs moraux ou même ontologiques (« tu dois avoir et pouvoir ; tu dois être[731] ») sont secondaires par rapport à cette exigence de l'exemplarité.

Baader raccroche cette assertion au concept de temps qu'il a décrit à la leçon précédente comme un « *chronos* » dilaté de l' « *aïôn* » sempiternel. L'accomplissement de ce temps, en particulier pour l'homme, est une suppression non de l'être mais de l'inachèvement de cet être. Ainsi, la vie de l'homme n'est rien que l'accomplissement d'un pacte où la projection du vouloir en Dieu scelle la libre alliance du créé au Créateur.

En fait, lorsque mon vouloir projette ainsi, il devient une image de ce à quoi il se donne projectivement. Il y a donc, au cœur même de la volonté, une faculté de voir, un lien à l'image. C'est pourquoi Boehme dit que « l'esprit n'est jamais sans voir ni sans yeux[732] » – « ni le voir sans esprit[733] ». La vie mystique revient donc, comme l'affirme P. Fournié sur lequel s'appuie ici notre auteur, soit à naître de Satan, soit à renaître en Dieu.

Le vouloir est ainsi ce que Baader nomme un « projetable » (*Projicirbar*[734]) de l'homme « à et dans[735] » un autre vouloir – qu'il s'agisse de celui de Dieu ou de celui de la puissance diabolique. Mais la naissance, par cette projection, du vouloir humain en Dieu fixe et accomplit l'image de Dieu en l'homme. Cette impression de l'idée divine est proprement une « signature », « un caractère[736] » dont Baader médite incessamment le trait pour ainsi dire

731 BW XIII 211.
732 BW XIII 212.
733 BW XIII 212.
734 BW XIII 213.
735 BW XIII 213.
736 BW XIII 214.

« baptismal » dans le cadre de la renaissance en Dieu. Il fonde ici son anthropologie exemplaire, qui est à la fois dynamique et mystique (« le don d'une tâche »). Cette anthropologie pourrait se résumer à la proposition suivante qui nous semble adéquatement résumer l'intention de Baader, lecteur de Boehme : exister, c'est insister, ou plutôt se substancier librement en Dieu.

La leçon 14[737] répète sans grand apport ces réflexions sur l'exemplarité de l'idée divine dans l'esprit humain, dans le cadre d'une logique de « renaissance ». Dans le cadre de nos réflexions sur la théologie de Baader, nous en avons suffisamment dit sur une telle anthropologie déduite du Ternaire divin. La leçon 15[738] ajoute seulement l'idée de la « magie » sur laquelle fonctionne une telle anthropologie de l'image et de l'imagination de l'idée de Dieu.

La leçon 16[739] inaugure une série finale de réflexions métaphysiques sur le concept de « manifestation ». Dans ce cours, Baader montre combien elle est essentielle à l'accomplissement de l'être, et révèle quelle contradiction nécessaire elle porte en elle. Cette petite leçon développe ainsi une sorte de « canonique » créaturelle de la manifestation, rendant au passage justice à Hegel d'avoir restauré le lien, brisé par Kant, entre l'essence et sa manifestation[740]. Le cours suivant[741] montre bien qu'il n'y a pas dualité dans cette manifestation parce qu'elle procède d'un centre unique, comme on l'a vu en Dieu.

La 18ème et dernière leçon[742] sur Boehme de 1833 prolonge ces vues que l'on pourrait dire « phénoménales ».

---

737 BW XIII 215-218.
738 BW XIII 219-223.
739 BW XIII 224-227.
740 BW XIII 224.
741 BW XIII 228-231.
742 BW XIII 232-236.

Contre l'adage spinoziste : « toute détermination est une négation » Baader, appuyé sur Boehme, développe la déduction autrement plus subtile : toute détermination est une formation, la formation est une distinction, la distinction est à la fois position et négation[743]. Il est donc faux de dire qu'un être qui prend forme ou figure se finitise. Bien plutôt, il se réalise dans la plénitude de son propre fonds. Cela est vrai tant de Dieu que du créé, et empêche d'ailleurs l'assimilation « monstrueuse[744] » des deux.

A tous les niveaux de l'être, la manifestation expressive de l'essence peut être comprise à travers une image musicale. Personne ne contestera, commence par affirmer Baader, que l'air, pourtant silencieux, porte en lui comme en puissance tous les tons et toutes les harmonies. Ce n'est pourtant qu'avec l'aide d'un instrument que le son apparaît : sans lui, l'air reste muet et sans expression. Pas davantage, l'instrument sans air ne manifeste quoi que ce soit. Si l'air silencieux ne peut résonner en soi-même ou de lui-même sans l'aide d'un instrument, c'est donc qu'il ne peut y avoir de son ou de verbe sans l'intervention d'un coopérateur (*Mitwirker*), d'un con-sonneur (*Mitlauter*) ou encore d'un atelier (*Werkzeug*[745]) qui est l'instrument même. La formation du son se fait donc à travers un atelier immanent, lieu de l'« ingression » nécessaire à la manifestation ou réalisation. La production des notes ne se fait donc pas dans l'unité de l'air silencieux lui-même, mais seulement à partir de lui, dans cet atelier qui est une « région distincte[746] ». Cette désappropriation se poursuit par un retour à l'unité qui s'est subordonnée dans ce mouvement d'organisation, et qui est production du son ou du verbe.

---

743 « Omnis determinatio est formatio, formatio est distinctio, distinction est positio simulae negatio » (BW XIII 232). A comparer avec BW IX 36, 312.

744 BW XIII 233.

745 BW XIII 234.

746 BW XIII 235.

Analogiquement, l'homme qui ne revient pas « au Père », ne faisant que se chercher lui-même, est incapable d'exprimer et d'accomplir son propre être – perdant de ce fait, comme il a été dit, sa propre « signature » ou son « caractère[747] ». C'est là alors, conclut Baader, tomber dans l'obscurité d'une impuissance de la prière (*Impotenz des Gebetes*[748]).

---

747 BW XIII 236.
748 BW XIII 236.

4. DU DÉSIR BOEHMÉEN AU SACRIFICE SPONSAL : LA PHILOSOPHIE ÉROTIQUE DE BAADER

Dans son introduction au volume XIII des *Œuvres* de Baader, J. Hamberger a montré combien l'interprétation donnée de Boehme par Baader était exceptionnelle à une époque qui réduisait la pensée du cordonnier de Görlitz à un « panthéisme[749] ». De fait, l'on a pu constater en parcourant ce cours de 1833 à quel point la lecture proposée par Baader fait pièce à une telle compréhension – de même qu'elle s'oppose discrètement à l'interprétation donnée par Hegel du Boehme de l'*Aurore naissante*, qui fonctionnerait selon le penseur berlinois sur le schéma contradictoire de l'être et du néant.

Probablement, à l'aune de recherches plus poussées, jugera-t-on que Baader a manifesté, dans son herméneutique, une générosité tout de même exagérée vis-à-vis d'un mystique dont la doctrine est restée ambiguë jusqu'au bout. Le théosophe de Munich a en tous cas permis de montrer que la recherche boehméenne offrait des ressources remarquables par rapport aux exigences de l'idéalisme allemand. Alors que celui-ci, y compris chez le dernier Schelling, s'efforce puissamment, mais avec peine, de résorber l'abîme ouvert par Kant entre l'être et l'esprit, Baader montre qu'il y a possiblement chez Boehme une solution plus ancienne : celle qui consiste à penser d'emblée l'unité, dans la différence, de la nature et de l'idée. Au lieu de forcer à l'unité des inconciliables, il y a moyen d'en revenir à cette unité distinguante qui est le cœur du dispositif boehméen de la « manifestation ». Baader s'efforce, certes bénévolement, de pousser les textes de Boehme dans la direction d'un idéal-réalisme de l'expression, où la clé du mystère de l'être serait à trouver dans sa phénoménalité, qui est spiritualité.

---

749 Voir BW XIII 8-9.

De manière certes peu pédagogique, et par des détours ou des répétitions pénibles, Baader s'efforce en effet à sa manière – inspirée et décousue – de dégager les traits d'une ontologie dynamique, fondatrice d'une anthropologie elle-même énergique et mystique. Pour lui, l'être existant, le *Dasein*, est et reste le fondement de tout : la pensée ne peut s'appuyer que sur le réel concret, sur l'être en acte. Ce réalisme foncier, que Baader attribue à Boehme, n'est pourtant pas un plat positivisme, bien au contraire.

L'être (*Sein*) de cette existence absolue est d'emblée spirituel. Il est fondamentalement un mouvement vers l'expression, c'est-à-dire vers la manifestation (ce que Michel Henry ne désavoue pas sur la base d'une lecture certes fichtéenne de Boehme). Cette « phénoménalité » de l'être se fonde sur la nature, c'est-à-dire sur ce qui, dans l'existence, est tenue à soi, spécificité, détermination en soi de l'essence (« terre », « arrêt »). La « nature » ne veut rien dire d'autre que l'être en tant qu'être en soi et à soi – c'est à dire l'être comme détermination. Comme esprit, l'être de l'existant déploie cette nature, il la dilate dans l'expression. Autrement dit, il s'appuie sur la détermination irréfléchie pour la réfléchir, afin qu'elle soit pour elle-même. Il y a dans cet « appui » sur la nature de l'esprit expressif une dimension négative, puisqu'il s'agit en un sens de nier l'existence seulement immédiate, ou immédiatement naturelle, qui ne serait pas expression et phénomène de soi. C'est pourquoi on trouve, selon Baader, cette insistance de Boehme sur la négation de la nature dans l'être, par l'esprit.

Une telle négation n'est pourtant pas une suppression, moins encore une contradiction au sens de Hegel, mais plutôt une élévation (*Erhebung*). Le mouvement de l'esprit consiste à se fonder sur la puissance intensive de détermination à soi qui est celle de l'être naturel, pour y déployer la manifestation. Celle-ci ne sera donc nullement un simple rayonnement conçu comme une « perte » de soi, mais proprement une « imagination ». C'est-à-dire que l'expression, ou manifestation, se fait à l'intérieur d'un contour, d'une détermination, d'un en soi, que lui confère la nature en tant que présence à soi. La manifestation est donc formation, c'est-à-dire expansion spirituelle, fondée sur la nature comme appui déterminatif, en une figure. Cette figure, ou verbe, n'est donc rien que l'unité médiatisée de l'être par l'esprit et à travers la nature. L'existant, le réel, est donc pleinement accompli dans l'idée intérieure de soi, que sa propre spiritualité ou volonté de manifestation a produit de manière figurale dans « l'atelier » de la nature ou inhérence à soi.

Dans cette interprétation, la manifestation reste constamment sous la règle de la médiation, c'est-à-dire de l'organisation ou articulation (*Gliederung*). C'est pourquoi la nature est élevée, et non supprimée, en idée ; c'est pourquoi l'expression est mesurée par la nature, et ne se confond pas avec une désappropriation ; c'est pourquoi aussi l'idée est une vraie réflexion de l'être et dans l'être, et non une altération.

A partir de ce dispositif herméneutique, Baader montre le véritable rapport du fini et de l'infini : Dieu n'a pas besoin du créé, sa propre vie est une perfection achevée. Néanmoins, la vie créée trouve son fondement et enracine son mouvement dans la propre vie de Dieu. Disposant d'une « nature », c'est-à-dire d'une détermination intérieure et à soi propre, le créé hérite d'une indépendance, d'une liberté ou d'une aperture. C'est pourquoi il n'est pas seulement « la périphérie » du cercle divin, mais constitue à son tour un véritable centre, qui doit se déployer circulairement en manifestation de l'unité. L'être créé est pourtant « le don d'une tâche » : celle de déployer en soi l'image de Dieu, c'est-à-dire de revenir à l'unité la plus profonde de l'être, en niant l'étroitesse de la nature immédiate pour l'élever à la détermination complète, laquelle est projection du vouloir humain en Dieu, ou encore « signature » et « caractère » de la vraie personnalité. Il n'y a donc pas de panthéisme chez Boehme, en conclut Baader, mais une réelle coopération du créé à l'opération parfaite qui manifeste Dieu à lui-même.

L'interprétation que donne Baader de Boehme est d'une profondeur métaphysique tout à fait extraordinaire. Bien peu ont mesuré à quel point, sous ses allures certes encore confuses, elle fait rempart contre l'idéalisme d'un « réalisme transcendantal » incomparable, dans lequel l'être se médiatise lui-même réflexivement en figure intérieure.

Parmi toutes les sources auxquelles il s'est abreuvé, il est clair que c'est par prédilection dans l'œuvre de Boehme, généreusement interprétée et poussée par-delà elle-même, que Baader a puisé la matière de sa propre pensée, et en particulier de ce « réalisme transcendantal » comme nous le nommons. Mais plus donc qu'un *Boehmus redivivus*, il y aurait lieu de nommer Baader un « Boehme 'après' Boehme », tant il trie dans le foisonnement d'intuitions mystiques du Silésien des amorces de son propre système.

Un point en particulier lui reste absolument propre : celui d'avoir fondé ce réalisme médiatisé sur l'amour, conçu au sens sponsal d'un mariage ou d'un sacrifice réciproque fécond.

Dans les leçons que nous venons de parcourir, Baader n'a parlé en effet qu'en termes de volonté, de désir affamé, de vouloir ou d'action comme fonds de la spiritualité ontologique. Mais la véritable conception que Baader se fait de l'être va plus loin que ne le permet ce cadre de l'interprétation de Boehme. Elle est à trouver en particulier dans sa « philosophie érotique », notamment dans les *Quarante propositions tirées d'une érotique religieuse*[750]. L'amour y est concrètement conçu comme « union réciproque »,

---

[750] BW IV 179-200.

conçue comme sacrifice commun dans lequel l'un donne substance à l'autre. Il y a dans l'amour sponsal l'analogue d'un repas (et plus précisément du repas eucharistique) :

> C'est en ce sens que Novalis dit que les amants se transfigurent l'un dans l'autre en se mangeant l'un l'autre[751].
>
> L'amour accomplit l'assimilation réciproque[752].

Partout ailleurs, Baader montre le lien de cette subtanciation réciproque de l'amour avec le réalisme médiatisé qu'il tire de Boehme : la médiation dans l'être, son « cœur-centre[753] », est cet amour où la noblesse féminine (c'est-à-dire la force de référence de l'idée) et l'humilité masculine (le fait pour l'expression de se donner intériorité ou figure) échangent sponsalement leurs dons. L'idéation intérieure de l'être se laisse au mieux comprendre dans l'image de l'androgynie originaire, de la matrice lovée au sein de la puissance, ou de l'idée conçue au cœur de l'être.

> Quand j'aime, je pose mon 'milieu' dans l'aimé. *Anima est, ubi amat, et sentit, ubi amat* [...] Le fait que deux êtres soient vraiment deux vient de ce qu'ils sont tous deux des 'touts' relatifs ; qu'ils soient un, vient du fait que chacun est la moitié de l'autre. Pour s'unir de sorte que chacun puisse être la moitié de l'autre, chacun doit se partager lui-même, *sc.* entrer dans l'autre avec une part de son être, en laissant l'autre part derrière[754].

---

751 BW IV 230.

752 BW XI 182. X. Tilliette a récemment synthétisé les vues eucharistiques de Baader dans un livre pionnier et magnifique, sans toutefois peut-être assez les lier à la philosophie « érotique » d'une part, à la théorie baadérienne du langage de l'autre. Cf. X. TILLIETTE, *Philosophies eucharistiques de Descartes à Blondel*, Paris, Ed. du Cerf, 2006, pp. 83-90. Le fonds réel de la pensée eucharistique baadérienne est celui d'un « banquet nuptial de la parole ».

753 BW IV 195.

754 BW I, 229-231.

Ce n'est pas ici le lieu de développer plus avant cette anthropologie « érotique », laquelle vient du point de vue de Baader fonder en dernière analyse le « réalisme médiatisé de la manifestation » qu'il tire notamment de Boehme. Une dernière fois, elle nous fait entendre que la philosophie religieuse de Baader est un philosophie de l'amour conçue comme union sponsale et féconde du désir de ce qui est bas, et d'élévation de ce qui est haut, dans un milieu réciproque qui est le fruit commun de la manifestation au-dehors et de la réflexion en soi.

« Religieuse », la métaphysique de Baader comme l'anthropologie qu'elle recèle, l'est vraiment. Non point tant parce qu'elle encadre, comme Boehme, ses réflexions par l'Ecriture et par des assimilations trinitaires plus ou moins orthodoxes. Mais elle l'est au sens le plus profond du terme parce que, d'une manière parfaitement cohérente, elle ne conçoit pas la raison autrement qu'érotique, d'une relation sponsale qui la lie à Dieu. Cette raison a pour essence de produire en soi l'image de Dieu, elle est donc pensée avant de penser. Voilà pourquoi au sens le plus profond Baader nous a montré, d'une manière théorique dans ses *Leçons de philosophie religieuse*, concrètement dans ses *Cours sur Boehme*, que le « don » de la philosophie est aussi une « tâche » : celle de revenir au Dieu manifeste, au Dieu révélé. « Religieuse », la pensée de Dieu l'est donc foncièrement, non tellement parce qu'elle est fondée sur une théologie philosophique, qu'en raison de ce que cette théologie est essentiellement philosophie. L'amour en Dieu est expression spirituelle de la Sagesse, par impression de soi-même en une figure libre, et donation de sa propre substance. La sagesse humaine ne répond à sa nature spirituelle profonde qu'en reproduisant en elle le libre consentement du Verbe éternel à ce don du Père – c'est-à-dire, en une forme de « noblesse » féminine, en se développant exemplairement comme puissance de référence à la source divine de l'être.

La philosophie est religieuse chez Baader parce que sa théologie est philosophante : penser n'est donc que retourner à l'unité, à la « température », dans un mouvement de libre amour.

Cogitor, ergo cogito – l'énigme est éclaircie.

CONCLUSION

CATALOGIA TRINITATIS

Plus d'un lecteur des études qui précèdent aura été frappé par un élément qui se dégage avec netteté des écrits de Baader : qu'il s'agisse de fonder la vie morale, de définir la connaissance, de penser le temps, ou la vie divine, le théosophe de Munich ne fait que reprendre, sur des aspects et des images différents, une unique problématique.

Au fond, toute la pensée de Baader tourne autour d'une même intuition, qu'il contemple et exprime dans des figures et sous des angles chaque fois neufs (*Totum in toto, et totum in qualibet parte*[755]). Le lecteur de Baader n'a que rarement l'impression d'avancer plus avant dans une marche conceptuelle, mais bien plutôt d'explorer les facettes d'un *intuitus* unique, flamboyant, adamantin par ses feux multiples et son eau fascinante.

Derrière donc ce « foisonnement », avec lequel nous avons tant de fois dénoté le style baadérien, fors aussi l'imparable difficulté que provoque l'imaginal indiscipliné de ce penseur sibyllin, serpente une claire conviction.

On a qualifié plus haut cette forte substance en parlant de « réalisme transcendantal de l'amour » : la création effective n'est rien que participation, par sa sagesse, au Verbe éternel - c'est-à-dire à la manifestation intérieure et aimante de l'être divin à soi comme idée. L'être créé est donc dynamique, vivant de la vie même de l'être divin, lequel n'est rien *que manifestation, figuration, de sa propre perfection*.

Le cœur de tout le dispositif mis en place par Baader réside dans la description d'une « solution réelle » au problème abstrait de l'opposition des principes. Pourquoi et comment « l'amour » résout-il la rotation immobile, le cercle vital fermé, et permet-il à la vie de se déployer ? Les images de l'éclair et de la lumière, ou de la flamme et de la clarté, tentent de rendre compte de ceci en représentant la subordination réciproque des éléments : le « haut » s'abaisse, le « bas » est élevé. « L'orgueil devient abaissement et

755 BW I 303.

humilité[756] ». La liberté ou idée se fait nature, la nature se fait liberté, c'est-à-dire qu'il y a une subordination réciproque de ce qui est pure relation et de qui est sans relation. Dieu se pose Lui-même dans l'exposé de Lui-même. L'acte d'être réside dans le surmontement toujours déjà réalisé de l'opposition abstraite de la manifestation et du désir, de la pensée et de la volonté, de l'action et de la réaction. Le corps apparaît - d'un être qui n'a cessé de passer du centre à la figure.

L'être n'est ainsi événement qu'en ce qu'il déploie en périphérie ou corps son centre (à travers la triplicité de la pensée, de la volonté et de la réalisation). L'être n'est qu'expression, parole, une manifestation médiatisée ; c'est-à-dire une donation qui, tout en se réfléchissant en soi, ne cesse d'exprimer. L'être n'est qu'amour, l'amour n'est que parole. Une telle dialectique vaut tant pour la vie du Dieu trinitaire que pour l'acte de création lui-même. Dieu, en tant qu'Esprit et Etre absolu, pénètre (*durchdringt*) tous les esprits et tous les êtres qui tiennent de lui leur existence mais une telle pénétration n'est pas, comme Hegel le veut, une « suppression » (*Tilgung*) : c'est plutôt à la façon dont le son pénétrant se laisse entendre par ce qu'il pénètre que Dieu est présent dans les êtres créés[757]. Insaisissable en lui-même, il prend une forme reconnaissable à travers ce qu'il pénètre, en quoi il résonne, se laisse appréhender réflexivement et exprimer manifestement. La création est assimilable à l'expression d'un parole divine « dont la fonction est de conjoindre l'Idée comme hauteur et la nature comme profondeur[758] », rendant visible l'invisible. La « parole exprimée » de l'être associe ainsi ce qui est à rendre manifeste, Dieu en tant que modèle (*Urbild*), et ce qui

---

756 E. Susini, *Franz von Baader*, t. 1, p. 311.
757 BW IX 327 n. **.
758 BW IX 327 n.**.

manifeste, le créé comme reflet (*Abbild*)[759]. « Le miroir (miroir-mirer) a la relation de ce qui lui est supérieur, dans la mesure où celui-ci voit son image en lui, et de ce qui lui est inférieur. Cet inférieur voit en lui (en tant qu'image en lui) le supérieur[760] ».

Le mal dans la création provient de la rupture avec cette sagesse, c'est-à-dire dans le refus d'être corps manifestatif, ressemblance de Dieu. La rédemption consiste à retrouver la sagesse, c'est-à-dire à laisser à nouveau l'idée de Dieu même mener la nature créée, la transfigurer. Il s'agit de se subordonner à l'idée de Dieu, ou de se laisser élever à nouveau à elle, en devant instrument de la sagesse et coopérateur de la vie de Dieu. C'est pourquoi aussi il faut retrouver la double unité du physique et du moral d'une part, du moral et du mystique de l'autre.

En raison de ce réalisme transcendantal de l'amour, dont la forme supérieure est une métaphysique de l'expression ou de la manifestation médiatisée, le jeune Baader ne pouvait trouver chez Kant, comme on l'a vu, la « fondation de la morale sur la nature » auquel son environnement ésotérique l'avait stimulé. Voilà aussi pourquoi le temps, chez Baader, est seulement apparent lorsqu'il n'est pas récapitulé dans l'éternel et vivant présent de Dieu. C'est encore pourquoi Baader lit avec tant d'ardeur les écrits de Boehme, qui semblent confiner à une telle compréhension de l'être comme manifestation réflexe, et médiatisée par l'amour.

On comprend mieux surtout que, dans ses *Leçons de philosophie religieuse*, Baader nous ait montré la pensée rationnelle comme suspendue à un don qui la précède, qui la soutient, et constitue une tâche à réaliser : celle de reprendre en soi le mouvement circulaire de l'être, qui est

---

759 BW IX 327-328 n.**.

760 BW IX 328 n. **

manifestation de l'idée divine. Le réalisme transcendantal de Baader est donc coextensif à sa conception de la pensée comme « philosophie religieuse » : la philosophie n'est elle-même qu'en figurant le Dieu révélé, qu'en révélant sa propre manifestation. Elle est donc un empirisme supérieur, expérimentant la nature de Dieu à travers les mystiques, la Révélation chrétienne, voire toutes les pratiques qui, dans le physique, manifestent le surnaturel comme son fondement. Elle est une philosophie religieuse par nature.

Tout s'éclaire ainsi chez Baader à partir de ce réalisme transcendantal de la manifestation médiatisée, dans lequel l'amour fécond de l'homme et de la femme devient l'analogue principal de l'être. N'est-ce pas en effet dans l'échange sponsal, qui est une « sustanciation » réciproque des amants, que se figure au mieux la vie de Dieu lui-même – Père désapproprié dans le Fils obéissant, Esprit qui est le lien de leur amour et comme leur fruit réciproque ?

Mais c'est là signifier que l'analogie de l'être n'est au fond qu'une forme réflexe de la catalogie, par laquelle l'amour de Dieu s'abaisse lui-même, à l'intérieur de lui-même, pour, dans sa propre idée, se reprendre en soi comme figure manifeste. L'*analogia trinitatis*, radical de l'ontologie dynamique chez Baader, n'est donc que la dispensation, sur le mode de la créature, de la *catalogia trinitatis* – par laquelle en lui-même Dieu éternellement consent à son propre don, l'être parfaitement existant.

Fonder ainsi la philosophie sur la vie de Dieu n'est certes pas inédit, eu égard au phylum spinoziste et à ses boutures hégéliennes ; le défi est plutôt de procéder à une fondation qui procède par une véritable suspension et disposition à l'ontogénie divine, au lieu de la projection sur Dieu des attributs du fini.

Une telle déduction par Baader, à partir de la vie de Dieu, des attributs transcendantaux de l'être, n'aura en même temps des alcools « idéalistes » que le degré de puissance spéculative ; cet auteur étonnant a offert, pour la seule fois dans l'histoire, une possibilité de dépasser Hegel de l'intérieur, par révulsion presque entière du Système réflexif en une Phénoménologie intégrale, vraiment manifestative, dans laquelle la libre expression de soi en l'autre que soi devient la loi fondamentale au lieu de la nécessaire révolution sur soi ; la grande philosophie dont l'œuvre de Baader est en gésine n'est rien d'autre et rien de moins, qu'un dépassement de Hegel au nom d'une réalité supérieure – l'expression médiatisée de l'amour[761].

On peut parler d'une contrariété du système baadérien et du système hégélien : quand le second parie pour le retour à soi par et par-delà l'extériorité de la relation, Baader prend option au contraire pour une révélation expressive de soi dans et à l'intérieur de la détermination à soi, sans pourtant que ce retour à soi annule la manifestation de soi puisqu'il s'agit d'une expression ou parole de soi. Pour tous les deux le concept universel est identique à lui-même en tant qu'il contient son autre, la détermination, mais chez Hegel elle est supprimée et dépassée, tandis que chez Baader la détermination est élevée et fécondée. A la dialectique de la sursomption s'oppose ainsi la dialectique de la manifestation – non pas certes que cette dernière obnubile l'intériorité, mais au sens plutôt où elle en fait la condition même d'un mouvement premier vers autrui, d'une Gloire ouverte et révélée. S'il est vrai que Hegel fonde également toute sa philosophie « sur l'idée de Révélation[762]» et convient avec

---

[761] Voir E. TOURPE, « Une conspiration métaphysique : Thomas, Hegel et Boehme. A propos de trois ouvrages récents », in *Revue philosophique de Louvain*, 3 (2002), pp. 585-607 ; « 'Hegel est incapable de comprendre la religion chrétienne'. Franz von Baader (1765-1841) critique de la philosophie hégélienne de la religion », in E. Gaziaux (éd.), *Philosophie et théologie. Festschrift E. Brito*, Peeters-Vrin, Louvain-Paris, 2007, pp. 149-170.

[762] J.L. VIEILLARD-BARON, *Hegel. Système et structures théologiques*, Paris, Ed. du Cerf, 2006, p. 44.

Baader de ce que la philosophie est dans son fonds religieuse, leur divergence est totale en ce qui concerne la notion de manifestation ; si celle-ci structure la philosophie de Hegel qui l'englobe ou se l'approprie, elle en est le fondement, le milieu et la fin chez Baader, de sorte que le philosopher lui-même est un phénomène.

C'est pourquoi, à la dialectique strictement ternaire de Hegel, Baader opposera une logique « quaternaire » : celle-ci adosse la triade essentielle pour l'organisation ontologique de la vie (« penser, vouloir, réaliser », « hauteur, profondeur, fondement », « idée, nature, milieu » etc.) à l'unité mouvante, mais non mue, du sujet identique à soi qui, dans le « devenir immobile » du procès-recès, donne corps ou figure à la manifestation de soi dans la volonté de soi. Ce que signifie le quaternaire n'est rien d'autre qu'une méthode *analogique* visant à distinguer l'ordre du processus lui-même (*producens*, *quo producit*, *ex quo*) de son produit[763]. Dans la mesure où le fondement est en même temps aussi une parole[764], « on peut distinguer dans toute action ou création, quatre aspects : l'être qui verbe, le fondement du verbe, le fait de verber et le verbe lui-même réalisé[765] ». La grande intuition de Baader, incommensurable aux puissances schellingiennes ou à la dialectique hegelienne[766], et qu'intitule « l'*Urquaternar*[767] », consiste ainsi à penser un véritable déploiement de l'unité *à travers* la différence et non pas *par* la différence.

---

[763] BW I 205.

[764] BW IX 329 n. **, 365 n. ++ etc..

[765] BW II 43 n. 2.

[766] Voir à ce sujet H. GRASSL, « Baaders Lehre von Quaternar im Vergleich mit der Polarität Schellings und der Dialektik Hegels », in P. Koslowski (éd.), *Die Philosophie, Theologie und Gnosis Franz von Baaders spekulatives Denken zwischen Aufklärung, Restauration und Romantik*, Wien, Passagen Verlag, 1993, pp. 31-50.

[767] BW VII 32.

Par rapport à la tentative comparable de Bruaire, la position adoptée par Baader exclut que l'Esprit soit seulement « confirmation » du don paternel et du contre-don filial. Il est l'affirmation elle-même, le « corps » ou la « terre », la glaise pour ainsi dire de l'expression manifestative : il est, de part en part, le fruit de l'amour et l'amour lui-même. L'Esprit ne « confirme » pas, il médiatise de bout en bout la manifestation de Dieu en sa propre Idée – il est Affirmation.

Beaucoup serait à dire aussi des parallèles et rapprochements possibles entre la pensée circulaire de Baader et surtout le thomisme de la réflexion de Heinrich Beck. Ce rigoureux auteur a bien vu comme Baader le « rythme » profond de la désappropriation et de la réflexion dans l'être[768]. A défaut d'approfondir en même temps ces deux aspects de l'amour dans l'être, on risque bien selon lui de ne pas assez comprendre comment celui-ci fonde équivalemment connaissance et volonté, c'est-à-dire est au fondement du « *circulus quidam* » et priorité réciproque du *verum* et du *bonum*.

Pour Beck, il n'y a pas de métaphysique si l'on ne prend pas en compte l'intimité avec soi de l'être, qui est en et pour soi[769]. « 'Etre' veut dire 'Identification avec soi-même', en quelque sorte une 'Unification avec soi' ou une 'Entrée en soi'[770] ». Mais cela présuppose que l'être soit toujours d'abord « sorti de soi' pour y revenir, qu'il se soit exprimé pour s'imprimer à nouveau en lui-même. C'est pourquoi Beck peut parler d'un « mouvement circulaire » « hors de soi » et « de retour vers soi[771] ». Il y a donc trois statuts, distinguables dans leur unité, de l'être en tant qu'acte : l'être en soi

---

768 H. BECK, *Der Akt-Charakter des Seins*, p. 121.

769 H. BECK, *Dimensionen der Wirklichkeit. Argumente zur Ontologie und Metaphysik*, Peter Lang, Francfurt am Main, 2004, p. 113.

770 Ibid.

771 Ibid.

originaire (« Insistence »), l'expression de soi intermédiaire (« Existence ») et un retour à soi final (« Ré-insistence[772] »). Il ne s'agit pas, bien sûr, d'une séquence d'abord historique, mais d'une priorité originaire qui permet de penser le rapport originaire entre les étants et l'esprit, dans la mesure où c'est précisément ce rapport différencié à l'identité circulaire qui distingue les degrés de l'être

C'est toute la richesse et l'originalité de la pensée de Beck qui s'exprime dans une telle compréhension « circulaire » de l'être, laquelle conduit le philosophe de Bamberg à déployer l'idée du « monde comme rythme » : le cercle de l'être décrit en réalité une « spirale » dynamique, tropisme enroulé sur lui-même qui est la « figure du chemin de la vie individuelle[773] ». La vie de l'homme est ainsi succession rythmique de venue au jour et de rentrée en soi même, singulièrement dans le chemin vers soi qui passe par le dialogue avec autrui. « Plus on va au-delà de soi, plus profondément on va à l'intérieur de soi[774] ». Le monde lui-même apparaît, à la lumière d'une telle compréhension, comme « un assemblage des changements du rythme d'acte de son acte d'être : dans sa forme achevée comme singularité et communauté spirituelle, sur un niveau inférieur au plan de la vie organique, mais aussi dans la dynamique de l'énergie et de la matière[775] ».

Les perspectives qu'ouvre Hans Beck dépassent certes en un sens celles de Baader, car elles ne cherchent pas à résoudre un « conflit » originaire de la pensée et de la volonté, mais marquent leur solution d'emblée. Par contre, la réflexion de Baader est de très grande portée pour déployer les quelques indications très succinctes de Beck, lesquelles restent trop indicatives - de même qu'elle préserve mieux

772 Ibid., p. 114.
773 Id., p. 116.
774 Id., p. 117.
775 Id., p. 127.

que lui le sens de la donation, et de la donation la plus radicale. Beck a besoin, pour ne pas risquer de systématiser l'être dans une mécanique à la façon de L.B. Puntel[776], de se ressourcer encore davantage dans la rigueur du don. Donation et réflexion sont deux organes de l'être comme amour, et l'on ne saurait, sans dommage évident, les faire équivaloir à l'intérieur d'un automatisme. Force reste à la donation, à la désappropriation, ou encore en termes baadériens, à la manifestation. C'est pourquoi d'ailleurs la pensée de Baader est une doctrine de l'expression, c'est-à-dire d'une manifestation qui, réfléchie, n'est pas retournée sur soi mais est médiatisée comme parole.

Ces quelques propos lapidaires sur l'unité foncière de projet entre Baader et Beck, en même temps que sur la meilleure intégration par le théosophe de Munich du *prius* non-négociable de la donation sur la réflexion, nous entraîne *de facto* vers la haute proximité de vue Baader et de Balthasar avec laquelle nous ouvrions notre étude. La convenance est vraiment extrême, entre les vues pionnières de Baader sur la vie intradivine, et ce que le théologien suisse a dit de l'Eternelle surprise, ou de l'archévénement divin supportant dans son incommensurable différence interne, non seulement la création mais encore la Croix et l'Enfer. Le lecteur, que n'aura pas effrayé le caractère bigarré, flamboyant, et même fulgurant, des saillies baadériennes, aura compris désormais ce que nous entendions par là : dans le « réalisme transcendantal » de Baader sinue une philosophie religieuse dont le libellé correspond en principe aux exigences que pose à la métaphysique la théologie dogmatique balthasarienne – d'un être qui n'est que vie, d'un amour qui supporte et élève toute négation en soi, d'une

776 Voir L.B. PUNTEL, *Analogie und Geschichtlichkeit*, t. I., Freiburg i.Br., Herder, 1969.

perfection qui se potentialise en soi-même sans déforcer son actualité[777].

Pour autant, la philosophie théologique de Baader ne paraît pas une simple translation de la théologie philosophique de Balthasar. Sur plusieurs points d'ordre philosophique, Baader offre des vues complémentaires ou plus avancées, en particulier sur en ce qui concerne le rapport de la *donation* de l'être à sa *réflexion* (« abaissement de

---

777 La limite d'une telle assimilation a été marquée par le très-malconnu, et surpuissant philosophe de la nature Hans André (1891-1966), en raison de la compréhension baaderienne du mal. Cherchant, dans son difficultueux traité *Natur und Mysterium*, à dépasser le « gnosticisme de Franz von Baader » ((H. ANDRÉ, *Natur und Mysterium*, Johannes Verlag, Einsiedeln, 1959, pp. 148-170 (IV. Réflexions sur Franz von Baader), spécialement pp. 161ss. (6. Dépassement du gnosticisme de Franz von Baader)), ce très profond penseur, ami de Balthasar et de G. Siewerth, avait conclu que « ce qui a porté préjudice à Baader fut le fait que son flair pour le sens perdu de l'être n'était qu'à demi-ontologiquement formé seulement » (p. 161). Baader a tenté de déduire « de l'actualité divine d'esprit profusive et infinie » « la transcendance suréminente » (p. 165), ridiculisant « l'histoire d'une manière purement profane » (p. 161). Si l'on peut, avec Urs von Balthasar, chercher à inscrire « 'les traits de l'archi-histoire du monde dans le monde' » (cit. p. 162 ; « 'l'espace de la vérité dans lequel le créé se meut est comme tel de fond en comble le néant de la créaturalité, le néant satanique du péché et le néant divin de la kénose du Christ' »), ce complexe ne saurait être vu comme une « anticipation » sur le « futur planifié du monde » (p. 162). « Baader s'est fixé, par son exégèse de ce qui est ruiné dans le monde, d'une manière trop foncièrement *psychologique* au phénomène intime de sa recherche. La racine est à trouver plus profondément, elle est ancrée dans la connexion du monde de l'esprit et de la création du monde psycho-matériel, dans laquelle la chute peccamineuse et la perdition humaines sont anticipées depuis la toute-origine déjà, et ne supportent pas d'être isolées l'un l'autre hors de l'embranchement du chemin de Dieu avec sa création, qui empruntent le chemin de 'l'Agneau, lequel souffre depuis le Commencement' » (p. 161). Nous discutons critiquement cette thèse de André dans: « 'Was, ob es schon Gottes ist, doc unter Gott ist'. L'atelier de la nature selon Franz von Baader », in J.L. Vieillard-Baron, *Hegel et la philosophie de la nature*, Paris, Vrin, 2009, pp. 137-164.

l'idée en nature » et « élévation de la nature en idée » en pure terminologie baadérienne), à quoi *l'expression* parolière donne une solution. Si Balthasar a tendance (comme F. Ulrich) à méditer surtout la dimension dramatique et kénotique de l'amour, Baader parvient (comme H. Beck) à enserrer cet abaissement avec une logique de la manifestation intégrale, qui inscrit une telle humilité d'emblée par l'élévation réflexe. Autrement dit, la doctrine de Baader est capable d'indemniser la théologie balthasarienne du risque d'exagérer la différence au sein de l'union trinitaire. Ce point mérite que nous nous y arrêtions en conclusion.

Tout le propos de Baader, on l'aura saisi à travers les études qui composent cet ouvrage, vise en effet à réunifier l'unité et la différence dans l'amour. Le monde de Baader, comme l'a vu en effet Hemmerle, est celui de l'idéalisme allemand, et c'est aux questions posées par celui-ci qu'il entend répondre. « Il est très profondément pénétré » par les problèmes « de l'absoluité, du caractère originaire et de l'universalité de l'esprit » et du « tout comme son 'système' [778] ». C'est « *dans* la pensée d'une telle unité » qu'il se présente comme « le mandataire de la différence de Dieu et du monde, de leur Face-à-Face que ne peut dirimer aucune identité que ce soit. Il s'aperçoit que l'unité impliquant ce qui est créaturel ne l'inclut vraiment que si elle n'est pas tout bonnement le déroulement d'une nécessité pure et simple, mais se maintient plutôt de part en part comme exigence et comme don, et ainsi n'élimine ni elle-même, ni l'être propre de ce qu'elle a créé[779] ». C'est pourquoi Baader veut penser dans un même et unique complexe articulé « une dynamique mobilisatrice de l'esprit inconditionné s'accomplissant de manière exclusive, en toute chose et aussi sur la base de la

[778] K. HEMMERLE, *Franz von Baaders Philosophischer Gedanke…*, *op. cit.*, p. 9.
[779] Id., pp. 9-10.

pensée humaine », et « le Dieu de l'Adoration[780] » qui pose la création comme un « libre fait indéductible du Soi divin inconditionné[781] ». On ne comprend pas Baader sans saisir que chez lui « la pensée de l'unité exige celle de la différence » insursumable.

Comme le précise Hemmerle, « si elle ne se différenciait pas, l'unité disparaîtrait pour elle-même. L'expérience de la différence qui est celle de l'être donné à lui-même (*im Beschenktsein*) renverse la pensée de l'unité pour tendre à ce qui est contemplé dans le Don impliquant la différence[782] ». La façon dont Baader prend part à la réflexion de son temps sur l'Esprit absolu et son identité à soi « porte d'elle-même à une toute autre sorte de pensée, qui est celle de l'être en rapport réciproque que rien ne permet de déduire[783] ». Ce qui ne veut pas dire que Baader ait sombré dans l'irrationalisme - au contraire, là est son génie propre : l'expérience du « Je et Tu » et celle de l'Esprit se renvoient l'une à l'autre chez Baader. Ce dernier conçoit toujours à l'intérieur d'un « système » articulé l'imprésumable et libre Vis-à-Vis de Dieu et du monde.

La théologie de Balthasar a exactement le même dessein, de réconcilier identité et différence dans l'amour. C'est pourquoi d'ailleurs cette théologie philosophante a des gènes tellement semblables à ceux de la philosophie théologique de Baader. Mais l'issue que donne Balthasar à la question reste encore peut-être, par rapport au cadre défini par Baader, un peu étroit en raison d'une probable difficulté, qu'il partagerait avec Ferdinand Ulrich, à intégrer la réflexion, ou médiation, à l'intérieur de la manifestation.

---

780 Id., p. 10.
781 Ibid.
782 Ibid.
783 Ibid.

Certes, comme l'a démontré récemment Pascal Ide dans une contribution de très grande portée[784], qui vient utilement compléter les vues déjà classiques de Lochbrunner[785], la doctrine balthasarienne de l'être comme amour n'est pas univoque. Elle a au contraire trois dimensions bien marquées. Elle se prend tout d'abord de l'*abaissement* obéissant et kénotique, lequel se double de la *fécondité* heureuse et surabondante, ces deux aspects étant couronnés par la dimension d'*enveloppement* nutritif et matriciel qui achève le corps caritatif de l'être.

Cette richesse chromatique de l'être « comme amour » se présente indéniablement et indéfectiblement dans le discours moiré du penseur suisse, mais il reste vrai que l'articulation formelle de ce prisme ontologique de l'être n'a pas été exprimée en tant que telle par Balthasar - lequel insiste, comme Ulrich auquel il renvoie sans cesse, sur la teinte kénotique du don comme de l'obéissance. La théologie balthasarienne n'est pas tout à fait libre de radicalité, comme par exemple dans son insistance drue sur l'obéissance[786], dont on aimerait qu'elle soit plus articulée à une ressemblance, dans la volonté créée, de la volonté du Père. N'y a t-il pas chez lui un double caractère abyssal de la loi divine et de la liberté humaine, sans toujours que le lien réflexe de l'un à l'autre soit assez dénoté ? La hantise manifestée par Balthasar vis-à-vis de toute ombre de Hegel ne le conduit-elle pas à négliger le moment réflexif de l'être et de la manifestation ?

---

[784] P. IDE, « L'être comme amour chez Balthasar. Approches et prolongements », in Coll., *Chrétiens dans la société actuelle. L'apport de Hans Urs von Balthasar*, Magny-Les-Hameaux Soceval, 2006, pp. 259-304.

[785] M. LOCHBRUNNER, *Analogia caritatis. Darstellung und Deutung der Theologie Hans Urs von Balthasar*, Wien, Herder, 1981.

[786] On renverra ici au beau livre de J. SERVAIS, *Théologie des Exercices spirituels. Hans Urs von Balthasar interprète de saint Ignace*, Bruxelles Culture et Vérité, 1996.

En un sens, Balthasar a été le gardien surtout de la « différence » au sein de l'identité de l'amour. Le poids de sa méditation s'est porté sur la préservation de la différence toujours plus grande - en custode, à l'intérieur du modèle analogique, de l'intuition théologale de la différence : la figure est pour le fond (l'esthétique de Goethe), la liberté pour l'obéissance (la dramatique d'Ignace), la parole pour l'expression pure (la logique de Bonaventure). L'identité, « quand même », n'est qu'à mesure de l'effroi des abîmes.

Ce n'est pas pour autant, comme l'indique à titre de signe fondamental la doctrine de l'Esprit « qui n'exinanie pas[787] », que Balthasar soit un théologien des abîmes, de la distance absolue ; il fut et resta en dépit, et en raison de son souci extrême du *Deus semper maior,* un théologien de l'unité, par et dans l'amour qui ne se désapproprie pas dans sa propre différence. A travers l'émergence, vers la fin de la vie de Balthasar, du thème de la fécondité, autre chose encore apparaît qui transpose « l'identité, tout de même » sur une partition plus raffinée encore, celle, pour ainsi parler, de « l'identité, vraiment », de l'identité effectivement proclamée et assumée. Lorsque deviendra évident le travail, au cœur de l'œuvre balthasarienne, de ce motif sous-jacent de l'identité trop expressément réprimé par la préoccupation différentielle, il sera possible de penser Balthasar « après » Balthasar – comme penseur de la ressemblance toujours plus grande, du phénomène « insaturé », de la spontanéité qui s'abaisse et du verbe qui exprime.

Mais cela demande que l'idée originale d'Ulrich, sur laquelle s'appuie Balthasar, d'un don qui ne s'extranée pas lui-même[788], soit encore prolongée ou approfondie dans la

---

[787] Cf. H.U. von BALTHASAR, *La Théologique*, I., p. 221.

[788] F. ULRICH, *Homo Abyssus. Das Wagnis der Seins-frage*, Einsiedeln, 1961 (réed. Einsiedeln, ^{2}1998), p. 436. Voir notre étude approfondie « Sur un mot de Hans Urs von Balthasar. La positivité de l'être comme amour

fécondité bonitative de l'étant où se fait connaître la question de l'être, au sein de la différence ontologique de l'étant lui-même avec lui-même. C'est là l'opportunité qu'offre l'œuvre de von Baader. La pensée de Ferdinand Ulrich, en effet, n'est pas elle-même vierge, au sein d'un équilibre général indéniable, d'un effet de focalisation sur l'une des dimensions de l'amour qui s'exprime à la fois dans sa désappropriation actuale et dans sa disponibilité essentielle. Comme Balthasar, Ulrich est à ce point en alerte vis-à-vis de l'*identitas entis* moderne, qu'il insiste principalement sur la dimension différentielle dans l'être. Comme Balthasar aussi, il éprouve une affinité sincère plutôt pour Heidegger que pour un Hegel sensé accomplir le chemin de la *via moderna* tellement pavée de « tentations » spéculatives.

Ainsi la conception que se fait Ulrich de l'amour dans l'être est-elle clairement et prioritairement une compréhension « dative » du bien, dont deux aspects restent alors en retrait : l'aspect de « réflexion » et la face d' « expression » qui se résument à une doctrine de la manifestation médiatisée comme celle de Baader. L'amour en effet n'est pas seulement cette désappropriation non-anéantissante à laquelle pense Ulrich, mais il est également attraction et désir, c'est à dire une *reditio ad seipsum* qui ne se résume pas à une disponibilité ou à une obéissance. De ce point de vue, il convient de prolonger, sans rupture ni contradiction, les vues de Ferdinand Ulrich et Hans Urs von Balthasar par celles tout d'abord de Heinrich Beck qui tiennent correctement compte de la réflexion en soi de l'être.

Mais c'est Baader qui a le mieux synthétisé les différents aspects de l'amour dans l'être, à savoir la donation et réflexion dans l'expression. *Le génie de Baader est d'avoir dialectisé une dialogique dans une pensée de la manifestation médiatisée, qui est une philosophie du verbe : il a, le premier et le seul, compris*

chez Ferdinand Ulrich à l'arrière-plan de *Theologik* III », in *Gregorianum*, 2008, pp. 86-117.

combien le mystère de l'amour est le fondement même de l'être, qui dans la perte kénotique de soi n'est pas sans réflexion ni tenue à soi mais au contraire se veut lui-même, se détermine et se réfléchit dans l'acte même de sa donation, sans cesser de se manifester comme expression. L'unité de cette donation et de cette réflexion est chez lui la manifestation réalisée, c'est-à-dire l'expression intégrale de la parole divine essentielle. La « manducation » ou « sustanciation » réciproque de la manifestation et de la réflexion trouvent leur milieu dans une expression qui est le fruit de leur union.

Une telle ouverture en direction de l'être comme position de soi comme autre que soi, n'est pas contradictoire avec la pensée ulrichienne et balthasarienne de la positivité ; elle en fait aboutir cependant une dimension encore larvée, à savoir de penser l'acte créateur comme un acte d'engendrement, et d'engendrement d'un verbe similaire.

Abyssale, ignorée encore et tout à fait en chantier, une telle compréhension « générative » de l'être à la suite de Baader inscrit l'obéissance d'Ulrich et Balthasar dans un « engendrement au consentement », qui enracine l'ontologie du don dans une théologie du donateur. C'est probablement ici qu'est le plus à achever l'œuvre entreprise par l'auteur d'*Homo abyssus* et par celui d'*Herrlichkeit* : dans une métaphysique, non plus seulement de la dation, mais de la génération d'une parole réelle qui dit effectivement le réel originaire comme expression et manifestation de l'origine. Ce serait là, non pas abandonner Ulrich et Balthasar, bien au contraire, mais articuler sur leur hantise de la logisation de l'esprit le tourment que le verbe ne soit pas spiritualisé. L'esprit, le don, procède du Fils, du Verbe donc, en qui tout a été fait. C'est dire combien, dans une ontologie intégrale de la création, la *désappropriation* spirituelle de l'être est non seulement aussi une *réflexion*, mais encore une *expression* logique de l'amour.

C'est pourquoi il conviendra, si l'on veut cheminer tant sur les allées de la théologie balthasarienne que sur les chemins convergents d'Ulrich, d'en libérer l'avenue encore embroussaillée par l'ouverture d'une voie spéculative inédite : un « réalisme transcendantal » de méthode « générative », qui est une doctrine de la manifestation du réel à lui-même dans un amour autant datif que réflexif. Ce sera là, non pas rompre avec le théologien de Bâle et le philosophe de Ratisbonne, mais au contraire prolonger avec ferveur l'itinéraire de l'amour qu'ils ont dessiné - et éviter que leur souci légitime d'éviter à tout prix la logicisation de l'Esprit d'amour se transforme involontairement en pneumatisation du Verbe - « dont procède l'Esprit ».

L'audace théosophique de Franz von Baader ouvre ainsi une nouvelle voie en métaphysique, à l'appel de Balthasar, mais aussi en prolongement à cette théologie philosophique : comme expérience de la manifestation divine, la doctrine de Baader est une philosophie religieuse qui découvre, à travers les médiations, l'être comme amour. Un tel amour n'est pas seulement le Nous de la réciprocité des consciences. Il se présente comme une communion organisée dans laquelle le haut s'abaisse et le bas est élevé, dans un fruit commun. C'est un mariage, c'est une alliance, une nourriture réciproque où la donation de soi est réfléchie en soi à travers un autre que soi. Voilà pourquoi la philosophie religieuse de Baader est tout autant érotique qu'héroïque : elle déchiffre l'être comme une kénose ou détermination de soi, qui invite librement ce qui toujours risque, en tant que donnée, de s'enclore en soi, à être élevé à soi dans un milieu commun. *Générer au consentement* est ainsi le fin-mot de cette théosophie désordonnée, mais qui a su trouver, en plein romantisme allemand, les clés d'un réalisme supérieur pour lequel la réalité est effectivement réelle dans le milieu de l'idée. Avec un tel modèle, l'identité de l'être est toujours plus grande, car elle implique, pour être, le risque de la liberté constamment offerte et le fruit de l'amour toujours attendu.

Ce qu'a pensé Blondel en termes d'implication, d'engrenage par le vide des insuffisances créées, c'est-à-dire de Normative, Baader l'a réfléchi de son côté à travers une Générative qui dit la profusion divine, et le don à soi de la créature pour consentir à Dieu. Donnés à nous-mêmes pour perpétuer le don en retour… n'est-ce pas là, tout bonnement, la logique vers laquelle, dans sa philosophie de l'onde suprême, nous entraînait jadis F. Ravaisson ? – vaticinant :

> Le Summum, la conscience où le Sujet pénètre l'objet, où *l'Absolu* pénètre l'*Immensité*. Là est le vrai règne. C'est aussi le type du mariage, Dieu et la sagesse.
>
> C'est ce qu'exprime pour la divinité la théologie chrétienne dans son dogme de la Trinité une et triple, la divinité y passant de l'identité radicale à une dualité dont on fait une nouvelle unité[789].

---

[789] F. RAVAISSON, *Testament philosophique.*

BIBLIOGRAPHIE

1. BAADERIANA

BALTHASAR H.U. von, *Apokalyspse der deutschen Seele*, t. 1, Johannes Verlag, [2]1989, pp. 623-635

BAUMGARDT D.,

- *Franz von Baader und die philosophische Romantik*, Halle-Saale, M. Niemeyer, 1927
- (éd.), *Seele und Welt. Franz Baaders Jugendtagebücher*, texte révisé par M. Jarislowsky, Berlin, Wegweiser, 1929

BENZ E.

- « Franz von Baader Gedanken über den 'Proletair' », in *Zeitschrift für Religions- und Geistesgeschichte*, 2 (1948), p. 97-123
- « Franz von Baader und der abendländische Nihilismus », in *Archiv für Philosophie*, p. 3 (1949), p. 29-52

BETANZOS R.J., *Franz von Baader's Philosophy of Love*, Wien, Passagen Verlag, 1998

CUOMO E., *Symbolica speculativa nella filosofia politica di Franz Baader*, Napoli, Giannini, 1996

FAIVRE A.,

« Amour et androgynie chez Franz von Baader », in *Accès de l'ésotérisme occidental*, t. 1, Paris, Gallimard, [2]1996, p. 242-337

« Foi et savoir chez Franz von Baader et dans la gnose moderne », in *Accès de l'ésotérisme occidental*, t. 1, Paris, Gallimard, [2]1996, p. 138-163

Philosophie de la nature. Physique sacrée et théosophie XVIIIe-XIXe siècle, Paris, A. Michel, 1996, p. 23-177

FRANZ I., « Evolution als Kern der Geschichtsauffassung Franz von Baaders (1765-1841) », in *Freiburger Zeitschrift für Philosophie und Theologie*, 3 (1995), p. 329-345

FRIESEN J.G., « The Mystical Dooeyweerd. The relation to His Thought to Franz von Baader », in *Ars Disputandi* [http : //www.ArsDiputandi.org] 3 (2003)
GRASSL H., *Über Liebe, Ehe und Kunst*, München, Kösel, 1953
HEMMERLE K., *Franz von Baaders philosophischer Gedanke der Schöpfung*, Munich, K. Alber, 1963
KOSLOWSKI P. (éd.), *Die Philosophie, Theologie und Gnosis Franz von Baaders spekulatives Denken zwischen Aufklärung, Restauration und Romantik*, Wien, Passagen Verlag, 1993
LAMBERT W.,
- « Franz von Baader (1765-1841) », in E. CORETH, W. M. NEIDL, G. PFLIGERSDORFER (éd.), *Christliche Philosophie im katholischen Denken des19. und 20. Jahrhunderts*, t. 1, Graz, Styria, 1987, p. 150-173
- *Franz von Baaders Philosophie des Gebets. Ein Grundriss seines Denkens*, Innsbruck-Wien-München, Tyrolia Verlag, 1978
LIEB F., *Franz von Baader Jugendgeschichte*, München, Kaiser, 1926
MARQUET J.F., *Philosophies du secret*, Paris, Ed. du Cerf, 2007, pp. 349-360
NOHL J., « Franz von Baader, der Philosoph der Romantik », in *Euphorion*, 19 (1912), p. 612-633
PRZYWARA E., « Platonismus. Platon-Baader-Franz Brentano », in *Stimmen der Zeit*, 114 (1928), p. 270-283
SANCHEZ DE MURILLO J., « Franz von Baaders Interpretation der kantischen Naturphilosophie », in *Philosophia naturalis*, 23 (1986), p. 293-319
SAUTER J.,
- *Baader und Kant*, Iena, G. Fischer, 1928
- « Franz von Baaders Schriften zur Gesellschaftphilosophie », in *Die Herdflamme*, Iena, G. Fischer, 1925
SEDLMAYR H.,
- « Erneuerung als konservatives Prinzip bei Franz von Baader », in *Studium Generale*, 15 (1962), p. 264-271
- « Der Gedanke der Mitte bei Franz von Baader », in J. Tenzler (éd.), *Wirklichkeit der Mitte. Beiträge zu einer*

Strukturanthropologie, Freiburg i. Brisgau, Alber, 1968, p. 309-318
- « Franz von Baader Gedanken zur Kunst », in *Philosophisches Jahrbuch*, 68 (1960), p. 361-369
SUSINI E.,
- *Franz von Baader et le romantisme mystique*, t. 1-2, Paris, Vrin, 1942
- *Lettres inédites de Franz von Baader*, t. 1, Paris, Vrin, 1942 ; tt. 2-3, Wien, Herder, 1951 ; t. 4, Paris, PUF, 1967
- « Nouvelles lettres inédites de Franz von Baader », in *Etudes* germaniques, 24 (1969), p. 62-82
- *En marge du romantisme. Portrait et correspondance d'Auguste Sougey-Avisard.* Beihefte zu Francia I. Herausgegeben vom Deutschen Historischen Institut Paris, München, Wilhelm Fink Verlag, 1975
TOURPE E.,
- « 'Hegel est incapable de comprendre la religion chrétienne'. Franz von Baader (1765-1841) critique de la philosophie hégélienne de la religion », in E. Gaziaux (éd.), *Philosophie et théologie. Festschrift E. Brito*, Peeters-Vrin, Louvain-Paris, 2007, pp. 149-170
- *« Une conspiration métaphysique : Thomas, Hegel et Boehme. A propos de trois ouvrages récents », in Revue philosophique de Louvain, 3 (2002), pp. 585-607*
- *« The Hermeneutics of the Evil. From P. Ricoeur to F. von Baader », in A. Wiercinsky (éd.), Between the Human and the Divine. Philosophical and Theological Hermeneutics. Proceedings of the First International Congress on Hermeneutics, May 5-10, 2002, Toronto, The Hermeneutics Press, 2002, pp. 316-325*
- *« 'Was, ob es schon Gottes ist, doc unter Gott ist'. L'atelier de la nature selon Franz von Baader », in J.L. Vieillard-Baron, Hegel et la philosophie de la nature, Paris, Vrin, 2009, pp. 137-164*
VETÖ M. ,
-« Un disciple français de Baader », in *Nouvelles études sur l'idéalisme allemand*, L'Harmattan, Paris, 2009, pp. 249-253

-Recension de S. Schmitz, *Sprache, Sozietät und Geschichte bei Franz von Baader*, in *Revue de métaphysique et de morale*, 83 (1978), p. 567-569

VIEILLARD-BARON J.L., *Hegel. Système et structures théologiques*, Paris, Ed. du Cerf, 2006,

WUNENBURGER J.J., « Antagonisme et polarité de Kant à Franz von Baader », in *Kant-Studien*, 79 (1988), p. 201-217

XELLA L.P.,

- *Baader, Rassegna storica degli studi, 1786-1977*, Bologne, Il Mulino, 1977 1977
- *La dogmatica speculativa di Franz von Baader*, Turino, Filosofia (Premi « Domenica Borello »), 1977

ZOVKO M.E., *Natur und Gott. Das Wirkungsgeschichtliche Verhältnis Schelling und Baader*, Würzbourg, Könighausen und Neumann, 1996

2. AUTRES PUBLICATIONS CITEES

ANDRÉ H., *Natur und Mysterium*, Johannes Verlag, Einsiedeln, 1959

BALTHASAR H.U. VON,

- *Geschichte des eschatologischen Problems in der modernen deutschen Literatur*, Einsiedeln, Johannes Verlag, ²1998
- *La Dramatique divine*, II-Les personnes du drame, 1. L'homme en Dieu, trad. Y.C. Gélébart et C. Dumont, Paris-Namur, Lethielleux-Culture et Vérité, 1986
- *La Dramatique divine*, III-L'action, trad. R. Givord et C. Dumont, Bruxelles, Culture et vérité, 1990
- *La Dramatique divine*, IV-Le dénouement, Bruxelles, Culture et vérité, 1993

La Gloire et la Croix, t. II.2. Styles De Jean de la Croix à Péguy, trad. R. Givord et H. Bourboulon, Paris, Aubier, 1972

- *La Théologique*, III-Vérité de Dieu, trad. B. Déchelotte et C. Dumont, Bruxelles, Culture et Vérité, 1995
- *Pâques, le mystère*, trad. R. Givord, Paris, Ed. du Cerf, 1996
- « Présentation », in (ANONYME), *Méditation sur les 22 arcanes majeurs du Tarot,* Paris, Aubier-Montaigne, 1986

BASTIT M., *Les principes des choses en ontologie médiévale (Thomas d'Aquin, Scot, Occam)*, Bordeaux, Ed. Bière, 1997

BECK H.,
- *Der Akt-Charakter des Seins*, Francfurt am Main, Peter Lang, [2]2001
- *Dimensionen der Wirklichkeit. Argumente zur Ontologie und Metaphysik*, Peter Lang, Francfurt am Main, 2004

BENZ E.,
- *Die abendländische Sendung der östlich-orthodoxen Kirche*, Mayence, Akademie der Wissenschaften und der Litteratur, 1950
- *Les sources mystiques de l'idéalisme allemand*, Paris, Vrin, 1968

BERDIAEV N.,
- *Essai d'autobiographie spirituelle*, trad. E. Belenson, Paris, Buchet-Chastel, 1958
- « Etudes sur Jacob Boehme », in J. Boehme, *Mysterium Magnum*, trad. et introduction de N. Berdiaev, t. 1, Paris, Montaigne, 1945

BLONDEL M., *L'Action*, II-Le problème des causes secondes et le pur agir, Paris, F. Alcan, 1936

BOEHME J., *Mysterium Magnum*, trad. N. Berdiaev, t. 1-2, Paris, Aubier-Montaigne, 1945

BOUYER L.,
- *Cosmos. Le monde et la gloire de Dieu*, Paris, Ed. du Cerf, 1982
- *Le Trône de la Sagesse*, Paris, Ed. du Cerf, 1957
- *Sophia*, Paris, Ed. du Cerf, 1994

BRITO E.,
- *Philosophie et théologie dans l'œuvre de Schelling*, Paris, Ed. du Cerf, 2000
- *Dieu et l'être d'après Thomas d'Aquin et Hegel*, Paris, PUF, 1991

BRUAIRE C., *l'être et l'esprit*, Paris, PUF, 1983

CUOMO E., *Il sovrano Luminoso. Fondamenti della filosofia politica di Louis-Claude de Saint-Martin*, Turino, Giappichelli, 2000

DEUTINGER M., *Das Prinzip der neueren Philosophie und die christliche Wissenschaft* (1857), Francfurt a/ Main, Minerva-Verlag, ²1967

FAIVRE A.,

- *Eckartshausen et la théosophie chrétienne*, Paris, Klincksieck, 1969
- *L'ésotérisme*, Paris, PUF, 1992
- « Théosophie », in J.-Y. LACOSTE (éd.), *Dictionnaire critique de théologie*, Paris, PUF, 1998, p. 1135b-1137b

GABELLIERI E., *Etre et don. Simone Weil et la philosophie*, Louvain (Paris), Peeters (Vrin), 2003

GREISCH J., *Le buisson ardent et les lumières de la raison*, t. 1, Paris, Ed. du Cerf, 2002

GUÉNON R., *Le Théosophisme, histoire d'une pseudo-religion*, Valois, Paris, ²1921

HEGEL G.W.F.,

- *Correspondance*, trad. J. Carrère, vol. 2 (1813-1822), Paris, Gallimard, 1963
- *Encyclopédie des sciences philosophiques. I La Science de la Logique*, trad. B. Bourgeois, Paris, Vrin, ³1986

HEMMERLE K.,

- *Gott und das Denken nach Schellings Spätphilosophie*, Freibourg i. Br., Herder, 1968
- *Thesen zu einer trinitarischen Ontologie*, Einsiedeln, Johannes Verlag, ²1992

IDE P., « L'être comme amour chez Balthasar. Approches et prolongements », in Coll., *Chrétiens dans la société actuelle. L'apport de Hans Urs von Balthasar*, Magny-Les-Hameaux Soceval, 2006, pp. 259-304

KALIBA C., *Das Welt als Gleichnis des dreieinigen Gottes. Entwurf zu einer trinitarischen Ontologie*, Berne-Paris-New York, Lang, ²1991

KIERKEGAARD S., *Œuvres complètes*, trad. P.H. Tisseau et E.M. Jacquet-Tisseau, Paris, Orante, t. 7, 1973

KOCH, *Franz Joseph Molitor und die jüdische Tradition. Studien zu den kabbalistischen Quellen der Philosophie der Geschichte*, Berlin, W. De Gruyter Verlag, 2006

KLUCKHOHN P., *Charakteristiken. Die Romantiker in Selbstzeugnissen und Äusserungen ihrer Zeitgenossen*, Stuttgart, Reclam, 1950

KOYRÉ A., *La philosophie de Jacob Boehme*, Paris, Vrin, ³1979

KÜMMEL F., *Über den Begriff der Zeit*, Tübingen, M. Niemeyer, 1962

LOCHBRUNNER M., *Analogia caritatis. Darstellung und Deutung der Theologie Hans Urs von Balthasar*, Wien, Herder, 1981

NEUZLER L., *Die Freiheit und das Böse nach Vladimir Soloviev*, München, Alber, 1978

OSTER S., « Philosophieren aus dem christlichen Glauben », in F. ULRICH, *Gabe und Vergebung. Ein Beitrag zur bibischen Ontologie*, Schriften V, Einsiedeln, Johannes Verlag, 2005

OUELLET M., *Divine ressemblance. Le mariage et la famille dans la mission de l'Eglise*, Québec, Anne Sigier, 2006

PONNOU-DELAFFON A.M., *Le chiffre trinitaire de la vérité chez Hans Urs von Balthasar*, Paris, Ed. De L'Ecole Cathédrale, 2006

PUNTEL L.B., *Analogie und Geschichtlichkeit*, t. I., Freiburg i.Br., Herder, 1969

SCHINDLER D. JR., *The Dramatic Structure of Truth by H.U. von Balthasar*, New York, Ignatius Press, 2004

SCHNEIDER R., *Schellings und Hegels schwäbische Geistesahnen*, Würzbourg, K. Triltsch, 1938

SCHOPENHAUER A., *Gespräche*, A. Hübschen (éd.), Stuttgart-Bad Cannstadt, F. Fromman-G. Holzboog, 1971

SEDLMAYR H., *Verlust der Mitte : die bildende Kunst des 19. Und 20. Jahrhunderts als Symptom und Symbol der Zeit*, Salzburg, Müller, ⁷1955

SERVAIS J., *Théologie des Exercices spirituels. Hans Urs von Balthasar interprète de saint Ignace*, Bruxelles Culture et Vérité, 1996

SIEWERTH G.
- *Das Schicksal der Metaphysik von Thomas zu Heidegger*, Einsiedeln, Johannes Verlag, 1959
- *Der Thomismus als Identitätssystem*, Frankfurt a/ Main, Schulte-Bulmke, ²1961
STAËL G. DE, *De l'Allemagne*, t. II, Paris, Garnier-Flammarion, 1968
STEFFENS H., *Was ich erlebte*, Leipzig, Ed. W. A. Koch, 1938
TILLIETTE X.,
- *Philosophies eucharistiques de Descartes à Blondel*, Paris, Ed. du Cerf, 2006
- *Schelling. Une philosophie en devenir*, t. 1, Paris, Vrin, 1970
TOURPE E.,
- « Dialectic ans Dialogic. The Identity of Being as Fruitfulness in Hans Urs von Balthasar », in D. Schindler, *Love alone is credible*, Eerdmans Pub., Grand Rapids, 2008, pp. 318-327
- *Donation et consentement. Une introduction méthodologique à la métaphysique*, Bruxelles (Paris), Lessius (Éd. du Cerf), 2000
- « En réponse à Gilbert Gérard », in *Revue philosophique de Louvain*, 3 (2001), pp. 476-478
- « Esprit, nature et médiation. Un questionnement philosophique de *La Théologique III* de H.U. von Balthasar », in *Communio. Revue catholique internationale*, 1 (1998), p. 182-198
- « La liberté comme don. A propos d'un ouvrage récent de M. Bieler » in *Laval philosophique et théologique*, 2 (1998), pp. 411-422
- « La logique de l'amour. A propos de quelques volumes récemment traduits de H.U. von Balthasar », in *Revue théologique de Louvain*, 2 (1998), p. 202-228
- « La puissance comme acte suprême. A propos de la 'sainte indifférence' au principe et fondement de la connaissance chez Hans Urs von Balthasar », in A.M. Jerumanis et A. Tombollini (éd.), *La missione teologica di Hans Urs von Balthasar*, Eupress FTL, Lugano, 2005, pp. 151-162

- « Le thomisme ontologique de Gustav Siewerth, Ferdinand Ulrich et Hans André à l'arrière-plan de la pensée balthasarienne », in *Revista espanola de Teologia*, 65 (2005), pp. 467-491
- *Penser l'être de l'action. La métaphysique du « dernier » Blondel*, Louvain (Paris), Peeters (Vrin), 2000
- *Siewerth « après » Siewerth. Le lien idéal de l'amour dans le thomisme spéculatif de Gustav Siewerth et la visée d'un réalisme transcendantal*, Louvain (Paris), Peeters (Vrin), 1998
- « Sur un mot de Hans Urs von Balthasar. La positivité de l'être comme amour chez Ferdinand Ulrich à l'arrière-plan de *Theologik* III », in *Gregorianum*, 2008, pp. 86-117
- « Thomas et la modernité. Un point de vue spéculatif sur l'histoire de la métaphysique thomiste », in *Revue des sciences philosophiques et théologiques*, 3 (2001), pp. 433-459

ULRICH F., *Homo Abyssus. Das Wagnis der Seins-frage*, Einsiedeln, 1961 (rééd. Einsiedeln, ²1998)

VERLINDE J.M., *La déité sans nom et sans visage. Le défi de l'ésotérisme au christianisme*, t. II, Versailles, Saint-Paul, 2001

VERMEIL E., *Jean-Adam Möhler et l'Ecole de Tubingue (1815-1840)*, Paris, A. Colin, 1913

VIATTE A., *Les sources occultes du romantisme. Illuminisme, théosophie (1770-1820)*, t. 1-2, Paris, A. Champion ²1965

WIEDMANN F., *Martin Deutinger*, Graz, Styria Verlag, 1971

ZIEGLER L.,
- *Gestaltwandel der Götter*, 2 vol., Darmstadt, O. Reichl, ²1922
- *Menschwerdung*, 2 vol., Oltan, Summa Verlag, 1948
- *Überlieferung*, Kösel, München, ²1948

TABLE ONOMASTIQUE

REMERCIEMENT AUX EDITEURS

Nous remercions les éditeurs des différents organes cités ci-dessous d'avoir autorisé la reprise dans le présent ouvrage de tout ou partie d'articles que nous avions publiés chez eux. Il s'agit des textes suivants :

- « L'audace théosophique. Première approche de Franz von Baader », in *Science et Esprit*, 2 (2002), pp. 263-286
- « Video meliora… Le jeune Baader lecteur de Kant », in Cl. Piché, *Années 1781-1801. Kant : Critique de la raison pure. Vingt ans de réception*, Vrin, Paris, 2002, pp. 171-182
- « Attrait de l'éternel et pesanteur de l'histoire dans l'écrit 'Sur le temps' de Franz von Baader », in *Les cahiers philosophiques de Strasbourg*, 16 (20003), pp. 127-145 (article publié sans l'appareil de notes)
- « 'Connaître, comme une naissance'. La logique générative de la philosophie religieuse selon F. von Baader », in *Laval Philosophique et Théologique*
- « Manifestation et médiation. Franz von Baader lecteur de Jacob Boehme », in *Archives de Philosophie*, 69 (2006), pp. 217-241

TABLE DES MATIERES

L'HARMATTAN, ITALIA
Via Degli Artisti 15 ; 10124 Torino

L'HARMATTAN HONGRIE
Könyvesbolt ; Kossuth L. u. 14-16
1053 Budapest

L'HARMATTAN BURKINA FASO
Rue 15.167 Route du Pô Patte d'oie
12 BP 226 Ouagadougou 12
(00226) 76 59 79 86

ESPACE L'HARMATTAN KINSHASA
Faculté des Sciences Sociales,
Politiques et Administratives
BP243, KIN XI ; Université de Kinshasa

L'HARMATTAN GUINEE
Almamya Rue KA 028 en face du restaurant le cèdre
OKB agency BP 3470 Conakry
(00224) 60 20 85 08
harmattanguinee@yahoo.fr

L'HARMATTAN COTE D'IVOIRE
M. Etien N'dah Ahmon
Résidence Karl / cité des arts
Abidjan-Cocody 03 BP 1588 Abidjan 03
(00225) 05 77 87 31

L'HARMATTAN MAURITANIE
Espace El Kettab du livre francophone
N° 472 avenue Palais des Congrès
BP 316 Nouakchott
(00222) 63 25 980

L'HARMATTAN CAMEROUN
Immeuble Olympia face à la Camair
BP 11486 Yaoundé
(00237) 99 76 61 66
harmattancam@yahoo.fr

L'HARMATTAN SENEGAL
« Villa Rose », rue de Diourbel X G, Point E
BP 45034 Dakar FANN
(00221) 33 825 98 58 / 77 242 25 08
senharmattan@gmail.com

639861 - Février 2016
Achevé d'imprimer par

1livre.com
du rêve à la réalité !